Shelley Ross

Präsidenten und Affären

Shelley Ross

Präsidenten und Affären

Skandale und Korruption in der amerikanischen Politik

Eine Chronik über die Kehrseite der Macht

BONN AKTUELL

CIP-Titelaufnahme der Deutschen Bibliothek

Ross, Shelley:
Präsidenten und Affären : Skandale und Korruption in der amerikanischen Politik / Shelley Ross. Aus d. Amerikan. von Dagmar Roth. – Stuttgart : Bonn Aktuell. 1989
Einheitssacht.: Fall from grace [dt.]
ISBN 3-87959-377-9

Verlag BONN AKTUELL
April 1989
ISBN 3-87959-377-9

Titel der Originalausgabe: Fall from Grace
Aus dem Amerikanischen übertragen von Dagmar Roth

Umschlagentwurf: Gruber & König, Augsburg
Satz: SatzStudio Pfeifer, Gräfelfing
Druck- und Bindearbeiten: Ebner Ulm
Printed in Germany

Inhalt

Danksagungen

Ich möchte den Menschen danken, deren stetige Bemühungen sehr viel zur Veröffentlichung dieses Buches beigetragen haben. Zu allererst Joëlle Delbourgo, Cheflektorin bei Ballantine Trade Books, deren Glaube an das Projekt und Engagement von Anfang bis Ende unerschütterlich war. Auch ihren Assistentinnen Jane Bess und Elizabeth Zack sei für ihre redaktionelle Unterstützung gedankt.

Ich möchte auch meine aufrichtige Dankbarkeit für Jeanne Edmunds Apostol, ehemalige Produzentin der CBS-Sendung „Face the Nation", zum Ausdruck bringen, die unermüdlich an der Beschaffung der Abbildungen mitwirkte und ihre Insider-Kenntnisse vom Hügel des Kapitols beitrug; Myles Berkowitz, dessen gründliche Nachforschungen in den Bibliotheken dazu beitrugen, „unmögliche" Termine wahrscheinlicher erscheinen zu lassen; und Helen Weller, die großzügig als Blitzableiter diente.

Darüber hinaus möchte ich gerne den anonymen Helden von der Columbia University wenigstens erwähnen, dessen wissenschaftliche Überprüfung der Fakten sich als unbezahlbar erwiesen hat. Ich möchte mich nicht nur bei den Bibliothekaren und Bibliothekarinnen der Library of Congress, der New York Public Library und der University of California Los Angeles bedanken, sondern auch bei allen anderen, die voller Begeisterung meine Arbeit unterstützten.

Eine Zeittafel amerikanischer Skandale

1758 Der spätere Präsident George Washington schreibt Liebesbriefe an Sally Fairfax, die Ehefrau seines Nachbarn.

1768 Thomas Jefferson verführt Betsey Walker, die Frau eines guten Freundes.

1786 Thomas Jefferson beginnt erneut eine Affäre mit einer verheirateten Frau, Mrs. Maria Cosway.

1797 Alexander Hamilton veröffentlicht einen Bericht, in dem er schildert, wie er das Opfer einer sexuellen Erpressung wurde.

1841 Der an manischen Depressionen leidende Abraham Lincoln läßt Mary Todd am Traualtar stehen.

1857 James Buchanan … der erste homosexuelle Präsident?

1859 Der New Yorker Abgeordnete des Repräsentantenhauses Daniel Sickles tötet den Liebhaber seiner Frau, den Sohn von Francis Scott Key.

1875 Mary Todd Lincoln wird nach einem Entmündigungsprozeß in eine Anstalt eingewiesen.

1884 Grover Cleveland wird trotz der Enthüllungskampagne über ein uneheliches Kind von Maria C. Halpin zum Präsidenten gewählt.

1920 Das Nationalkomitee der Republikanischen Partei schickt die Geliebte von Warren Harding vor der Wahl auf eine Weltreise.

1923 Albert Fall, Schlüsselfigur im Teapot Dome Skandal, wandert als erstes Kabinettsmitglied der US-Geschichte ins Gefängnis.

1927 Nan Britton, Hardings zweite Geliebte, veröffentlicht „The President's Daughter", einen Bericht über ihr „Kind der Liebe".

1941 Franklin und Eleanor Roosevelt leben im Weißen Haus, aber nicht miteinander.

1952 Enthüllungen über den „Schmiergeldfonds" von $ 18 000 von Vizepräsident Richard Nixon.

1960 Die Liebesaffären von John F. Kennedy mit verschiedenen Frauen im Weißen Haus, einschließlich der Affäre mit der Freundin des Mafiabosses Sam Giancana.

1963 Das FBI diskreditiert Martin Luther King und hört seine angeblich wilden Partys in Hotelzimmern ab.

1964 Lyndon Johnsons Stabschef tritt zurück, weil er bei homosexuellen Handlungen in einer Toilette des YMCA ertappt wurde.

1965 Alice Glass, eine Angehörige der oberen Zehntausend, beendet ihre 30jährige Affäre mit Johnson wegen der Eskalation des Vietnamkrieges.

1969 Chappaquiddick.

1970 Eine Chinesin aus Hongkong, einstmals als Spionin verdächtigt, besucht Präsident Nixon im Weißen Haus – zweimal.

1972 Thomas Eagleton steigt aus der Präsidentschaftskampagne von George McGovern aus, nachdem enthüllt wurde, daß er an einer geistig-seelischen Krankheit gelitten und Elektroschockbehandlungen bekommen hatte.

1973 Kay Summersby veröffentlicht auf dem Totenbett ihren Bericht über ihre Affäre mit dem ehemaligen Präsidenten Dwight D. Eisenhower.

1973 Spiro Agnew tritt wegen Einkommensteuerhinterziehung zurück.

1974 Nach Watergate tritt Richard Nixon als erster amtierender Präsident der USA zurück.

1974 Wilbur Mills (Vorsitzender des Haushaltsausschusses des Repräsentantenhauses) tritt nach seiner Affäre mit der Stripteasetänzerin Fanne Foxe zurück.

1975 Ein Untersuchungsausschuß des Senats enthüllt Mord-Komplotte der CIA gegen ausländische Staatsoberhäupter.

1976 Wayne Hays tritt wegen der Affäre mit Liz Ray, einer Sekretärin, die „nicht tippen" konnte, zurück.

1976 Jimmy Carter gesteht in einem „Playboy"-Interview, außer seiner Ehefrau in Gedanken auch andere Frauen begehrt zu haben.

1979 Billy Carter erzwingt seine Registrierung als ausländischer Agent, nachdem er von der libyschen Regierung $ 220 000 angenommen hatte.

1979 Eine blonde Mitarbeiterin des ehemaligen Vizepräsidenten Nelson Rockefeller hüllt sich über die merkwürdigen Umstände bei dessen Tod in geheimnisvolles Schweigen.

1980 Ein Senator und sechs Kongreßabgeordnete wandern wegen des Abscam-Skandals hinter Gitter. Die Ehefrau des Abgeordneten des Repräsentantenhauses John Jenrette posiert für den „Playboy".

1980 bis 1987 Gegen mehr als 200 Mitarbeiter der Reagan-Administration wird wegen moralischer und/oder krimineller Verfehlungen ermittelt – die größte Anzahl von Skandalen in einer Administration in der US-Geschichte!

Einleitung

Politische Moral: In den Vereinigten Staaten scheint man sie so häufig zu wechseln wie die Hosen. Was in einem Jahrzehnt skandalös ist, steht in einem anderen Jahrzehnt ganz selbstverständlich auf der Tagesordnung. 1832 erhielt der Abgeordnete William Stanbery (Demokrat aus Ohio) einen offiziellen Verweis auf seine bloße Andeutung hin, daß sich die Blicke des Sprechers des Repräsentantenhauses „zu häufig von dem Stuhl, auf dem Sie sitzen, in Richtung Weißes Haus wenden". Als aber vierzig Jahre später der Abgeordnete James A. Garfield (Republikaner aus Ohio) zugab, vom *Crédit Mobilier of America* Aktien angenommen zu haben, und dies zu einer Zeit, als das Unternehmen Gefälligkeiten von seiten der Gesetzgebung benötigte, bekam er keinen Verweis, sondern wurde zum Präsidenten gewählt.

Auch das Privatleben und die persönliche Moral der Politiker wurden mit unterschiedlichen Maßstäben gemessen. Noch 1797 beeinträchtigte Alexander Hamiltons öffentliches Eingeständnis, daß er das Opfer einer sexuellen Erpressung war, keineswegs seine politische Karriere. 1836 wählten die Amerikaner einen Vizepräsidenten, der mit seiner schwarzen Lebensgefährtin zwei Kinder hatte. Im 20. Jahrhundert amüsieren wir uns augenzwinkernd über Geschichten von Präsidenten, die zahlreiche Frauenaffären hatten. Auch in der Präsidentschaftskampagne 1988 mußte Gary Hart von seiner Kandidatur Abstand nehmen, weil er mit seinem Verhältnis zu einem Partygirl aus Miami in die Schlagzeilen auf den Titelseiten der Zeitungen geriet.

Im weiteren Verlauf der Kampagne 1988 wurden die Wähler mit Frauenaffären, einer Mußheirat, getürkten Lebensläufen und Plagiatsversuchen, Haschischrauchen und Amphetaminsucht, Vetternwirtschaft und sogar mit einem bis dahin wenig bekannten Homosexuellenskandal konfrontiert. Zusätzlich erwachten erneut die Geister der Iran-Contra-Affäre und auch Ed Meese sorgte wieder für Aufregung. Die Wähler mußten zwischen Schüchternen und Maulhelden, Schürzenjägern und Verklemmten und sogar zwischen einem oder zwei Kennedy-Imitatoren entscheiden. Die Medien bereiteten mit der *„Charakterfrage“* die Bühne für ein großes politisches Theater. Zum erstenmal in der Geschichte des Fernsehens wurde ein Präsidentschaftskandidat vor laufenden Kameras rundheraus gefragt, ob er eine außereheliche Affäre gehabt habe. Selbst die normalerweise seriöse *New York Times* verschickte einen *„Fragebogen über Ehebruch“*. Überflüssig zu sagen, daß 1988 sich alle Zeitungen eifrig ihren Nachforschungen widmeten – vom *National Enquirer* bis zu *C-Span*.

Aber forschen die Medien heute tatsächlich gründlicher nach oder haben die politischen Kandidaten einfach mehr Skandale zu vertuschen? Diese Frage möchte „Präsidenten und Affären“ beantworten.

In diesem Buch wird „Skandal“ definiert als moralischer Fehltritt, als irgendeine Handlung oder Zwischenfall, der den darin verwickelten Politiker in der Öffentlichkeit in Mißkredit bringt. Bei den angesprochenen Skandalen geht es nicht nur um Sex, Korruption und Interessenkonflikte, sondern ebenso um gesundheitliche Störungen, Ehe- und Familienprobleme, Alkoholismus und vieles andere mehr, eben um alle Dinge, die sich auf einen politischen Führer auswirken oder unser Streben nach einer vollkommeneren Nation beeinträchtigen *könnten*. Ich betone *könnten*, denn die Geschichte zeigt, daß einige unserer scheinbar moralischsten Führer die schlechtesten waren, während andere, die sich durchaus skandalös verhielten, unserem Land eigentlich am besten gedient haben. Mit dieser zeitlich umfassenden Übersicht über die Skandale, wird diese Beurteilung jedoch erwartungsvoll dem Leser oder der Leserin überlassen.

Heute ist diese Beurteilung noch wichtiger als je zuvor. Wie Gary Hart kurz und bündig formulierte: „Wenn jemand gefährliche Dinge tut, wollen wir nicht, daß er seinen Finger auf dem Auslöseknopf hat." Aber auch auf einer weniger dramatischen Ebene können und haben politische Skandale den Lauf der Geschichte beeinflußt. Der Gouverneur einer Kolonie, der Transvestit war, inspirierte einst die Urheber der Verfassung zu den Artikeln des Impeachment-Verfahrens, denn sie wollten die Möglichkeit haben, in der Zukunft gering geschätzte Personen wieder von der Macht ablösen zu lassen. 1829 brachte ein Skandal, in den die Frau des Kriegsministers verwickelt war, Andrew Jacksons gesamtes Kabinett ins Wanken und bereitete den Weg für die Präsidentschaft von Martin Van Buren. In den 90er Jahren des vorigen Jahrhunderts löste ein Sexskandal zwischen einem verheirateten Senator und einer Studentin den Beginn der Bewegung für das Frauenwahlrecht aus. Als der organisierte Protest der Frauen den Senator die Wiederwahl gekostet hatte, waren diese auch bereit, für ihr Wahlrecht zu kämpfen.

Auch Korruption und Machtmißbrauch veränderten den Lauf der Geschichte. Ebenso, wie die Wähler Jimmy Carter als Reaktion auf Watergate gewählt haben, wollten sie den ehrbaren Abraham Lincoln als Reaktion auf die in der Buchanan-Administration verbreitete Korruption im Weißen Haus sehen. Aber nicht alle politischen Skandale regten zu einem politischen Richtungswechsel an. Dennoch löst jeder Skandal, gleichgültig ob groß oder klein, eine Kette von Ereignissen aus, die den Lauf der Geschichte auf vielfältige Weise beeinflussen können. Manchmal kann man den Einfluß nur daran messen, daß etwa eine Stimme im Senat nicht abgegeben oder ein Gesetz nicht verabschiedet wird. Die Vereinigten Staaten haben die Chance, Kuba für 30 Millionen zu kaufen, nicht genutzt, weil der Kongreß die Bewilligung der öffentlichen Gelder aus Angst verweigerte, Präsident Buchanan könnte das Geld für seinen persönlichen „Schmiergeldfonds" benutzen.

Zu allen Zeiten haben Politiker schwere Fehler begangen, sowohl in ihrem Privatleben als auch in ihrem politischen Amt. Nur die Skandalenthüllungen der Medien ändern sich periodisch. So waren zum Beispiel 1884 die Frauenaffären von Grover Cleveland während des Wahlkampfes ein weit verbreitetes Thema, aber schon 1906 ignorierte die Presse praktisch die merkwürdige Freundschaft zwischen Woodrow Wilson und Mrs. Mary Hulbert Peck. Tatsache ist, daß von der Zeit der Woodrow Wilson-Administration bis in die 60er Jahre hinein die meisten persönlichen Skandale erst nach dem Tod eines Politikers ans Licht kamen. Heute dagegen stehen die persönlichen Enthüllungen durch die Medien wieder in voller Blüte. Dennoch erlitten weder Gary Hart noch Grover Cleveland Schlimmeres als George Washington, der als gebrochener Mann starb, oder als Thomas Jefferson, dessen Verführung der Ehefrau seines besten Freundes die Titelseiten der *New York Post* füllte, oder auch als Ben Franklin, der in der Kampagne von 1764 die Verbreitung eines Dokumentes ertragen mußte, in dem die leibliche Mutter seines Kindes nicht als seine Ehefrau identifiziert wurde, sondern als deren Dienerin. Heutzutage verbreitet das Fernsehen die Nachrichten schneller, aber deshalb sind sie für die Betroffenen nicht weniger schmerzlich.

Gestiegen ist heute allerdings die Zahl von Verfehlungen, über die berichtet wird. „Ich habe in meinem Privatleben einen Fehler gemacht", gestand Gary Hart in einem Interview, kurz nach seinem Wiedereinstieg in die Kampagne 1988. „Ich denke aber, ich habe das Recht dazu, darauf zu bestehen, daß mein Fehler in meinem Privatleben den Fehlern dieser Administration gegenübergestellt wird ... Waffengeschäften mit Terroristen, Belügen des Kongresses, Vernichten von Dokumenten."

Die Geschichte zeigt, daß die Amerikaner sehr wohl den Unterschied sehen. Der Demokrat Robert Leggett aus Kalifornien wurde wiedergewählt, obwohl seine Wähler wußten, daß er für seine Ehefrau und seine Geliebte je ein

Haus gekauft hatte. Gerry Studds (Demokrat aus Massachusetts) wurde wiedergewählt, obwohl er eine offizielle Rüge durch das Repräsentantenhaus erhalten hatte, weil er sich zu einer Affäre mit einer siebzehnjährigen Amtsbotin bekannt und „als eine gegenseitige, freiwillige private Beziehung zwischen Erwachsenen" bezeichnet hatte. Der Demokrat Don Riegle aus Michigan überstand sogar einen sowohl politischen als auch privaten Skandal, als in der Mitte der Senatskampagne 1976 die *Detroit News* Abschriften von abgehörtem Bettgeflüster zwischen ihm und seiner Geliebten veröffentlichten. Riegle trat die Flucht nach vorn an, nannte sein Verhalten einen Fehltritt, der „sich in einer Zeit großer persönlicher Probleme ereignete, nämlich während der Trennung von meiner Frau, mit der ich zwölf Jahre zusammen war", und wurde wieder in den Senat gewählt, wo er noch heute einen Sitz hat.

Aber, wie dieses Buch demonstrieren möchte, machen nicht immer nur gelungene Public Relations-Auftritte eines Politikers den entscheidenden Unterschied. Amerikaner können sehr nachsichtig sein. Aber während wir Entschuldigungen und Aufrichtigkeit akzeptieren, verabscheuen wir Lügen oder Vertuschung. Und wir ziehen eine deutliche Grenze bei Korruption und gesetzwidrigen Handlungen. Während also Leggett, Studds und Riegle wiedergewählt wurden, wurden die in den Abscam-Skandal verwickelten Abgeordneten nicht wiedergewählt, sondern wanderten ins Gefängnis.

Dennoch zeigte die Kampagne 1988, daß die Amerikaner ein wachsendes Bedürfnis nach einer moralischen Orientierung haben. Dieses Buch ist eine Antwort auf dieses Bedürfnis, das sich insbesondere beim Gary Hart-Skandal und in der daraus resultierenden öffentlichen Aufmerksamkeit bezüglich der *„Charakterfrage"* zeigte. Denn nur durch eine Überprüfung aller Skandale in ihrem geschichtlichen Zusammenhang kann man zum Beispiel ein Urteil darüber fällen, ob Frauenaffären tatsächlich von Bedeutung sind, ob ein Kandidat ein Recht auf Privatleben hat, welche menschlichen Schwächen verzeihlich sind und welche nicht.

Die Informationen auf den folgenden Seiten wurden sorgfältig zusammengestellt aus Unterlagen von Präsidenten, Biographien, Dissertationen, Zeitungsberichten, Medienuntersuchungen, Regierungspapieren, persönlichen Interviews und vielem mehr. Ein paar wenige, nicht gerade weltbewegende Skandale, wie etwa George Washingtons unerwiderte Liebe zur Ehefrau seines Nachbarn, wurden mitaufgenommen, damit ein Maßstab zur Unterscheidung besteht. Andere wurden zugegebenermaßen aufgrund ihres unwiderstehlich interessanten menschlichen Reizes aufgenommen. Die Ausführlichkeit, in der über einen bestimmten Skandal berichtet wird, hat nichts mit seiner politischen und historischen Bedeutung zu tun. Einigen Skandalen, die noch nicht so bekannt oder komplizierter Natur sind, wird größerer Umfang eingeräumt, während einige sehr bekannte Skandale, etwa JFKs Affäre mit Marilyn Monroe, eher knapp dargestellt werden. Manche politische Skandale wurden einfach übergangen, weil sie nicht auf moralisches Fehlverhalten zurückzuführen sind. Das war etwa der Fall bei Präsident Andrew Jackson, dem einzigen US-Präsidenten, der sich je einem Impeachment-Verfahren ausgesetzt sah. Elf Anträge auf ein Impeachment-Verfahren wurden gegen ihn vorgebracht, aber die meisten bezogen sich auf die Entlassung des Kriegsministers Edwin M. Stanton.

Im Hinblick auf unsere nächste Administration stellt sich deshalb die Frage: Werden die Vereinigten Staaten ihre moralische Grundorientierung finden? Vermutlich. Werden wir weitere Sexskandale und Korruption erleben? Ganz sicher. Als Journalistin, die in den vergangenen zwölf Jahren über Skandale berichtet hat, bin ich der Ansicht, daß Sex, Skandal und Korruption im politischen System so amerikanisch sind wie Apfelkuchen.

KAPITEL 1

„Eher das Streben nach Verständnis als nach Leidenschaft“

Skandale zu Lebzeiten von George Washington

Am 12. September 1758 schrieb der junge George Washington, krank vor Heimweh und der Kämpfe gegen die Franzosen müde, in seinem spartanischen Basislager in Fort Cumberland einen Brief an die Frau, die er liebte. Eine regelmäßige Korrespondenz war in Kriegszeiten nicht gerade ein leichtes Unterfangen, aber sie brachten es fertig, einander Briefe zu schreiben, sooft es die Umstände erlaubten. Einige Male gelang es dem strammen, sechs Fuß großen Soldaten sogar, auf Schleichwegen einen Abstecher vom trostlosen Schlachtfeld zu machen und sie während der Nacht zu besuchen. Und einmal lieh sie ihm ein Pferd, da seines sich nach dem raschen Ritt völlig verausgabt hatte. Eigentlich wäre das nicht weiter erwähnenswert, abgesehen von der Kleinigkeit, daß es sich bei der Frau, der die Aufmerksamkeit des jungen Colonels galt, nicht um seine ihm treu ergebene Verlobte Martha Custis handelte, sondern um Mrs. Sally Fairfax, die Ehefrau seines besten Freundes und unmittelbaren Nachbarn.

Washingtons Beziehung zu Sally Fairfax war vermutlich die wichtigste gefühlsmäßige Bindung seines Lebens. Es steht außer Zweifel, daß er sie innig liebte. Aber wie weit Washington seiner Leidenschaft für Sally freien Lauf ließ, bleibt Spekulationen überlassen. Ihre Romanze spielte sich vor dem Hintergrund des Unabhängigkeitskrieges ab und sie verhielten sich so, als hätten sie gewußt, daß ihre persönliche Integrität von der Nachwelt einer genauen Überprüfung unterzogen würde. Dies unterschied Washington von vielen seiner späteren Nachfolger.

George war erst sechzehn Jahre alt, als er Sally zum erstenmal begegnete. Er wohnte zusammen mit seinem Halbbruder Lawrence in Mount Vernon und war eher ein bescheidener, bisweilen schüchterner junger Mann, dem der nachbarschaftliche Besitz namens Belvoir Ehrfurcht einflößte. Belvoir war ein zweistöckiges Backsteingebäude und gehörte William Fairfax, einem sehr kultivierten Edelmann. Im unteren Stockwerk befanden sich vier Zimmer und ein Korridor, in der darüberliegenden Etage fanden fünf Zimmer und ein weiterer Korridor Platz. Darüber hinaus verfügte es auch über eine Gesindestube, einen Keller, in der Nähe gelegene Kontore, Stallungen, eine Remise und einen kunstvoll angelegten Garten. Allein die Mahagonimöbel im Eßzimmer kosteten mehr als die gesamte Einrichtung der Washingtons.

Als Lawrence Washington die Tochter von Fairfax, Anne, heiratete, standen George die Türen von Belvoir plötzlich offen, und er wurde ein regelmäßiger Gast. Lawrence Washington starb etwas später an Tuberkulose, wodurch George dennoch weiterhin als Mitglied der Familie behandelt wurde. Er befreundete sich mit George William, dem Sohn von William Fairfax, der mit seiner jungen Frau Sally in Belvoir wohnte. Sally war neunzehn Jahre alt, schön, gebildet und wohlerzogen. Einer von Sallys Nachkommen bezeichnete später Washingtons Reaktion beim Anblick von Sally als „Liebe auf den ersten Blick."

Der Einfluß von Sally Fairfax auf George Washington darf nicht gering bewertet werden. Georges Bildungsniveau entsprach in etwa dem Standard einer heutigen Grundschulausbildung. John Adams bemerkte einmal: „Es ist gewiß, daß Washington kein Gelehrter war, daß er für seinen Rang und Namen zu ungebildet, zu wenig belesen und zu unwissend war. Diese Debatte ist gleichwohl vorbei." Offensichtlich wußte John Adams nichts von der umfassenden, informellen Ausbildung Washingtons in Belvoir. In diesen für ihn sehr wertvollen Stunden machten ihn Sally und ihr Schwiegervater mit vielen ideologischen Theorien bekannt. Sie lasen Theaterstücke und Bücher. Ganz besonders fühlte sich George zu den römischen Philosophen hingezogen, deren Texte häufig im Mittelpunkt der Gespräche standen. Der Unterricht in Belvoir vermittelte George die Erkenntnis, die größte menschliche Leistung darin zu sehen, durch ehrenvolle Handlungen den Respekt der eigenen Landsleute zu gewinnen.

Es gibt nur wenige dokumentierte Beweise für die Intensität von Sallys Gefühlen zu George. Er vernichtete alle Briefe, die sie ihm über die Jahre geschrieben hatte. Vieles, was der Nachwelt über Washingtons Beziehung zu Sally bekannt wurde, weiß man aus seinen Briefen an Sie, die sie feinsäuberlich aufbewahrte. Die Korrespondenz erstreckt sich von dem Brief, den er ihr kurz vor seiner Hochzeit mit Martha schrieb, bis zum letzten Brief, den sie 25 Jahre nach ihrer letzten Begegnung von ihm erhielt. Viele Textstellen in Washingtons Briefen sind schwer zu entschlüsseln. Er hat sie so abgefaßt, als fürchte er eine Entdeckung, aber insgesamt betrachtet, verraten sie eine tiefe und anhaltende Leidenschaft.

Es existiert heute nur noch eine Botschaft von Sally an Washington – ein Postskriptum, das sie einem Brief ihres Schwiegervaters an ihn hinzufügte. Um keinen Verdacht zu erregen, hatte Sally das Postskriptum von zwei anderen Frauen unterzeichnen lassen. Darin heißt es: „Sehr geehrter Herr: Nachdem ich dem Himmel für Ihre gesunde Rückkehr gedankt habe, muß ich Sie großer Unfreundlichkeit bezichtigen, da Sie uns des Vergnügens, Sie an diesem Abend bei uns zu sehen, beraubten. Ich versichere Ihnen, wir zügeln unsere Neugier, aber nur der Gedanke, unsere Gesellschaft könnte unangenehm sein, hält uns von dem Versuch ab, unsere Beine heute nacht nicht nach Mount Vernon zu tragen, aber wenn Sie nicht morgen vormittag sehr früh zu uns kommen, werden wir in Mount Vernon sein." Obwohl der Brief ziemlich harmlos klingt, kommt seine eigentliche Botschaft klar zum Ausdruck. Sally war ungehalten, da Washington sie nicht sofort nach seiner Rückkehr aus dem Gefecht aufgesucht hatte.

Die schwerste Zeit für Washington begann vermutlich, als Sallys Schwiegervater starb und George William nach England segelte, um sich seinen dortigen Besitztümern zu widmen, und Sally allein in Belvoir zurückließ. Das hätte seine große Chance sein können, aber Washington entschied, Sie nicht zu besuchen. Stattdessen lebte er völlig zurückgezogen in Mount Vernon. In seinem Liebeskummer war er überzeugt, er müsse genauso jung sterben wie sein Bruder Lawrence. Nachdem ihm ein Arzt aus Williamsburg versichert hatte, daß er nicht im Sterben läge, beschloß er im März 1758, sich seine Gedanken an Sally aus dem Kopf zu schlagen und nach einer geeigneten Ehefrau Ausschau zu halten.

Ungeachtet der Gefühle zwischen Sally und George Washington ist es äußerst unwahrscheinlich, daß Sie ihren Mann George William jemals seinetwegen verlassen hätte. In der Kolonialzeit hatte eine Scheidung sowohl gesellschaftlich als auch finanziell verheerende Folgen. Das gesamte Vermögen einer Frau fiel bei der Eheschließung an ihren Ehemann.

Da er die Frau, die er wahrhaft liebte, niemals heiraten konnte, fügte sich Washington in sein Schicksal und entschloß sich zu einer Geldheirat. Nach zwei ungeschickten und erfolglosen Brautwerbungen machte er schließlich Martha Dandridge Custis einen Heiratsantrag, einer freundlichen, wenn auch wenig anziehenden 26jährigen Witwe. Sie war eine der reichsten Frauen Virginias. Die $ 100 000, die Marthas erster Ehemann ihr hinterlassen hatte, würden nach der Eheschließung in den Besitz Washingtons übergehen.

Aber auch als der Hochzeitstermin näherrückte, war Sally stets über alles informiert. Sie überwachte die Reno-

Sally Fairfax, Ehefrau eines nahestehenden Freundes von George Washington.

vierungsarbeiten, die Washington in Mount Vernon in Auftrag gegeben hatte, damit das Haus zum Empfang seiner jungen Frau gerüstet war. Washington schrieb Sally auch weiterhin aus seinem Lager in Fort Cumberland. Seine interessanteste Korrespondenz mit ihr ist ein Brief vom 12. September 1758, ein paar Monate vor seiner Hochzeit. Allen Rechtschreibungs- und Zeichensetzungsfehlern Washingtons zum Trotz sind die Auszüge aus diesem Brief doch ein Beweis für seine tiefsten Gefühle, die er vergeblich zu verbergen suchte.

„Heerlager in Fort Cumberland, 12. September 1758
Verehrte Madame,
Gestatten Sie mir bitte anzumerken, daß ich Ihre nunmehr völlig in Widerspruch zu unserer bisherigen Beziehung stehende Einstellung keineswegs als Ehre empfinden kann, sondern daß sie vielmehr die Angst in mir davor bestärkt, unweigerlich der künftige Gatte von Frau Custis zu sein.
– Wenn – ich muß es nicht erwähnen – erraten Sie es selbst. – Sollte nicht meine eigene Ehre und das Wohlergehen des Landes jede Aufregung wert sein? Es ist wahr, ich selbst bekunde, der Liebe geweiht zu sein – Ich gebe zu, es geht um eine Dame – und ich gestehe, die Dame ist Ihnen bekannt …
Ich empfinde die zwingende Kraft ihrer liebreizenden Schönheit in meiner Erinnerung in Tausend zärtlichen Passagen, so daß ich wünschte, ich könnte sie auslöschen, bis ich sie wiederzuerwecken mich bemühe. – Aber die Erfahrung, ach! erinnert mich auf traurige Weise daran, daß dies unmöglich ist – und bestärkt meine langgehegte Meinung, daß ein vorbestimmtes Schicksal die unumschränkte Kontrolle über unsere Handlungen hat – unbesiegbar auch durch die größten Anstrengungen der menschlichen Natur. –
Sie haben mich, meine verehrte Madame, gedrängt, oder vielmehr ich selbst habe mich gedrängt zum redlichen Bekenntnis einer schlichten Wahrheit – mißverstehen Sie meine Absicht nicht – es ist offensichtlich – zweifeln Sie nicht und geben Sie nichts preis – die Welt hat kein Recht, den Gegenstand meiner Liebe zu kennen, – erklärt nur für Sie, auf die es ankommt – da ich es doch verheimlichen will – Eines möchte ich vor allen anderen Dingen dieser Welt gerne wissen, und nur eine Ihnen bekannte Person kann dies erklären oder meine Absicht erraten. – Aber Adieu, bis zu

glücklicheren Zeiten, wenn ich sie denn je erleben sollte. – Die gegenwärtigen Stunden sind schwermütig verdüstert. Seien Sie versichert, verehrte Madame, ich bleibe mit wahrer Hochachtung
Ihr gehorsamster und ergebenster
Ehrenwerter Diener G. Washington"

Leider hat Washington ihre Antwort, die dreizehn Tage später eintraf, vernichtet, aber es hat den Anschein, als wäre er darüber enttäuscht gewesen. In seinem nächsten Brief schrieb er an Sally: „Mißverstehen wir die wahre Bedeutung der Briefe des andern? Ich glaube, es scheint so, obwohl ich gerne das Gegenteil hoffen möchte, weil ich nicht klarer sprechen kann, ohne – aber ich werde nie mehr sagen, ich stelle es Ihnen anheim, alles übrige zu erraten."

George und Martha heirateten am 6. Januar 1759. Und trotz seiner innigen Gefühle für Sally Fairfax schuf Washington in Mount Vernon für Martha und ihren beiden Kindern aus erster Ehe ein glückliches Zuhause. Washington verfügte über eine ungeheure Selbstbeherrschung, gemäß seinem Grundsatz, eher „nach Vernunft als nach Leidenschaft zu streben", was später auch seiner Stiefenkelin zugute kam. Selbst Opfer einer unglücklichen Kindheit, betrachtete Washington eine Heirat als das wichtigste Ereignis im Leben eines Mannes. Und, wie er oft sagte, schätzte er die Ruhe einer Ehe mehr als die Aufregung.

1773 sah Washington Sally Fairfax zum letzten Mal, als sie und ihr Ehemann nach England abreisten. Es sollte nur eine kurze Reise zur Erledigung einiger Familienangelegenheiten werden, und nachdem sie auch mit einer baldigen Rückkehr rechneten, gab es keinen tränenreichen Abschied. Die Familie Fairfax vertraute Washington die Verantwortung für Belvoir an. Wie vereinbart ließ Washington, bevor er 1774 zur Teilnahme am ersten Kontinentalkongreß nach Philadelphia abreiste, die Einrichtung versteigern. Pikanterweise bezahlte Washington 169 Pfund für eine Kleinigkeit, die er selbst besitzen wollte – die Polster und Kissen aus Sallys Schlafzimmer. Dies war seine einzige greifbare Erinnerung an Sie, denn auf Grund größerer Probleme mit ihren englischen Ländereien und bedingt durch den Ausbruch des Unabhängigkeitskrieges kehrte die Familie Fairfax nie wieder nach Amerika zurück.

George Washington im trauten Familienkreis.

Am 16. Mai 1798 schrieb Washington seinen letzten Brief an Sally Fairfax. Er hatte sie seit 25 Jahren nicht mehr gesehen, aber seine gefühlsbetonten Erinnerungen kommen klar zum Ausdruck. Er schrieb:

„Meine verehrte Madame,
Beinahe 25 Jahre sind vergangen, seit ich mich als bodenständigen Bewohner dieses Ortes betrachtet habe oder mich in der Situation befand, einem vertrauten Umgang mit meinen Freunden durch Briefe oder auf andere Weise zu frönen. In dieser Zeit geschahen so viele bedeutende Ereignisse. Das Land erlebte große Veränderungen, so daß der Umfang eines Briefes Ihnen nur eine un-

genügende Vorstellung davon geben könnte. Keines dieser Ereignisse, nicht einmal alle zusammen, sind imstande gewesen, aus meinem Geist die Erinnerung an diese glücklichen Augenblicke, die glücklichsten meines Lebens, die ich in Ihrer Gesellschaft genossen habe, zu löschen ... Arges Bedauern befällt mich, wenn ich, was ich häufig tue, nach Belvoir hinüberblicke und mir vorstelle, daß die vormaligen Bewohner, mit denen wir in tiefer Harmonie und Freundschaft lebten, dort nicht mehr ansässig sind. Nur noch die Ruinen ragen als Erinnerung an vergangene Freuden aus dem Boden. Erlauben Sie mir hinzuzufügen, daß ich mich, als ihr nächster Verwandter in diesem Land, oft gewundert habe, warum Sie es nicht vorziehen, Ihren Lebensabend hier bei uns zu verbringen, als an einem fremden Ort in einem fremden Land, wie zahlreich Ihre Bekannten und wie aufrichtig Ihre neu gefundenen Freunde auch sein mögen.“

Keine Freundschaft hätte reiner sein können als die zwischen George Washington und Sally Fairfax. Aber dessen ungeachtet starb Washington als gebrochener Mann. Seine moralische Integrität wurde in den kommenden Jahren nicht gewürdigt. In seinem letzten Amtsjahr wurde er fast täglich für jede Kleinigkeit kritisiert, von der Überschreitung des Spesenkontos bis hin zur Nationalfeier anläßlich seines Geburtstages, die seine Landsleute eher an den Prunk eines Monarchen und nicht an die Einfachheit des Revolutionärs erinnerte. Sein Ruhestand in Mount Vernon, wohin er sich nach zwei Amtsperioden als erster Präsident der Nation zurückzog, blieb bittersüß und unausgefüllt.

Sally Fairfax starb 1811 im Alter von 81 Jahren, ohne den luxuriösen Überfluß von Belvoir und ohne den tröstlichen Beistand des Präsidenten, der sie liebte. Aber viele Menschen sind überzeugt, daß sie mit der persönlichen Befriedigung starb, die großen moralischen Werte des amerikanischen Landesvaters geformt, gepflegt und auf die Probe gestellt zu haben.

KAPITEL 2

„Die Begegnungen mit Mrs. Reynolds gingen unterdessen weiter“

Skandale zu Lebzeiten von Alexander Hamilton

Zwar führte der erste Präsident einen tadellosen Lebenswandel, aber das erste Kabinett watete knietief in Skandalen, die von ernsthaften Zwischenfällen, hauptsächlich finanziellen Vergehen, bis zu brisanten Berichten über sexuelle Erpressung reichten – wovon sich die meisten auf den Amtssitz von Finanzminister Alexander Hamilton konzentrierten. Die Ausgangsposition war folgende: Nach nur sechsmonatiger Dienstzeit trat William Duer, damalig Hamiltons Stellvertreter im Finanzministerium, zurück. Ihm drohte eine Untersuchung im Kongreß wegen des Verdachts krimineller finanzieller Transaktionen. Das war nicht gerade ein Ruhmesblatt für die junge Regierung. Die Situation wurde noch verschlimmert, zumal Hamilton, durch Heirat ein Cousin von Duer und sein lebenslanger Freund, scheinbar ernsthaft darin verwickelt war.

Mißtrauen gegenüber Duers Aktivitäten im Finanzministerium wurden bereits im September 1789 laut, genau einen Monat nach seinem Amtsantritt. Zuerst hatte Hamilton die aufkommenden Gerüchte nicht beachtet und dem wachsenden Druck der Entlassungsforderung Duers nicht nachgegeben. Aber als Hamilton Beweise zugänglich gemacht wurden, daß Duer seine privaten Gelder mit staatlichen Investmentpapieren verquickt hatte, forderte er den Rücktritt seines Mitarbeiters. Damit war die Angelegenheit allerdings noch nicht erledigt, denn Hamiltons neuer Stellvertreter entdeckte im Rahmen einer Buchprüfung, daß Duer $ 200 000 unterschlagen hatte, die er der Regierung nach seinem Rücktritt noch schuldete.

Hamiltons zu langes Festhalten an Duer war schon von Nachteil gewesen, aber sein Versäumnis, Duers Schulden einzuziehen, sollte noch schlimmere Folgen haben. Duer benutzte die $ 200 000 für eine erfolglose finanzielle Transaktion, die schließlich die erste Börsenpanik in der US-Geschichte auslöste.

Duer hatte gehofft, die Aktienkurse der Bank der Vereinigten Staaten zu schwächen, damit seine eigene Kapitalgesellschaft die Kontrolle übernehmen könnte. Zur gleichen Zeit versuchte er, sämtliche Staatsanleihen aufzukaufen, ein Schachzug, der Amerikas junge Wirtschaft ernsthaft gefährdete. Hamilton war gezwungen, die Wirtschaft mit Regierungsgeldern wieder zu sanieren. Trotz seiner Anstrengungen war ein Zusammenbruch unvermeidlich. Panik fegte über das Land, die Aktienkurse fielen und wütende Menschen stürmten die Banken. Längst zu spät, denn die wirtschaftliche Lage war mittlerweile chaotisch, forderte Hamilton von Duer die $ 200 000 zurück. Aber es war zu spät. Duer hatte sein Geld verloren und der beunruhigte Finanzminister mußte gezwungenermaßen handeln, um sein Gesicht zu wahren. Drei Tage nach Verstreichen des Zahlungstermins befahl Hamilton seinem neuen Stellvertreter, Klage gegen Duer einzureichen. Duer drängte Hamilton, sich für ihn zu verwenden, aber dieser verweigerte jede Hilfe und brachte damit den finanziell völlig ruinierten Duer ins Gefängnis.

Obwohl es Hamilton letzten Endes gelang, den Staatshaushalt zu sanieren, brachte die Wirtschaftskrise seine eigene mächtige, politische Position stark ins Wanken. Nun drohte ihm die republikanische Partei unter der Führung von Außenminister Thomas Jefferson mit der Entlassung aus seinem Amt. Bei Duer war es gelungen, diese Drohung in die Tat umzusetzen.

Hamilton und Jefferson war es vom Schicksal fast vorbestimmt, einander zu hassen. Ihre gegensätzlichen Standpunkte führten zur Bildung der beiden ersten politischen Parteien Amerikas, den Föderalisten und den Republikanern. Aber von Anfang an verhielten sich die beiden jungen Kabinettsmitglieder eher wie rivalisierende Geschwister und weniger wie politische Gegner. Hamilton und Jefferson hatten beide sehr früh ihren Vater verloren. Jeffersons Vater war gestorben, während Hamiltons Vater, der seine Mutter nie geheiratet hatte, ein paar Jahre nach der Geburt des Sohnes die Familie verlassen hatte. Mehr noch als für den Rest der Nation verkörperte der Präsident für die beiden Minister die starke Vaterfigur, und sie wetteiferten um seine Aufmerksamkeit. Jefferson erinnerte sich später: „Hamilton und ich standen uns Tag für Tag im Kabinett wie zwei Kampfhähne gegenüber."

Im Januar 1793 strengte der Zweite Kongreß eine langwierige Untersuchung gegen Minister Hamilton, gleichzeitig auch Parteiführer der Föderalisten, an. Trotz intensiver Nachforschungen konnte kein Beweis für Betrug, Spekulation oder Amtsmißbrauch gefunden werden. Das Schlimmste, was ans Tageslicht kam, war die Koppelung zweier Kredite, die der Kongreß getrennt laufenlassen wollte. Dennoch mißbilligten die Mitglieder des Kongresses in einem Beschluß am 27. Februar 1793 Hamiltons Führung der Bundesfinanzen und seine Mißachtung der Weisungen des Kongresses.

Hamilton schluckte die bittere Medizin ohne Nachwirkung. Denn, so peinlich dieser Beschluß in politischer Hinsicht auch war, fühlte sich Hamilton unglaublich erleichtert, weil ein für ihn sehr viel unangenehmerer Skandal für den Rest seiner Amtszeit in der Versenkung verschwand. Doch das Blatt wendete sich schon bald. Während er mit der Sanierung des Staatshaushaltes beschäftigt war, tappte er tolpatschig in eine Erpressungsfalle, die ihm eine Frau vorsätzlich stellte.

Das Komplott wurde inszeniert von Maria Reynolds und ihrem Ehemann James, einem betrügerischen Spekulanten, der es immer wieder geschafft hatte, sich dem Zugriff des Gesetzes zu entziehen. Zu Reynolds früheren Missetaten gehörte die Unterschlagung von Soldnachzahlungen an Soldaten und Offiziere der Armee. Zwar war Reynolds ein Mann ohne Einfluß, aber irgendwie gelang es ihm doch, sich Zugang zu den Soldlisten der Regierung zu verschaffen, die ihm ein untergeordneter Beamter des Finanzministeriums beschaffte. Während Reynolds sich beim Betrug der Veteranen reichlich dilettantisch anstellte, erwies er sich bei der Erpressung des Finanzministers als geschickterer Einfädler.

Hamilton war ein leichtes Opfer. Seine Ehefrau Elizabeth war in Albany, New York, geblieben, während Hamilton sich im neuen Regierungssitz Philadelphia einsam und für weibliche Gesellschaft jederzeit ansprechbar fühlte. Die Trennung von seiner Frau hielt ihn auch von seiner Schwägerin Angelica fern, mit der er eine ständige Affäre hatte. Das alles waren denkbar günstige Voraussetzungen für die Erpresser, ihr Vorhaben durchzuziehen.

An einem verhängnisvollen Tag im Jahre 1791 erschien Maria Reynolds in Hamiltons Büro in der Chestnut Street und bat den Finanzminister dringend um „Hilfe". Ihr Ehemann, erklärte sie, habe sie verlassen, und sie sei bereit, alles zu tun, um sich die Gläubiger vom Leib zu halten. Nach einigen sexuellen Versprechen und Verlockungen, traf Hamilton am selben Abend in ihrem Stadthaus in der Market Street ein. Sie führte ihn in ihr Schlafzimmer, wo sie ein Schäferstündchen verbrachten, für das Hamilton eine bestimmte Summe bezahlte. In dieser für Hamilton außerordentlich kompromittierenden Situation trat – wer anders sollte wohl auftauchen – der beleidigte Ehemann ins Zimmer.

Reynolds schrieb später in einem Brief an Hamilton: „Sie nutzten eine arme, niedergeschlagene Frau aus... Sie sind der grausamste Mann, der auf dieser Welt lebt... Sie sagt, es gibt keinen anderen Mann, den sie so gern hat. Nun, Sir, Sie sind schuld daran, daß ihre Zuneigung zu mir abgekühlt ist."

Wenn Reynolds auch behauptete, sein Heim und seine Ehe wären zerstört worden, so war er doch kein völlig gebrochener Mann. Im Gegenteil: Er ermutigte Hamilton sogar zur Fortsetzung der Affäre. In einem Gespräch von Mann zu Mann vertraute er Hamilton an, daß seine Frau nach dessen Besuchen sehr viel freundlicher und aufgeschlossener sei. Reynolds erzählte Hamilton: „Ich merke, daß Sie nach jedem Ihrer Besuche heiter und freundlich ist, aber wenn Sie einige Zeit nicht dagewesen sind, ist sie mürrisch, schlechtgelaunt und möchte nur allein sein." Überdies könne er für eintausend Dollar, bar bezahlt natürlich, wohl lernen, mit einem gebrochenen Herzen zu leben. Hamilton zahlte Reynolds daraufhin zwei Pauschalsummen, $ 600 und $ 400, und, immer ganz Geschäftsmann, verlangte er dafür eine unterschriebene Quittung.

Hamilton setzte seine Affäre mit Maria und die Zahlungen an ihren Mann über beinahe ein Jahr fort. Wenn die teuren Wünsche seiner Geliebten sein persönliches Budget überstiegen, borgte er sich Geld. Am 15. Juni 1791 lieh er sich zweihundert Dollar von Robert Troup, einem Freund, der ihn bereits vor der anstehenden, eventuell unangenehmen Untersuchung über den Fall Duer warnte.

Das einzige, was Hamilton während seiner Affäre mit Maria Reynolds noch weniger brauchen konnte als eine Untersuchung, war ein Überraschungsbesuch seiner Frau. Am 9. August schrieb er deshalb an Elizabeth, es sei im Interesse ihrer eigenen Gesundheit, für den Rest des Sommers nicht nach Philadelphia zu kommen: „Ich kann nicht glücklich sein ohne dich. Dennoch kann ich dir nicht raten, hierher zurückzukommen. Die Kräftigung deiner Gesundheit ist für unser Glück so wesentlich, daß ich bereit bin, so lange es die Jahreszeit und deine Geduld erlauben, ein Opfer zu bringen."

Zwei Tage später erinnerte er sie daran, jeden eventuellen Besuch in Philadelphia rechtzeitig vorher anzukündigen. Nachdem er seine Ehefrau in sicherer Obhut in Albany wußte, setzte Hamilton seine verbotene Affäre mit Maria fort. Als er jedoch einen Besuch Elizabeths schließlich nicht mehr länger aufschieben konnte, vollbrachte er einen bemerkenswerten Balanceakt, um Maria dennoch sehen zu können. „Ich hatte häufige Zusammenkünfte mit ihr – zumeist in meinem eigenen Haus ...", gestand er später und fügte hinzu: „Die Begegnungen mit Mrs. Reynolds gingen unterdessen weiter ... Ihr Verhalten machte es mir sehr schwer, mich von ihr zu lösen."

Hamilton zog ein Ende seiner außerehelichen Affäre erst in Betracht, als Mrs. Hamilton schwanger wurde. Er hatte auf ein „allmähliches Ende" gehofft, aber sein Plan schlug fehl, denn Maria drohte mit Selbstmord. Später erklärte er: „Die regelmäßigen Begegnungen wurden fortgesetzt, sie drängten mich unter dem Vorwand, es sei lebenswichtig für die Beteiligte ... Eine heftige Zuneigung wurde mir vorgespielt mit dem Anschein von echtem äußerstem Schmerz bei dem Gedanken an einen Abbruch der Beziehung ..."

Marias Ehemann reagierte mit einer reichlich phantastischen Kehrtwendung und zeigte Abscheu bei dem Gedanken, Hamilton könnte die Frau eines anderen Mannes einfach abschieben. Dies war eine der vielen Charaden, die zur Fortsetzung der Erpressung dienten. Hamilton erinnerte sich später: „Reynolds wollte gelegentlich, unzufrieden über seine Situation, seine Ehefrau sehr schlecht behandeln, er deutete mehrmals meine Ermordung an und drohte offen damit, Mrs. Hamilton zu informieren, um sich zu rächen."

Trotz der Drohungen, der Erpressung und der Möglichkeit einer Entdeckung hätte Hamilton die Affäre wohl auf unbestimmte Zeit fortgesetzt – hätte ihn nicht James Reynolds um eine Stellung im Finanzministerium der Vereinigten Staaten gebeten. Jetzt hatte Hamilton die Nase voll. Er mag ein Ehebrecher gewesen sein und mit seinem letzten Pfennig einen kleinen Halunken wie Reynolds entlohnt haben, aber er hätte nie Staatsgelder aufs Spiel gesetzt und Reynolds einen Posten bei der Regierung verschafft, auch nicht, wenn nur eine Buchhalterstelle frei gewesen wäre.

Als sich das Drama zuspitzte, wurde Reynolds von seiner Vergangenheit eingeholt. Er und sein Partner, Jacob Clingman, wurden wegen der bereits erwähnten Unterschlagung von Soldnachzahlungen an Veteranen verhaftet. Reynolds wartete in seiner Gefängniszelle in Philadelphia und ging davon aus, sein Kumpel Hamilton würde für seine Freilassung sämtliche Hebel in Bewegung setzen. Immerhin konnte man Reynolds Spuren bis ins Finanzministerium zurückverfolgen, und die Affäre hätte Hamilton in eine größere Verlegenheit gestürzt. Aber wieder einmal wollte dieser das Vertrauen der Öffentlichkeit nicht mißbrauchen. Was immer zwischen den beiden Männern vorgefallen war, wurde vom Privatmann Hamilton erledigt und nicht mit öffentlichen Mitteln oder seinem politischem Einfluß.

Es muß beträchtlichen Mut erfordert haben, Reynolds Forderungen in diesem Augenblick zurückzuweisen. Der Betrüger und sein Partner gehörten nicht zu der Sorte von Menschen, die zu lange im Gefängnis bleiben wollten. Reynolds wußte genau, daß, sollte sich Hamilton nicht auf einen Handel einlassen, Jefferson und seine republikanische Partei sofort Gewehr bei Fuß stünden.

Im Dezember 1792 nahm Clingman Kontakt zu dem Kongreßabgeordneten Frederick Muhlenburg, einem Republikaner aus Pennsylvania, auf, dem er offen erzählte, er und Reynolds hätten genug Beweise, „um den Finanzminister zu hängen, daß er [Hamilton] tief verstrickt in Spekulationen war, daß er ihm [Reynolds] häufig Geld gegeben hätte.“ Die Republikaner waren sehr erfreut über die Aussicht, Hamilton endlich mit dem Fall Duer in Verbindung bringen zu können.

Muhlenburg wandte sich an zwei weitere republikanische Kongreßabgeordnete namens James Monroe und Abraham Venable, die ihm bei der Untersuchung helfen sollten. Das Trio begann seine Erkundigungen zuerst bei Reynolds im Gefängnis, um dann Maria in ihrem Haus in der Market Street in die Mangel zu nehmen. Das Ergebnis überwältigte die Kongreßabgeordneten, zumal einige aufgefundene Briefe darauf hinwiesen, daß sich der Finanzminister der Spekulation mit Regierungsgeldern schuldig gemacht hatte.

Am 15. Dezember 1792 machten die drei Kongreßabgeordneten schließlich einen Überraschungsbesuch in Hamiltons Amtsräumen. Zunächst war Hamilton empört. Aber als ihm der Grund des Besuches genannt wurde, reagierte er augenblicklich mit entgegenkommender Freundlichkeit. Völlig konsterniert stimmte er einem späteren Treffen am gleichen Abend zu.

Es ist kaum vorstellbar, aber Hamilton erzählte den Abgeordneten sämtliche Einzelheiten seiner Affäre mit Mrs. Reynolds. Als Ehebrecher gebrandmarkt zu werden, war eine Seite der Medaille. Aber er war nicht bereit, seine Integrität als Staatsmann von Reynolds zerstören zu lassen, der nach wie vor versuchte, ihn fälschlicherweise mit dem Fall Duer in Verbindung zu bringen. Hamilton ging so weit, seinen Bericht mit Briefen, Notizen und Quittungen zu belegen. Er wirkte auf die Kongreßabgeordneten seltsamerweise so ergreifend und überzeugend, daß sie ihn mitten in seinem Vortrag dringend baten, aufzuhören. Aber Hamilton ließ nicht nach und erläuterte noch das letzte Detail. Das Gespräch in diesem Raum lief später auf ein Agreement unter Gentlemen hinaus, das von Politikern in der Zukunft nie mehr erreicht wurde. Die drei republikanischen Kongreßabgeordneten, überzeugt von Hamiltons unangetasteter Integrität, gelobten, niemals über die gerade gehörte Geschichte zu sprechen. Die gegnerische Partei maß dem Vertrauen der Öffentlichkeit in die Regierung mehr Gewicht bei als der Parteipolitik.

Jefferson erhielt einen vollständigen Bericht über dieses Treffen und beschloß, ebenfalls zu schweigen. Aber immer noch schien er sich auch ohne die Preisgabe dieser Affäre sicher genug gefühlt zu haben, Hamilton mit Hilfe des Kongresses des Betrugs zu überführen.

Um ganz sicher zu gehen, reichten die Republikaner geschickterweise die neun Anklageschriften ganze zwei Tage vor der Sommerpause im Kongreß ein. Diese Taktik ließ Hamilton kaum eine Chance für eine Antwort ... so dachten sie jedenfalls. Zu ihrer großen Überraschung verfaßte der ehrgeizige Politiker seine Antwort jedoch in Rekordzeit und er schrieb sie so gut, daß zusätzlich noch Freund und Feind zufriedengestellt waren.

Fair play war in der Politik an der Tagesordnung – bis 1796, als die Kopie einer Abschrift von Hamiltons Geständnis einem Skandaljournalisten namens James Thomson Callender zugespielt wurde. Callender, ein fester Verbündeter von Thomas Jefferson, veröffentlichte schmutzige Einzelheiten aus Hamiltons Affäre in dem Pamphlet *History of the Year 1796.* Da dieser Bericht eine Verwicklung in finanzielle Machenschaften zu beweisen schien, reagierte Hamilton rasch mit der Veröffentlichung seines eigenen Geständnisses. Es überrascht nicht, daß Hamiltons damaliger Bericht *Observations of Certain Documents contained in ... the history of the United States for the Year 1796* ein Bestseller wurde und im ganzen Land gelesen wurde.

Wie so viele Politikerfrauen in den Generationen nach ihr, hielt Elizabeth Hamilton zu ihrem Mann, was die Bevölkerung des Landes dazu bewog, ihm seine Sünden zu vergeben. Hamilton sprach dankbar und reumütig zu ihr: „Du bist mein guter Geist ... Du bist alles, was nach meinem Urteil liebenswert ist, und je besser ich das weibliche Geschlecht kennenlerne, desto mehr bin ich nunmehr von der Klugheit meiner Wahl überzeugt." In einer Veröffentlichung gestand er, wohl mehr im Hinblick auf die öffentliche Wirkung: „Ich kann niemals aufhören, mich selbst zu verurteilen für das Leid, daß ich einem Herzen zugefügt habe, das einen ganz besonderen Anspruch auf all meine Dankbarkeit, Ergebenheit und Liebe hat."

Während der sechs Jahre, in denen Hamiltons Affäre unter einem Mantel der Verschwiegenheit versteckt worden war, ging die Seifenoper weiter. Maria ließ sich von James Reynolds scheiden und heiratete seinen Geschäftspartner Jacob Clingman, obwohl Marias Rechtsanwalt, Aaron Burr, leider versäumte zu bemerken, daß die Trauung dreißig Minuten vor der Rechtsgültigkeit der Scheidungspapiere vollzogen wurde.

Letztendlich beschuldigte Hamilton James Monroe, der die einzige Abschrift über ihr Treffen besaß, sein Geständnis der Presse ausgehändigt zu haben. An einem bestimmten Punkt der Auseinandersetzung forderte er Monroe sogar zum Duell. Monroe ernannte Aaron Burr zu seinem Sekundanten, aber Burr setzte lieber auf Diplomatie statt auf Pistolen. Einige Jahre später, am 11. Juli 1804, während seiner Amtszeit als Vizepräsident unter Thomas Jefferson, tötete Burr Hamilton in einem Duell, das wegen einer ganz anderen Angelegenheit stattfand. Dies eskalierte zu einem eigenen Skandal, denn das Gericht von Bergen County, New Jersey, klagte Burr des Mordes an. Doch Burr, der auch Senatspräsident war, kehrte nach Washington, D.C., zurück, und die Anschuldigung geriet so schnell in Vergessenheit.

In der Zwischenzeit starb James Callender an Alkoholismus – aber vorher nahm er noch seinen alten Freund Jefferson aufs Korn und zog ihn gehörig durch den Schmutz, genau so wie er es zuvor mit Hamilton getan hatte.

KAPITEL 3

„Mein Kopf und mein Herz“

Skandale zu Lebzeiten von Thomas Jefferson

Fast jeder schäbige Skandal, mit dem Thomas Jefferson jemals in Verbindung gebracht wurde – und das waren beileibe ziemlich viele –, kann bis zu dem Skandaljournalisten James Thomas Callender zurückverfolgt werden, der bis zu seinem Tod im Juli 1803 regelmäßig Politiker attackierte. Dabei vermuteten viele, er habe Selbstmord begangen, denn sein Leichnam wurde in dem drei Fuß tiefen Wasser des James River außerhalb von Richmond, Virginia, treibend entdeckt. Trotz der kompromittierenden Todesumstände darf Callenders seriöse Rolle in den Anfängen der amerikanischen Politik nicht gering geschätzt werden. Neben den Erschütterungen, die er den Föderalisten und ihrem Parteiführer Alexander Hamilton zufügte, war er die eigentliche Schlüsselfigur, die viele Geheimnisse aus dem Privatleben von Thomas Jefferson enthüllte, dem Mann, der Amerikas erster Außenminister, der zweite Vizepräsident und schließlich der dritte Präsident geworden ist.

John F. Kennedy lud einmal eine Gruppe von Nobelpreisträgern zu einem Essen in seinen Amtssitz ein und meinte, „dies ist die außerordentlichste Versammlung von Talenten ... die jemals im Weißen Haus zusammengekommen ist – abgesehen davon, wenn Thomas Jefferson allein zu Abend aß.“ Jeffersons Talente gingen über seine Leistungen als Gründervater und Verfasser der Unabhängigkeitserklärung hinaus. Er war ein genialer Erfinder, zu dessen Patenten die automatische Tür, der Speisenaufzug, der Reißnagel und eine Kopiermaschine gehörten, bei der

Thomas Jefferson – Architekt, Erfinder, Sprachforscher und Schürzenjäger.

sich beim Schreiben eine zweite Feder mitbewegte, so daß er zugleich über ein Duplikat seiner Korrespondenz verfügte. Seine Experimente über Möglichkeiten zu einem verstärkten Wachstum des Reises, trugen mit dazu bei, die USA zu einem führenden Reisproduzenten zu machen. In seiner Eigenschaft als Architekt entwarf Jefferson Gebäude für die Universität von Virginia und den Regierungssitz in Richmond. Als Sprachforscher verfaßte er ein vergleichendes Wörterbuch über die Sprachen der amerikanischen Indianer. Als die Briten 1814 die Kongreßbibliothek niederbrannten, bot Jefferson als Ersatz seine Privatbibliothek an. Angesichts seiner großen, vielfältigen Talente kann man sich fast nicht vorstellen, wie er jemals die Zeit fand, sich seinen zahlreichen romantischen Techtelmechteln zu widmen.

Jefferson bemühte sich sehr um den Schutz seines Privatlebens. Er bewahrte zwar Kopien von 18 000 Briefen, die er geschrieben hat, und 25 000 Briefen, die er erhalten hat, auf, vernichtete aber die gesamte Korrespondenz mit seiner Frau Martha und seiner Mutter. Es existiert heute kein Bild mehr von Martha Jefferson und Jeffersons Eheleben bleibt eher im Dunkeln. James Callender war sich jedoch sicher, daß die Welt etwas über Jeffersons Skandale wissen wollte, angefangen von der Verführung der Ehefrau seines Nachbarn bis zu seiner angeblichen schwarzen Geliebten, einer Sklavin, und ihren gemeinsamen Kindern in Monticello.

Ehe man sich mit den pikanten Details von Jeffersons Liebesaffären beschäftigt, muß man unbedingt das wenige, was über seine zehnjährige, am 1. Januar 1772 geschlossenen Ehe mit Martha Wayles Skelton, bekannt ist, berücksichtigen. Er war ein so hingebungsvoller Ehemann, daß an seiner ehelichen Treue kaum gezweifelt werden kann. Wegen ihrer angegriffenen Gesundheit legte er am 2. September 1776 seinen Sitz im Kongreß nieder, damit er sich intensiver um sie kümmern konnte. Die vielen schweren Geburten hatten Marthas Gesundheit sehr angegriffen. Von ihren sieben Kindern überlebten leider nur drei ihre Kindheit. Martha Jefferson starb vier Monate nach der Geburt ihres letzten Kindes. Während er an ihrem Krankenbett wachte, gelobte Jefferson, niemals wieder zu heiraten. Und er hielt sein Versprechen.

Die Dokumente über die letzten gemeinsamen Tage der Jeffersons erweichen sogar das kälteste Herz. Einmal kopierte Martha für Jefferson eine Textstelle aus *Tristram Shandy,* einem seiner Lieblingsbücher. Sie schrieb: „Die Zeit vergeht so rasch; jeder Brief, den ich schreibe, sagt mir, mit welch' rasender Geschwindigkeit das Leben meiner Feder folgt. Die Tage und Stunden fliegen über unsere Köpfe hinweg wie Wolken an einem windigen Tag, die niemals zurückkehren – alles eilt weiter –." Jefferson schrieb an ihrer Stelle zu Ende: „– und jedesmal, wenn ich deine Hand küsse, um Lebewohl zu sagen, jede Abwesenheit, die darauf folgt, ist nur der Auftakt zu der ewigen Trennung, die uns bald bevorsteht!" Später legte er diesem Text eine Haarlocke von ihr bei und bewahrte beides in einem Umschlag auf.

Acht Wochen nach dem Tod seiner Frau am 6. September 1782 kehrte Jefferson auf die politische Bühne zurück. Später wurde darüber spekuliert, ob Thomas Jefferson, wäre seiner Frau Martha ein längeres Leben beschieden gewesen, dritter Präsident der Vereinigten Staaten geworden wäre.

Jefferson blieb in der Presse »skandalfrei« bis 1802, seinem zweiten Amtsjahr als Präsident. In jenem Jahr startete James Callender eine Reihe bösartiger Angriffe auf ihn. Für viele war dies eine Überraschung, denn es war sehr wohl bekannt, daß Jefferson Callender bei seinen Attacken gegen Alexander Hamilton und später gegen John Adams, unter dem Jefferson Vizepräsident gewesen war, unterstützt hatte. Aber Callender war gegen Ende seines Lebens ein wankelmütiger und treuloser Zeitgenosse geworden, der jeden Vorteil auszunutzen gedachte.

Callender kam 1793 von Schottland nach Amerika. Er war aus seiner Heimat geflohen, zumal er dort wegen Aufwiegelung angeklagt war, was in seinen ätzenden Presseangriffen auf die britische Regierung begründet lag. Aber falls er erwartet hatte, Amerika wäre das Land der unbegrenzten Möglichkeiten, wurde er bald eines Besseren belehrt.

Obgleich das Hamilton-Pamphlet ein gelungener Coup war, ging der berüchtigte Skandaljournalist ohne feste Anstellung von einer Zeitung zur anderen hausieren. Als es ihm finanziell besonders mies ging, deutete er an, daß er gerne bei Jefferson in Monticello wohnen wollte. Jefferson ignorierte diesen Wink mit dem Zaunpfahl, schickte ihm fünfzig Dollar und wünschte ihm alles Gute.

1799 schrieb Callender *„The Prospect Before Us"*, eine Kritik an der Bundesregierung und Präsident John Adams. Darin sagte er, die Amerikaner hätten die Wahl „zwischen Adams, Krieg und Bettelarmut, und zwischen Jefferson, Frieden und einem guten Auskommen". Er bezeichnete Adams als „diese seltsame Mischung aus Beschränktheit und Tollheit, aus Falschheit und Schwäche", und fügte hinzu, „die Menschen der Vereinigten Staaten haben eine Million guter Gründe, ein friedliches, verfassungskonformes und schnelles Ende der Regierungszeit von Mr. Adams zu wünschen".

Callender schickte einen Probeabzug seines Pamphlets an Jefferson, damals Vizepräsident und Adams Widersacher. Jefferson war selbstredend sehr angetan von diesem Machwerk und schrieb zurück: „Solche Artikel können nicht fehlschlagen, sondern müssen gute Erfolge zeitigen." Der größte Erfolg , den das Pamphlet jedoch erzielte, war Callenders Verhaftung und 1798 die Anklage gemäß dem *Sedition Act* vor dem Obersten Bundesgericht. Die Anklageerhebung war eine klare Verletzung des Rechts auf freie Meinungsäußerung und Jefferson stellte Callender einen versierten Verteidiger zur Seite. Aber der Richter, der zu den Jefferson-Gegnern zählte, war anderer Ansicht. Callender wurde für schuldig befunden und zu einer Geldstrafe von $ 200 und neun Monaten Haft verurteilt. Ein paar Jahre später sollte Präsident Jefferson den Richter anklagen, der dieses Urteil zu verantworten hatte. Aber nach seiner Verurteilung, am 6. Juni 1800, landete Callender erst einmal im Gefängnis.

Nur ein paar Tage nach seiner Vereidigung als Präsident im März 1801 ordnete Jefferson die Freilassung Callenders an. Er versprach die Rückzahlung der 200 Dollar Geldstrafe, Callender aber wollte eine größere Entschädigung für seine Loyalität. Sein Streben galt dem mit $ 1 500 im Jahr dotierten Amt des Postmeisters von Richmond. Als er von Außenminister James Madison, der im Namen des Präsidenten handelte, abgelehnt wurde, schwor er Rache. Im folgenden Jahr, in seiner neuen Stellung als Redakteur beim *Richmond Recorder,* veröffentlichte Callender den Brief, in dem beschrieben war, wie ihm Jefferson die fünfzig Dollar geschickt hatte, was Callender jetzt behaupten ließ, dabei hätte es sich um Schweigegeld gehandelt. Er veröffentlichte noch weitere Korrespondenz, die bewies, daß Jefferson als Vizepräsident seine Angriffe auf Adams unterstützt hatte. Jefferson schrieb später an James Monroe: „Ich bin wirklich gekränkt über die niederträchtige Undankbarkeit Callenders. Das zeigt die menschliche Natur in einer abscheulichen Gestalt.“ Abscheulich oder nicht, der Kleinkrieg zwischen Jefferson und Callender war damit vom Zaun gebrochen.

Nach den Veröffentlichungen von Korruptionsbeschuldigungen verlegte sich Callender bald auf Jeffersons Liebesaffären. Der erste amouröse Skandal, den er aufdeckte, war die Verführung von Betsey Walker, der Frau von Jeffersons Freund John. Dieser pikante Vorfall wurde mit großer Raffinesse eingefädelt und baute auf das gutgläubige Vertrauen, als sich John während des Sommers 1769 oder 1770 zu Vertragsverhandlungen mit den Indianern in Fort Stanwix aufhielt. Besonders heikel war die Situation, da Jefferson bei der Hochzeit seines Freundes Trauzeuge gewesen war. Unter diesen Umständen schien es für Walker ganz selbstverständlich, Jefferson zu bitten, sich während seiner viermonatigen Abwesenheit um seine Frau und sein Kind zu kümmern. Darüber hinaus setzte er Jefferson für den Fall, daß ihm irgend etwas zustoßen sollte, als seinen Testamentsvollstrecker ein. Aber wie aus einem Brief, den John Walker 1805 an einen Feind Jeffersons schrieb, hervorgeht, tat Jefferson sehr viel mehr: „Wir machten einen Besuch bei Colonel Coles, einem gemeinsamen Bekannten und entfernten Nachbarn. Mr. Jefferson war auch da. Als sich die Damen zur Ruhe begaben, täuschte er Unwohlsein vor, klagte über Kopfschmerzen und verließ die Herrenrunde, zu der auch ich gehörte. Anstatt nun zu Bett zu gehen, wie es seine Krankheit glauben machte, stahl er sich in mein Zimmer, wo meine Frau unbekleidet oder im Bett war."

John Walker und James Thomson Callender waren nicht die einzigen, die die Betsey-Walker-Affäre ausschlachteten. Am 5. April 1805 veröffentlichte die auflagenstarke *New York Evening Post* die Story von Betsey Walker und startete einen Generalangriff auf die Tugendhaftigkeit des Präsidenten. Der Schmierenartikel zitierte Jefferson aus seiner zweiten Amtsantrittsrede, in welcher er sagte: „Ich werde nun das Amt antreten, in das mich meine Mitbürger wieder berufen haben und meine Arbeit im Geiste der Prinzipien fortsetzen, die sie gutheißen. Ich fürchte nicht, daß mich irgendwelche Interessenkonflikte vom rechten Weg abbringen werden und bin mir keiner Leidenschaft bewußt, die mich verleiten könnte, vorsätzlich vom rechten Pfad abzuweichen."

Der Bericht fährt fort mit Kommentaren der Redaktion, die wohl auch auf die Gary-Hart-Kampagne 182 Jahre später zutreffen würden: *„Mr. Jefferson gesteht tatsächlich zu, daß die ‚Schwächen der menschlichen Natur und die Grenzen eigenen Verstehens zu Trugschlüssen führen können, die sich manchmal nachteilig auf die Interessen' des Volkes auswirken könnten, wie beispielsweise ‚ein Abkommen* *vom rechten Weg wegen eines Interessenkonfliktes' oder ,bewußtes Abweichen vom rechten Pfad wegen einer Leidenschaft', aber für seine Person befürchtet er das nicht; er bestreitet, daß ihm so etwas widerfahren könnte. Während andere Sterbliche dagegen ständig in Gefahr sind, vom Pfad der Tugend abzukommen, verkündete Jefferson mit göttlicher Autorität, es gebe „keinen Gerechten, nicht einen einzigen" – aber wir erblicken einen, der da kommt, der, wenn wir seiner Selbsteinschätzung Glauben schenken, von den gewöhnlichen moralischen Schwächen ausgenommen ist, die den Rest der Menschheit immerwährend in Versuchung geraten lassen ... [Er, der] die Integrität der Nation zugrunde gerichtet, das amerikanische Volk demoralisiert hat, um seiner persönlichen Verherrlichung Vorschub zu leisten, rühmt sich nun, daß ihn keine Interessenkonflikte in Versuchung führen können."*

Jefferson wurde als *„Schurke"*, *„Geißel"*, *„Abschaum von Amerika, ohne Fähigkeiten und ohne Tugend"* tituliert. Die schwerwiegenden Beschuldigungen der *Post,* Jefferson habe sich „mitten in der Nacht in das Zimmer seines abwesenden Freundes geschlichen und versucht, sein Bett zu schänden", machten es unmöglich, diese Anklagen öffentlich zu ignorieren. Schließlich gestand Präsident Jefferson seine Schuld einigen nahen Freunden. Eine offiziell beweisbare Aussage machte er dem Marineminister Robert Smith in einem Brief: „Sie werden begreifen, ich muß mich zu einer dieser Anklagen schuldig bekennen, daß ich nämlich, als ich jung und allein war, einer hübschen Dame meine Liebe antrug. Ich gebe zu, dieses Verhalten war unschicklich. Aber diese Anschuldigung ist die einzig wahre unter allen gegen mich gerichteten Behauptungen."

Sechzehn Jahre nach der Betsey-Walker-Affäre entdeckte Jefferson, während er als Gesandter in Frankreich weilte, wieder seine Schwäche für verheiratete Frauen. Jefferson hatte den Auslandsposten im Mai 1774 angenommen, nach einer langen Zeit voller Einsamkeit, die dem Tod seiner Frau gefolgt war.

Als Jefferson in Frankreich eintraf, verfügte er dort über sehr viel weniger Ansehen als sein Amtsvorgänger Benjamin Franklin, der zu einem Liebling der Damen der Gesellschaft avanciert war. Jefferson schickte seine älteste Tochter, Patsy, in eine Klosterschule und mietete ein bescheidenes Haus in der Rue Têtebout. Doch bald danach bezog er ein größeres Haus an der Champs Elysées, stellte zusätzliche Dienerschaft ein, entpuppte sich plötzlich als passionierter Möbel- und Kunstsammler und gab sein Debüt in der Gesellschaft. Einer seiner engsten Freunde war John Trumbull, ein amerikanischer Künstler, der sich im Umfeld Jeffersons aufhielt, um an einem Gemälde über die Abfassung der Unabhängigkeitserklärung zu arbeiten. Trumbull gehörte zu einer kleinen Gruppe von Partylöwen, und an einem schicksalhaften Sonntag im August 1786 lud er Jefferson ein, mit einigen seiner Freunde im damaligen Schickeria-Treffpunkt, dem Pariser Kornmarkt, einen Nachmittag zu verbringen. Dort lernte er Richard Cosway, einen bekannten englischen Miniaturenmaler, und dessen Frau Maria kennen.

Maria war 27 Jahre alt, schön, hatte blonde Locken, tiefblaue Augen und einen koketten italienischen Akzent. Jefferson verliebte sich Hals über Kopf in sie, und je mehr er von ihr hörte, um so intensiver wurden seine Gefühle. Sie sang, spielte Cembalo und war auch selbst eine bekannte Malerin, wenn auch ihr Ehemann immer wollte, daß es in der Familie nur einen berühmten Künstler, und zwar ihn, geben sollte.

Maria Louisa Catherine Cecilia Hadfield Cosway wurde im italienischen Florenz geboren und hatte in früherer Jugend einmal die Absicht gehabt, Nonne zu werden. Zum Glück für Jefferson zog sie stattdessen nach London und wurde dort durch keine andere in die Gesellschaft eingeführt als durch Angelica Church, der reizvollen Schwägerin von Alexander Hamilton. Maria zählte zum „*Jetset*“ des 18. Jahrhunderts, einer abenteuerlustigen und anspruchsvollen Gesellschaft. Sie heiratete Richard Cosway, einen kurzzeitig berühmten, prätentiösen Künstler, zu dessen Kundenkreisen auch Mitglieder der besten Gesellschaft, darunter der Prinz von Wales und seine Geliebte, zählten. Maria verabscheute Richard in ihrem tiefsten Innern, der, wie Jahre später aufgefundene Briefe enthüllten, seinen eigenen außerehelichen Affären nachging – und zwar mit Frauen und Männern.

In dem 43jährigen Jefferson wühlte der erste Nachmittag, den er mit Maria verbracht hatte, heftige Gefühle auf, die er eigentlich vier Jahre zuvor mit dem Tod seiner Frau für endgültig begraben geglaubt hatte. Ungeachtet der Gegenwart ihres Ehemannes wich Jefferson nicht von Marias Seite. Er wollte ihr Zusammensein genießen, mußte deshalb ein fest verabredetes Abendessen bei der Duchesse de la Rochefoucauld d'Anville absagen und bestand darauf, daß auch alle anderen ihre Pläne änderten. Als alles geregelt war, fuhr das Quartett mit einer Kutsche in den Parc de St. Cloud, unternahm einen Spaziergang und kehrte zu einem Feuerwerk nach Paris zurück.

Aber das eigentliche Feuerwerk entzündete sich zwischen Jefferson und Mrs. Cosway. Am 9. August, nicht einmal eine Woche nach ihrer ersten Begegnung, schrieb der einstmals würdevolle Witwer an Abigail Adams: „Hier gibt es Gesang, Tanz, Lachen und Fröhlichkeit. Keine Meuchelmorde, keinen Verrat, Aufruhr oder andere dunkle Taten... Wir erleben hier in einem Jahr mehr Glück wie ein Engländer in zehn Jahren."

Während der folgenden Wochen mit Maria brach Jefferson seinen emotionalen Panzer auf. Als Gesandter in Frankreich kaum gefordert, konnte er seine Termine ganz auf ihre Zusammenkünfte abstimmen. Er nahm sich Nachmittage frei für Besichtigungen von Sehenswürdigkeiten, Galeriebesuchen und vielem mehr. Später erinnerte sich Jefferson in einem Brief an ihre gemeinsamen Nachmittage: „Wie wunderschön war alles! Die Porte de Neuilly, die Hügel entlang der Seine, die Regenbogen von Marly, die Terrassen von St. Germain, die Schlösser, die Gärten, die

Statuen von Marly, der Pavillon von Lucienne. Erinnere dich auch noch einmal an Madrid, Bagatelle, den Garten des Königs, die Einöde." Selbst Richard Cosway schien keine Einwände gegen diese Beziehung zu haben. Wenn Jefferson Maria in ihrem Haus besuchte, ließ er die beiden allein.

Am 18. September 1786, nur ein paar Tage vor der Rückkehr der Cosways nach London, brach sich Jefferson das rechte Handgelenk. Es gibt viele Versionen von diesem Vorfall, allen aber ist gemeinsam, daß er vor seiner jungen Geliebten protzen wollte. Eine Version behauptete, Jefferson sei bei einem Spaziergang am Ufer der Seine über einen Zaun gesprungen; eine andere besagt, er wäre auf dem Weg zur Kutsche über eine Pfütze gesprungen. Egal, wie es tatsächlich geschah, Jefferson erholte sich nie mehr völlig von dieser Verletzung und litt für den Rest seines Lebens unter Schmerzen.

Der 4. Oktober war der letzte gemeinsame Tag ihrer ausgelassenen Liebe. Trotz der Schmerzen in seinem verletzten Handgelenk unternahm er mit ihr eine Kutschfahrt über holperiges Kopfsteinpflaster, was natürlich dazu führte, daß Jefferson am späten Abend einen Arzt rufen lassen mußte. Aber selbst in diesem Zustand schrieb er einen Liebesbrief an Maria (selbstverständlich mit der anderen Hand). Der Herzschmerz über ihre Trennung war sehr viel heftiger, als die Schmerzen eines gebrochenen Knochen je sein könnten.

Als die Cosways ihre Abfahrt um einen Tag verschoben, ging Jefferson noch einmal zu ihrem Haus in den Außenbezirken von Paris, um ein letztes Lebewohl zu sagen. Anschließend bezeichnete er sich selbst „mehr tot als lebendig". An diesem Abend ging Jefferson bedrückt nach Hause und schrieb einen der ungewöhnlichsten Liebesbriefe der Weltgeschichte. Noch immer linkshändig und unbeholfen, schrieb er den zwölfseitigen Dialog *Mein Kopf und mein Herz*. Es darf noch immer darüber gestritten werden, welche Seite nun endgültig den Sieg davon trug.

KOPF: Du bist das unverbesserlichste aller Geschöpfe, die je gesündigt haben. Ich erinnere dich an die Torheiten am ersten Tag, in der Absicht, daß du daraus einige dienliche Lehren für dich ziehst; aber anstatt darauf zu hören, entbrennst du in der Erinnerung, du genießt noch einmal alle Augenblicke voller Zärtlichkeit, was beweist, du sehnst dich nach nichts mehr, als nach einer weiteren Gelegenheit, um alles noch einmal zu wiederholen. Ich habe dir während dieser ganzen Zeit oft gesagt, daß du dich durch deine Zuneigung unüberlegt in Umstände verwickeln läßt, die dir sehr viel Schmerz bereiten werden: daß diese Menschen freilich von größten Verdiensten, im Besitz von gesundem Menschenverstand, guter Stimmung, einem aufrichtigen Herzen, anständigen Manieren und anerkannt in einer reizvollen Kunst sind: daß die Dame außerdem über Eigenschaften und Fertigkeiten verfügt, die zu ihrem Geschlecht gehören, aber auch ein getrenntes Kapitel bilden könnten: Musik, Bescheidenheit, Schönheit und diese Sanftheit des Gemüts, die die Zierde ihres Geschlechts und ihrer Anmut sind. Aber alle diese Überlegungen können nur die Qual der Trennung vergrößern; daß ihr Aufenthalt hier zu kurz war; daß du unsere Einheit vernichtest, wenn du von denen, die du liebst, getrennt bist und beklagst, diese Trennung sei schlimmer als der Tod, der unsere Leiden im Diesseits beendet, während sie auf diese Weise erst beginnen: und daß die Trennung in diesem Fall um so schwerer wiegt, weil du sie wahrscheinlich nie mehr wiedersehen wirst.
HERZ: Aber sie sagte mir, sie käme nächstes Jahr wieder zurück.
KOPF: Aber in der Zwischenzeit leidest du: Und ihre Rückkehr ist von so vielen Umständen abhängig, daß du, hättest du nur einen Funken Verstand, nicht darauf zählen würdest. Im ganzen gesehen, ist es unwahrscheinlich, und deshalb solltest du den Gedanken aufgeben, sie jemals wiederzusehen.
HERZ: Mag mich der Himmel verlassen, wenn ich das tue!
KOPF: Sehr gut. Dann nimm an, sie komme zurück. Sie

wird zwei Monate bleiben, und wenn diese abgelaufen sind, was kommt dann? Vielleicht bildest du dir ein, sie käme nach Amerika?

HERZ: Gott allein weiß, was geschehen wird. Ich halte diese Annahme für nicht ganz unmöglich. Und ich sehe Dinge, die das Wunder vollbringen, uns irgendwann glücklich zu machen.

Im darauffolgenden August kehrte Maria zu einem viermonatigen Besuch nach Paris zurück – allerdings ohne ihren Ehemann. Nach allem, was man darüber weiß, war die Vorfreude auf das Wiedersehen bei beiden sehr viel aufregender als die darauffolgende Wirklichkeit. Bevor sie am 8. Dezember nach London zurückfuhr, nahmen sie noch ein gemeinsames Abschiedsfrühstück ein. Später schrieben sie sich noch bis an ihr Lebensende, sahen sich aber nie mehr wieder.

Zu guter Letzt siegte schließlich Jeffersons „Kopf", was man bei Maria nicht gerade behaupten konnte. Sie verließ im Juni 1790 ihren Ehemann und ihre drei Monate alte Tochter wegen einer Affäre mit Luigi Marchesi, einem italienischen Opernsänger. Einige Jahre später zog sie sich in ein Kloster zurück und gründete mit Hilfe der Kirche Santa Maria delle Grazie eine Mädchenschule. Am 5. Januar 1838 wurden ihre sterblichen Überreste nahe bei der dortigen Kapelle der Nonnen beigesetzt.

Eine Theorie, warum die Romanze mit Maria Cosway in diesem zweiten Sommer in Paris im Sande verlief, betrifft die vielleicht skandalöseste Affäre, die James Thomson Callender je veröffentlicht hat. Dabei behauptete er felsenfest, Thomas Jefferson habe in diesem Sommer eine Affäre mit Sally Hemings, seiner siebzehnjährigen Mulattensklavin begonnen. Die kontroverse Diskussion bezüglich dieser Beziehung wurde von Biographen hinlänglich, aber ohne Ergebnis, geführt. Leider schwieg Jefferson selbst zu diesem Thema.

Jefferson nahm Sally Hemings in jenem Sommer nach Paris mit, damit sie sich um seine Tochter kümmere. Einige

Augenzeugen sagen, bei ihrer Rückkehr nach Virginia, mehr als zwei Jahre später, sei sie von Jefferson schwanger gewesen. Andere vermuteten, es hätte nie eine Schwangerschaft gegeben. Wenn sie ein Kind gehabt habe, meint schließlich die Wissenschaft, wäre dies in Jeffersons „Farm Book“ aufgezeichnet worden, seinen peinlich genauen Aufzeichnungen über mehr als hundert Sklaven. Dort war aber nichts zu finden.

Eine Theorie über das Stillschweigen Jeffersons zum Thema Sally Hemings besagt, er habe verhindern wollen, daß eine andere peinliche Wahrheit ans Licht kommt – daß Sally nämlich in Wahrheit die Halbschwester seiner toten Frau Maria gewesen sei. Jeffersons Schwiegervater hatte sich nach dem Tod seiner dritten Frau eine Afrikanerin als Konkubine genommen. Sie hatten sechs Kinder, die Martha nach dem Tod ihres Vaters übernahm. Sally gehörte dazu. Als Jeffersons „Haussklaven“ gewährte man ihnen gewisse Vergünstigungen.

1802 schrieb Callender im *Richmond Recorder*, Sally sei Jeffersons Geliebte. Callender war ein mieser Schreiberling, ein Alkoholiker und ein Lästermaul, aber er blieb in seinen früheren Artikeln bezüglich Maria Reynolds und Betsey Walker ziemlich genau bei der Wahrheit. Konnte die Sally-Hemings-Story ebenfalls auf Wahrheit beruhen?

Callender war nicht der einzige, der davon überzeugt war. Die Affäre wurde sogar in Versen verewigt, etwa in dem Gedicht von Joseph Dennie, dem Herausgeber des *Port Folio* in Philadelphia:

„Of all the damsels on the green
On mountain or in valley
A lass so luscious ne'er was seen
As Monticellian Sally.
Yankee Doodle, whose the noodle?
What wife were half so handy?
To breed a flock of slaves to stock
A blackamoors the dandy.“

Um 1830 tauchte die Geschichte erstmals in Zeitungen auf, die sich für die Abschaffung der Sklaverei einsetzten, sowie in der Literatur, die für die Sklavenbefreiung eintrat. Dr. Levi Gaylord behauptete, er habe gesehen, wie „die Tochter von Thomas Jefferson in New Orleans für eintausend Dollar verkauft wurde".

1873 gab Madison Hemings, Sallys Sohn, dem *Pike County [Ohio] Republican* ein aufsehenerregendes Interview. Er behauptete, daß seine Mutter Jeffersons Mätresse war, in Paris damals von ihm schwanger wurde, und daß damit Jefferson sein Vater wäre. Jedoch wird eher vermutet, daß Madisons Aussage von jemand anderem initiiert worden war. Der wichtigste Hinweis in diese Richtung, sagen die Gelehrten, sei Madisons Gebrauch des französischen Wortes „enceinte", statt „schwanger", ein Wort, das ein ehemaliger Sklave kaum benutzt haben würde.

1974 hat die Psycho-Historikerin Fawn Brodie in ihrem Bestseller *„Thomas Jefferson: An Intimate History"* Madison Hemings Aussage wieder aufgegriffen. Brodie brachte Argumente vor, daß die Romanze zwischen Jefferson und seiner Sklavin/Geliebten 38 Jahre gedauert habe und sechs Kinder daraus hervorgegangen seien. Sie legte verschiedene mündlich überlieferte Zeugnisse von fünf Generationen einer Familie vor, die zu beweisen suchen, sie wären Jeffersons illegitime Nachkommen. Viele ihrer Beweise beruhen jedoch auf eher zufälligen Indizien. So schreibt Brodie zum Beispiel, Jefferson habe Sally in Paris für mehr als 200 Francs neue Kleider gekauft. Aber waren diese Unkosten tatsächlich eine Gefälligkeit für eine Geliebte, wie Brodie es deutet, oder wollte Jefferson der Dienerin seiner Tochter in den Straßen von Paris das adäquate Äußere zukommen lassen.

Andererseits ist es natürlich auch denkbar, daß Jefferson, der sämtliche Dokumente und die gesamte Korrespondenz mit seiner Frau und seiner Mutter vernichtet hat, damit auch alle Mitteilungen Sallys aus der Welt schaffen wollte. Auf jeden Fall, ob die Hemings-Affäre nun der

Wahrheit entspricht oder nicht, ist es eher unwahrscheinlich, daß sich die Geschichte dieser angeblichen Liaison, ausgehend von der Rache eines Mannes, so viele Jahre hingezogen hat.

Einer der interessantesten Skandale während der Präsidentschaft Jeffersons ist allerdings kein romantisches Tête-à-Tête. Es ist eine obskure geheime Militäroperation, ausgeführt 1806, die zeigt, daß der in Irangate verwickelte Oliver North einen historischen Vorgänger hatte.

Dieser Vorgänger war Colonel William S. Smith, der Schwiegersohn des zweiten Präsidenten John Adams. Als Held des Unabhängigkeitskrieges ausgezeichnet, baute er eine Truppe von Freiheitskämpfern zur Unterstützung von Francisco de Miranda beim Widerstand gegen die spanische Besatzung in Venezuela auf. Er nahm dazu Privatkredite auf, kaufte Waffen und warb jeden Glücksritter an. Am 2. Februar 1806 segelten einige seiner Truppen an Bord der *Leander,* einem gecharterten Handelsschiff, ab. Unter den Rekruten befand sich auch der Sohn von Colonel Smith, William Steuben, der das Columbia College verlassen hatte, um der Sache zu dienen. Die amerikanische Öffentlichkeit erfuhr erst von der Geheimoperation, als die *Leander* an die Spanier verlorenging, und William Steuben Smith in die Schlagzeilen geriet, pikanterweise in einem ähnlichen Zusammenhang wie später der Söldner Eugene Hasenfus, den die Sandinisten 1986 in Nicaragua gefangennahmen, nachdem sein Flugzeug, mit dem er Nachschub zur Unterstützung der Contras transportiert hatte, abgeschossen wurde.

Colonel Smith wurde in New York wegen Verletzung des *Neutrality Act* von 1794 angeklagt, demzufolge es rechtswidrig war, „direkt oder indirekt in den Vereinigten Staaten eine militärische Expedition oder Unternehmung in Gang zu setzen, die gegen das Territorium eines ausländischen ... Staates, mit dem die Vereinigten Staaten Frieden haben“, gerichtet ist. Bis zum Beginn der Verhandlung wohnte Smith zusammen mit seiner Frau Abigail in einem kleinen Haus – auf einem Gefängnisareal. Überflüssig zu sagen, daß diese Situation sowohl für den Präsidenten wie auch für seinen Amtsvorgänger John Adams, Abigails Vater, außerordentlich peinlich war.

Im Unterschied zu seinem Nachfolger in unseren Tagen behauptete Colonel Smith, er habe seine Anweisungen direkt von Präsident Jefferson und Außenminister James Madison erhalten. Madison und andere führende Mitglieder der Regierung ignorierten ihre gerichtlichen Vorladungen und verweigerten ihr Erscheinen vor Gericht. Sie erzwangen damit ein Grundsatzurteil in der Frage, ob die Genehmigung durch die Exekutive ein wesentlicher Bestandteil der Verteidigung von Smith ist oder nicht.

Die Fronten waren klar. Der Rechtsanwalt der Verteidigung vertrat den Standpunkt, Colonel Smith sei „ein Mann, an dem mehr gesündigt wurde, als daß er selbst sündigte“. Er argumentierte, sein Klient sei ein weisungsgebundener Agent des Präsidenten und deshalb freizusprechen. Er meinte auch, daß es dem Präsidenten nicht verboten sei, Vorkehrungen für Geheimoperationen zu treffen und diese vorzubereiten, „während sich der Kongreß in tatsächlichen und geheimen Überlegungen befindet, ob einer Nation, die Feindseligkeiten begeht oder provoziert, der Krieg erklärt werden soll“.

Die Staatsanwaltschaft wiederum argumentierte, daß der Kongreß, und nur der Kongreß, eine Kriegserklärung abgeben könne. Darüber hinaus, so die Meinung der Staatsanwaltschaft, rechtfertige das Mitwissen des Präsidenten nicht die Handlung des Angeklagten.

In seiner Schlußanalyse schloß sich Richter William Patterson, der den Vorsitz führte und seinerzeit ein maßgeblicher Delegierter der *Constitutional Convention* war, der Staatsanwaltschaft an und erläuterte, daß der Präsident der Vereinigten Staaten „keine Person zu Handlungen autorisieren kann, die das Gesetz verbietet“. Colonel Smith mußte sich für seine Geheimoperation vor Gericht verant-

Maria Cosway – eine der beiden verheirateten Frauen, mit denen Jefferson ein Verhältnis hatte.

worten und auf die Zeugenaussagen von Madison und anderen verzichten.

Laut dem *Federal Case Reporter* (Band 27, Seite 1245) „zog sich das Gericht zurück und nach einer zweistündigen Beratung wurde der Freispruch verkündet".

Die Verhandlung war vorüber, aber das ist nicht das Ende der Geschichte. Ähnlich wie Oliver North wurde auch Colonel Smith zu einem Volkshelden. Wenn sich die Geschichte tatsächlich wiederholt, ist es interessant zu vermerken, daß Colonel Smith 1813 für den Kongreß kandidierte und einen Parlamentssitz gewann.

KAPITEL 4

„Die Welt ist unserer überdrüssig"

Skandale zu Lebzeiten der Adams Familie

Mit John Adams und John Quincy Adams waren zum ersten und einzigen Mal Vater und Sohn Präsidenten der Vereinigten Staaten. Zu dieser historischen Einmaligkeit kam noch hinzu, daß sie die erste First Family waren, die von der Nation genauer unter die Lupe genommen wurde. Diese Neugier ist nur allzu verständlich, wenn man hinterfragt, welche besonderen Qualitäten die Familie Adams eigentlich besaß, um zwei Präsidenten hervorzubringen. Leider gehören zu diesem beneidenswerten politischen Erbe auch Geschichten über manische Depressionen, Alkoholismus und Selbstzerstörung, die sich über vier Generationen erstreckten. Sie waren in vielerlei Hinsicht die Kennedys der frühen amerikanischen Geschichte.

Ähnlich wie bei den Kennedys ergaben sich viele der Skandale, in die die Familie verstrickt war, aus den hohen, mit dem Namen der Familie verbundenen Erwartungen. In beiden Fällen forderte der sogenannte „Familien-Mythos" seine größten Opfer in der dritten Generation. Ebenso wie der Drogenmißbrauch von Robert Kennedy Jr. und die tödliche Überdosis seines Bruders David das ganze Land schockierte, geschah dies 1829 beim Selbstmord des ältesten Sohnes von John Quincy Adams. Die Kennedy Familie wurde zwar später mit Hilfe der modernen Kommunikationsmittel einer näheren Prüfung unterzogen, aber die Ähnlichkeit zwischen den beiden politischen Dynastien ist geradezu unheimlich.

Vieles, das über die Adams bekannt ist, stammt aus den von der Familie aufbewahrten Papieren und Dokumenten. Heute haben diese Dokumente, auf einem Mikrofilm gespeichert, eine Länge von über fünf Meilen. Die Bereitschaft der Familie, der Öffentlichkeit Zugang zu den Briefen, Tagebüchern und jedem beschriebenen Notizzettel zu gestatten, wurde als ein mutiger Akt bezeichnet.

John Adams wurde 1735 als Sohn eines Pfarrers in Boston geboren. Nach dem elterlichen Willen sollte er zunächst in Harvard studieren und Geistlicher werden, aber John kämpfte für seine persönliche Unabhängigkeit. Bis zu seiner Heirat lebte er im Zölibat. In seinem Tagebuch schrieb er: „Kein Vater, Bruder, Sohn oder Freund hatte jemals Anlaß zu Kummer oder Groll wegen einer Verbindung zwischen mir und irgendeiner Tochter, Schwester, Mutter oder anderen Verwandten weiblichen Geschlechts. Meine Kinder können versichert sein, daß kein illegitimer Bruder oder Schwester existiert oder je existiert hat."

1789 wurde John Adams Amerikas erster Vizepräsident und diente unter George Washington zwei Amtsperioden. Schon früh beschloß Washington, daß durch nichts und niemanden die Macht des Präsidenten abgeschwächt werden kann, auch nicht durch den Vizepräsidenten. Es war eine sonderbare Idee, die Adams nur wenig zu tun übrig ließ. Gelegentlich nannte Adams seinen Posten, „das unbedeutendste Amt, das je ein Mensch erfunden hat oder sich in seiner Phantasie vorstellen konnte."

Adams war ein untersetzter, stämmiger, und belesener Mann, den die Amerikaner nicht gerade mit offenen Armen empfingen. Im Senat, wo Adams mit seiner übertriebenen Rücksichtnahme auf Titel und Protokoll vielen auf die Nerven ging, bekam er den Spitznamen „Seine Rundlichkeit". Er wurde Amerikas zweiter Präsident, war aber nie wirklich populär. Als ihm die Wähler eine zweite Amtsperiode verweigerten, machte sich Adams daran, seine frühere Macht mit Hilfe seiner Kinder wieder zu erlangen.

Adams und seine Frau Abigail hatten drei Söhne – John Quincy, Charles und Thomas und eine Tochter – Abigail, mit dem Kosenamen „Nabby“ (die später Colonel William Smith heiratete). Zwei andere Töchter starben sehr früh.

In den ersten Jahren seiner Ehe hielten politische Pflichten John Adams lange Zeit von zu Hause fort. Als Delegierter des Kontinentalkongresses in Philadelphia von 1774 bis 1777 konnte er seine Familie, die in Braintree, Massachusetts, geblieben war, nur sporadisch besuchen. 1778 ging er nach Frankreich, wo er der amerikanischen Delegation um Benjamin Franklin angehörte. 1779 kam er für nur vier Monate aus Europa zurück. In dieser Zeit setzte er die Verfassung von Massachusetts auf.

Abigail sah die langen Trennungen von ihrem Mann als harte Bewährungsprobe an, trat zu Hause als strenge Mutter auf, die ihren Kindern Respekt vor der väterlichen Aufopferung für den Staatsdienst einzuflößen versuchte. Von Anfang an wurde von den Kindern erwartet, daß sie einmal in die Fußstapfen des Vaters traten.

Der erste, der die Erwartungen seiner Familie nicht erfüllte, war Adams zweiter Sohn Charles. Die Schwierigkeiten von Charles begannen im November 1779, als er, damals acht Jahre alt, und sein älterer Bruder John Quincy mit ihrem Vater in die Niederlande nach Europa segelten. Adams hatte dort den vakanten Posten des Botschafters der Vereinigten Staaten übernommen. Obwohl sich die Jungen vorab auf die Reise sehr gefreut hatten, litt Charles nach ihrer Ankunft so schwer an Heimweh, daß Adams keinen anderen Ausweg mehr sah, als ihn nach Hause zu seiner Mutter zurückzuschicken, während sein Vater und sein Bruder für fast neun Jahre in Europa blieben. Während dieser Zeit diente Adams auch als erster Botschafter der USA in Großbritannien. Im Jahre 1788 ersuchte Adams um seine Rückversetzung in die Vereinigten Staaten, weil er wohl spürte, seine Frau zu sehr vernachlässigt zu haben. In einem Brief an einen Freund schrieb er: „Ich hoffe, in einigen Monaten einmal mehr mit der sehr liebenswürdigen Dame verheiratet zu sein, die ich in unmenschlicher Weise für neun Jahre als Witwe in Amerika zurückgelassen habe, bis auf die Ausnahme von ein paar wenigen Wochen." Eigentlich war es aber sein Sohn Charles, der durch die lange Trennung am meisten litt.

Als Charles später nach Harvard geschickt wurde (übrigens wie die zweite Generation der Kennedys fast zwei Jahrhunderte später), war er völlig dem Alkohol verfallen. Seine Mutter verordnete ihm als Heilmittel gegen seine Alkoholsucht eine gute, stabilisierende Ehe. Charles war einverstanden, und praktischerweise heiratete er die Schwester seines Schwagers Colonel Smith, was sich aber eher nachteilig auf den zart besaiteten jungen Mann auswirkte.

Bevor er sich, wie erwähnt, geradezu stümperhaft in Geheimoperationen wagte, war Colonel Smith in riskante Grundstücksspekulationen verwickelt, die in der Wirtschaftskrise von 1797 seinen Bankrott zur Folge hatten. Charles, der hoffte, seinen Schwager vor dem Gefängnis bewahren zu können, lieh ihm heimlich Geld, das John Quincy gehörte. Hätte Colonel Smith die Schuld rasch zurückzahlen können, hätte niemand je etwas davon erfahren. Aber Smith konnte den Kredit nicht tilgen. Als die Adams entdeckten, was geschehen war, wurde Charles formell aus der Familie verstoßen und mit Schimpf und Schande außer Haus gejagt. Im November 1800 starb er einsam und in volltrunkenem Zustand in einer schäbigen Wohnung in New York, ohne John Adams während seiner gesamten Präsidentschaft auch nur einmal besucht zu haben.

Der „Familienmythos" forderte auch seinen Tribut vom jüngsten Sohn des Präsidenten, Thomas. Er war mittlerweile Anwalt und Richter und seine Laufbahn gab zu großen Hoffnungen Anlaß. Aber auch seine Saufgelage ruinierten ihn. Nach vielen Jahren harten Kampfes gegen „die blauen Teufel" der Depression, folgte er dem Beispiel seines Bruders Charles und starb als Alkoholiker.

Obwohl die beiden jüngsten Söhne versagt hatten, hielt der älteste Sohn von John Adams, John Quincy, das Familienbanner hoch. Im Jahre 1825 wurde er als sechster Präsident des Landes vereidigt und erfüllte damit die von seinem alten Vater in ihn gesetzten Erwartungen. Leider entsprach auch John Quincy, wie schon sein Vater, nicht dem Bild einer starken Führungspersönlichkeit. Nach zweijähriger Amtszeit war klar, daß er die meisten seiner Vorhaben als Präsident nicht in die Tat umsetzen konnte. Je mehr öffentliche Kritik er einstecken mußte, desto tiefer verfiel er in manische Depressionen. Sowohl John Quincy als auch sein Vater litten regelrecht unter Verfolgungswahn. Zusätzlich wurde John Quincy noch von psychosomatischen Krankheiten wie Krämpfen, Verstopfung, Appetitlosigkeit und Verdauungsstörungen geplagt. Einmal bekannte er, er habe eigentlich „den Wunsch, das Leben ginge zu Ende".

Auch John Quincy und Louisa Adams setzten große Hoffnungen in die Zukunft ihrer Kinder. Von George Washington Adams, dem Erstgeborenen, wurde erwartet, daß er einmal Präsident werden würde. Charles und John Jr. wollten ebenfalls in den Staatsdienst eintreten, gleichzeitig sollte sich John aber auch um die im Familienbesitz befindlichen Mühlen kümmern, um die finanzielle Unabhängigkeit der Familie zu gewährleisten.

Während der Zeit im Weißen Haus schien die gesamte Familie von John Quincy Adams mit allen möglichen Problemen belastet zu sein. Seine Frau Louisa mußte krankheitsbedingt regelmäßig verschiedene Badekurorte aufsuchen, Sohn Charles verschwand plötzlich nach New York und George klagte über die unterschiedlichsten nervösen Leiden. Als George die Wahl in die Legislative von Massachusetts verlor, bekam er ernstliche emotionale Probleme. Von diesem Zeitpunkt an war er alkohol- und opiumsüchtig.

Schon 1816 schrieb John Quincy an George: „Ich fürchte, daß zu viele meiner Hoffnungen auf dir ruhen." Auf Georges Schultern lastete in der Tat eine gewaltige Last, da er als ältester Sohn des Präsidenten einem großen Erwartungsdruck ausgesetzt war. Und dem Namen „George Washington Adams“ gerecht zu werden, war keine leichte Aufgabe – besonders für jemanden, der vom Tag seiner Geburt an auf das Präsidentenamt vorbereitet wurde.

Als Kind kam George einmal heim zu seiner Mutter, nachdem ihn „die Otis Buben von einer Schaukel, so hoch wie eine Pappel, heruntergestoßen haben“. Am nächsten Tag mußte seine geschwollene Schulter eingerenkt werden. John Adams, voller Stolz über die Tapferkeit seines Enkels beim „Knochenbrecher“, gab ihm einen Vierteldollar. George lief schnell zu einem Freund „und sagte ihm, er solle gehen und alles Geld für Pfefferkuchen ausgeben, und wenn ER PRÄSIDENT ist, werde ER IHN zum Außenminister machen.“ Damals war George Washington Adams erst sechs Jahre alt.

Trotz seiner Prahlerei schaffte es George noch nicht einmal in die örtliche Legislative. Am 29. April 1829, ungefähr zwei Wochen nach seinem 28. Geburtstag, beging er an Bord der *Benjamin Franklin,* einem Passagierdampfer, auf dem Weg nach New York Selbstmord. Am frühen Abend hatte er kurz davor einen schlimmen Angstanfall bekommen. Er war überzeugt, die anderen Passagiere hätten sich gegen ihn verschworen, und der Schiffsmotor erschien ihm wie eine ständig wiederholende Stimme, die sagte: „Laß es sein, laß es sein. Laß es sein, laß es sein.“ Er beschuldigte einen Passagier, Klatschgeschichten über ihn zu verbreiten und um drei Uhr früh forderte er schließlich den Kapitän auf, sofort das Ufer anzusteuern. Gegen 3.30 Uhr stürzte er sich ins Meer. John Quincy zog es vor, an einen unglücklichen Unfall zu glauben.

Anfang Juni wurde sein aufgedunsener Körper in East Chester, 17 Meilen entfernt von New York, ans Ufer gespült. John Quincy reiste hin und holte die Uhr seines Sohnes, sein Federmesser, seine silberne Federtasche, Kamm, Siegel, Brieftasche und seinen Kofferschlüssel ab. Später betraute man Charles damit, die restlichen Angelegenheiten seines Bruders zu ordnen. Gelegenheit dazu gab es reichlich. George hatte einen Brief an Charles hinterlassen, in welchem er ihn bat, für den Fall, daß er 1828 sterben würde, seine Schulden zu tilgen und den Rest seines Vermögens Eliza Dolph zu geben, einem Stubenmädchen, das ein Kind von ihm erwartete.

Die anderen Überraschungen landeten in den Flammen, denn Charles verbrannte die meisten Schriftstücke von George. Eine der wenigen Aufzeichnungen, die erhalten geblieben ist, gibt jedoch einige erschreckende Einblicke in das tragische Leben von George. Das Manuskript „A Review of the Year 1825" wurde nie vollendet, aber das Fragment ist ein Beweis für sein Elend. Darin offenbarte George, wie er sein Schicksal einschätzte und machte seine Eltern und seine miesen Lehrer für sein Scheitern im Alter von 24 Jahren verantwortlich. Er erinnerte sich an die sechs Monate Privatunterricht, ohne die er die Aufnahmeprüfung in das College nie bestanden hätte. Und er zeigte sich enttäuscht, daß sein leidenschaftliches Interesse für Dichtung und Literatur bei seinen Eltern auf wenig Gegenliebe stieß. Er betrachtete sich ganz allgemein als unzureichend auf Harvard vorbereitet, eigentlich auf das Leben überhaupt.

Auch Georges Bruder John hielt dem Erwartungsdruck der Familie nicht stand. John war Privatsekretär bei seinem Vater im Weißen Haus und übernahm später die Führung der familieneigenen Getreidemühlen, welche eine nach der anderen durch sein unternehmerisches Unvermögen Konkurs gingen. Es klingt wenig überraschend, daß auch John zu trinken begann. Seine Gesundheit verschlechterte sich zusehends, zudem er auch noch blind wurde. Obwohl seine gesundheitlichen Probleme eher alkoholbedingt waren, glaubte seine Mutter, die Krankheiten kämen von der Feuchtigkeit in den Mühlen. Was immer auch der Grund dafür war, 1834 wurde John Jr. schwer krank und starb. Sein Vater saß an seinem Totenbett.

Als wäre der Verlust des zweiten Sohnes noch nicht schwer genug, mußte die Familie auch noch schreckliche finanzielle Rückschläge hinnehmen. Zum Glück konnten sie sich einige Tausend Dollar von einem langjährigen Angestellten, Antoine Guista, leihen. Dieses Geld brachte sie wieder in die Lage, Bankkredite aufzunehmen, um die täglichen Geschäfte am Laufen zu halten.

Trotz seiner privaten Tragödien war John Quincy Adams in erster Linie ein treuer Diener des Staates. Einige Jahre nach seiner Wahlniederlage gegen Andrew Jackson kandidierte er für einen Sitz im Kongreß. Er gewann und arbeitete für die nächsten 17 Jahre im Repräsentantenhaus.

In der vierten Generation der Adams verfielen auch Henry und Brooks starken Depressionen, zwei der Söhne von Charles, dem einzigen seiner Generation, der die Familienehre hochhielt. Henry und Brooks verlängerten das prominente Ansehen der Familie bis ins 20. Jahrhundert. Henry wurde Professor für Geschichte an der Harvard Universität und verfaßte einige Lehrbücher, darunter eine neunbändige Ausgabe der US-Geschichte während der Regierungszeit von Jefferson und Madison und seine von der Kritik hochgelobte Autobiographie *„The Education of Henry Adams"*. Seine Frau Marion beging 1885 Selbstmord.

Brooks erregte einiges Aufsehen mit seinen Büchern, in denen er vor den „unkontrollierten Übeln des Kapitalismus" warnte und die Entwicklung der Vereinigten Staaten und der Sowjetunion zu Supermächten prophezeite. Mit seinem Tod im Jahr 1927 endete die politische Dynastie der Adams. Über seine Familie schrieb Brooks Adams: „Es sind nun vier Generationen, seit John Adams die Verfassung von Massachusetts abfaßte. Es ist an der Zeit, daß wir verschwinden. Die Welt ist unserer überdrüssig."

KAPITEL 5

„Korruption ohne Beispiel“

Skandale zu Lebzeiten von James Buchanan

Die 50er Jahre des 19. Jahrhunderts waren eine politische Ära der Gewalt, Korruption und Dekadenz. Ein Senator hielt eine Rede gegen die Sklaverei und wurde etwas später deshalb von einem Kongreßabgeordneten brutal geschlagen. Ein anderer Abgeordneter kam wegen Mordes am Liebhaber seiner Frau vor Gericht. Nach jeder Sitzung wurden in den Sälen des Kongreßgebäudes endlose Vorwürfe laut im Hinblick auf Korruption und Betrug, und ein Präsident der Vereinigten Staaten wurde sogar insgeheim der Homosexualität verdächtigt. Alles in allem war es ein Jahrzehnt der Skandale in der amerikanischen Politik.

Zu Beginn der 50er Jahre des 19. Jahrhunderts war Zachary Taylor Präsident. Er starb am 9. Juli 1850 völlig überraschend an den Folgen einer wahrscheinlich durch den Genuß von ungewaschenem und unreifem Obst verursachten Magen-Darm-Verstimmung. Aber selbst in seiner kurzen Amtszeit (sie dauerte nur sechzehn Monate) kam es zu peinlichen Zwischenfällen. Der Kongreß ermittelte gegen den Kriegsminister George W. Crawford, nachdem herausgekommen war, daß er aufgrund einer fragwürdigen Kabinettsentscheidung einen Gewinn von $ 95 000 erzielt hatte. Ein ehemaliger Klient von Crawfords Anwaltspraxis, George Galphin, hatte eine Schadenersatzforderung gegen die Regierung eingereicht. Aufgrund einer Erbschaftsangelegenheit aus der Zeit vor dem Unabhängigkeitskrieg forderte er im nachhinein $ 235 000 inklusive der Zinsen. Sowohl der Finanzminister als auch der Justizminister stimmten der Bezahlung seiner Forderung in voller Höhe zu. In dieser Summe war auch Crawfords Honorar als Rechtsanwalt enthalten, weshalb einige Kabinettsmitglieder sofort seinen Rücktritt forderten. Der Begriff *„Galphinismus“* war geboren und, ähnlich wie heute jeder weiß, was *„Watergate“* bedeutet, wurde er zu einem Synonym für Korruption in der exekutiven Administration. Der Präsident gab den erregten Rücktrittsforderungen nach und entließ seinen umstrittenen Kriegsminister.

Als sich herausstellte, daß auch Innenminister Thomas Ewing in einen Skandal verwickelt war, stimmte Taylor schließlich einer völligen Kabinettsumbildung zu. Minister Ewing wurde vorgeworfen, er habe ohne Genehmigung des Kongresses zahlreiche Regierungsangestellte eingestellt und sie ohne administrative Grundlage bezahlt. Taylor starb, noch ehe er seine Säuberungsaktion vollenden konnte. Dies blieb seinem Nachfolger, Millard Fillmore, überlassen, der den Rücktritt aller in die Affäre involvierten Regierungsmitglieder forderte.

Die 50er Jahre des vorigen Jahrhunderts waren eine stark emotional verstrickte Zeit, ganz besonders für die Abgeordneten der Legislative, deren Leidenschaft sich speziell an der Sklavenfrage entzündete. Vom ersten Tag der amerikanischen Geschichte an, hatte es sporadisch immer wieder Handgemenge zwischen gegnerischen Abgeordneten gegeben. 1798 etwa beleidigte im Repräsentantenhaus der Föderalist Roger Griswold den Abgeordneten Matthew Lyon und erhielt von Lyon dafür eine Ohrfeige. Zwei Wochen später schwang Griswold drohend seinen Spazierstock, und Lyon bewaffnete sich mit einer Kaminzange. Dieser Krawall hatte den ersten Ordnungsruf im Kongreß zur Folge.

Aber was 1856 passierte, erreichte eine neue Dimension. Die brutalen Prügel, die der Senator von Massachusetts, Charles Sumner, von einem politischen Widersacher bezog, machten aus dem Senat „eine Kammer politischer

Schlägerei zwischen den beiden Senatoren Charles Sumner und Andrew Pickens Butler.

James Buchanan schwor zwar bei seiner Amtseinführung jeder Form von Korruption ab, lebte aber dann streng danach.

Mörder". Sumner galt als sehr gebildeter, kultivierter Egozentriker. Er war wohl keine sonderlich sympathische Persönlichkeit, aber mit Sicherheit ein hervorragender Rhetoriker. Am 19. Mai 1856 um dreizehn Uhr hielt er eine der hervorstechendsten Reden seiner Karriere. Und wäre es nach seinen politischen Feinden gegangen, es wäre seine letzte gewesen.

Im Mittelpunkt dieser Rede stand der heutige Bundesstaat Kansas, der in die Union aufgenommen werden wollte. Dort hatte man, wie Sumner behauptete, Richter eingeschüchtert und gefälschte Stimmzettel in die Wahlurnen gesteckt, um auf illegalem Weg ein Votum für die Sklaverei zu erhalten. Seine Worte zielten ganz besonders auf den Senator von South Carolina, Andrew Pickens Butler.

Dazu benutzte er eine Überfülle sexueller Anspielungen, bezeichnete Butler als *„Mistress Slavery"*, redete von der „Vergewaltigung eines jungfräulichen Territoriums" und ähnliches mehr. Zwar waren die meisten seiner Argumente durchaus einleuchtend und fortschrittlich, andere Bemerkungen wiederum sehr persönlich und bösartig. Besonders grausam war seine Anspielung auf Butlers Sprachfehler, die Folge eines Schlaganfalls. Sumner sagte: „In unzusammenhängenden Sätzen, eine feuchte Aussprache aussondernd ... voller Irrtümer, manchmal aus Prinzip, manchmal aus Nichtwissen ... [Er] kann seinen Mund nicht öffnen, ohne daß ihm ein Schnitzer entfährt." Er nannte Butlers „beschämende Dummheit" einen Schandfleck für die Nation.

Diese Rede löste fast eine Hysterie im Kongreß aus. Die Reaktionen der Befürworter und der Gegner der Sklaverei eskalierten gleichermaßen. Senator Lewis Cass, ein Verfechter der Sklaverei, bezeichnete die Rede „als die unamerikanischste und unpatriotischste, die den Mitgliedern dieses Hauses jemals zu Ohren gekommen ist". Der Abolitionist William Lloyd Garrison nannte sie wiederum eine Rede, „für die es sich zu sterben lohnt".

Senator Butler war zum Zeitpunkt der Rede nicht anwesend und hörte die auf ihn gemünzten Schmähungen nicht. Aber dafür spitzte sein Neffe, der Abgeordnete Preston S. Brooks aus South Carolina, die Ohren. Drei Tage später machte er sich auf, die Ehre seines Onkels mit einem vorsätzlichen Überraschungsangriff zu verteidigen. Der Senat hatte sich gerade im Anschluß an eine rührselige Lobrede auf ein Senatsmitglied vertagt. Brooks betrat den Senat und entdeckte Sumner an seinem Pult. Ruhig sagte Brooks: „Ich habe Ihre Rede noch zweimal sorgfältig durchgelesen. Es ist eine Verunglimpfung von South Carolina und meines Verwandten, Mr. Butler.“ Darauf nahm er seinen Spazierstock und schlug auf Sumner ein, bis der Stock zersplitterte und der Senator blutüberströmt zu Boden sank. Sumner bezeugte dies später.

„Andere Personen standen um mich herum, boten mir freundlich Unterstützung an; aber ich erkannte keinen von ihnen. Andere hielten sich in gewisser Entfernung auf, sahen zu und halfen nicht, unter ihnen erkannte ich nur Mr. Douglas aus Illinois, Mr. Toombs aus Georgia, und ich glaubte, auch meinen Angreifer unter ihnen zu sehen. Man half mir, vom Boden aufzustehen und geleitete mich in die Vorhalle des Senats, wo man mich auf ein Sofa legte. An meine Helfer habe ich keine Erinnerung mehr. Als ich in die Vorhalle kam, erkannte ich Mr. Slidell aus Louisiana, der zurückwich; aber ich erkannte niemanden sonst, bis ich einen freundlichen Händedruck spürte, der mir von Mr. Campbell aus Ohio zu kommen schien.“

Die unterschiedlichen Einschätzungen der Schlägerei teilten sich exakt an der imaginären geographischen Grenze, die Befürworter und Gegner der Sklaverei trennte. In den Nordstaaten herrschte Sympathie für Sumner. Henry Wadsworth Longfellow schrieb an Sumner: „Ich finde keine Worte zu dieser brutalen Greueltat, nur genug, um unser Bedauern und unsere Anteilnahme auszudrükken.“ Ralph Waldo Emerson und Oliver Wendell Holmes hielten Reden, in denen sie Sumners Polemik rechtfertigten. Aber im Süden avancierte augenblicklich Brooks zum Helden. Seine Parteigänger schickten ihm Spazierstöcke zur Erinnerung mit eingravierten Sprüchen wie „Schlag ihn nochmal“. Ein Bewunderer sandte ihm sogar einen Silberkrug mit der Inschrift *„Preston S. Brooks, 22. Mai 1856“*.

Am Tag nach dem tätlichen Angriff stimmte der Senat einer Untersuchung des Zwischenfalls zu, aber schon einige Tage später wurde entschieden, daß der Fall Brooks in den Zuständigkeitsbereich des Repräsentantenhauses gehörte. Drei Tage später begann die Untersuchung. Als erster Zeuge wurde das Opfer befragt.

Sumner erschien dick bandagiert im Repräsentantenhaus und beschrieb, wie er mit großer Kraft mindestens ein dutzendmal in der kurzen Zeitspanne von nur einer Minute geschlagen worden war. Alle möglichen Gutachter und Ärzte mußten vor dem Untersuchungsausschuß erscheinen. Sogar ein Experte für Spazierstöcke wurde über die Stärke und Schlagkraft der verschiedenen Holzarten befragt. Am 2. Juni 1856 beschloß die Mehrheit der Untersuchungskommission, daß der Angriff von Preston Brooks auf Charles Sumner eine Verletzung der Kongreßimmunität gewesen war. Im Bericht stand: „Die Tat kann vom Untersuchungsausschuß nicht anders bewertet werden, denn als schwerer tätlicher Angriff auf das unschätzbare Recht der freien Meinungsäußerung, das die Verfassung garantiert ... und, denkt man bis zur letzten Konsequenz weiter, muß dies in Anarchie enden und alles Übel einer Schreckensherrschaft zur Folge haben.“

Der Mehrheitsbeschluß der Untersuchungskommission war eine Seite der Medaille. Die Stimmen der Mehrheit der Abgeordneten für einen Ausschluß von Brooks aus dem Kongreß zu bekommen, eine andere. Die lebhaften Debatten dauerten den ganzen folgenden Monat an, und außerhalb des Kongresses wurden beinahe eine Million Exemplare von Sumners Rede verbreitet.

Am 14. Juli 1856 rang sich Brooks endlich durch, dem Kongreß wieder Zeit und Gelegenheit für die Regierungsgeschäfte zu geben. Er wandte sich an den Senatssprecher und verzichtete auf seinen Sitz im Kongreß. Aber er war nicht lange draußen. Bei der nächsten Wahl bewarb er sich wieder in South Carolina und am 1. August wurde er erneut vereidigt. Sein Sieg war allerdings teuer erkauft, denn fünf Monate später starb er an einer Lebererkrankung.

Obgleich fünf Ärzte in ihren Gutachten behaupteten, der Angriff wäre nicht so schwerwiegend gewesen, litt Charles Sumner an starken Schmerzen und konnte zwei Jahre lang kaum gehen, lesen oder schreiben. Es dauerte volle drei Jahre, bis er seine Arbeit im Senat wieder aufnehmen konnte. Während seiner Abwesenheit wurde sein leerer Platz zu einem Symbol für die Bewegung der Sklavenbefreiung, die er so leidenschaftlich unterstützt hatte. Einige seiner Kollegen glaubten, seine ungewöhnlich lange Rekonvaleszenz wäre nur eine Masche zur Unterstützung seiner Karriere, aber heute sind sich die Historiker einig, daß er wahrscheinlich an einem aus dem Überfall resultierenden post-traumatischen Streßsyndrom gelitten hat.

Während der bis dahin beispiellosen Debatten im Repräsentantenhaus und im Senat bezüglich des Angriffs auf Sumner saß ein Abgeordneter des Repräsentantenhauses im Kongreß, den seine privaten Probleme zu Hause weitaus mehr beunruhigten. Der Abgeordnete Daniel S. Sickles, ein Demokrat aus New York, hatte den Verdacht, daß seine junge Frau Teresa in eine Liebesaffäre mit dem Staatsanwalt für den District of Columbia verstrickt war. Tag für Tag trieb ihn sein Argwohn an den Rand des Wahnsinns. Als er schließlich entdeckte, daß sein Verdacht sehr wohl begründet war, schoß er den Liebhaber seiner Frau auf der Straße nieder. Phillip Barton Key, der Sohn von Francis Scott Key, dem Verfasser von *„The Star-Spangled Banner“* (Nationalhymne der USA), brach tödlich verletzt zusammen.

Daniel Sickles hatte Teresa Bagioli 1852 geheiratet, als

sie gerade erst sechzehn Jahre alt war. Er zählte 32 Jahre und galt als ziemlich skrupelloser Anwalt, der dreimal wegen Veruntreuung angeklagt wurde. Allerdings wurde er jedesmal entlastet, wodurch es nie zu einer Verurteilung kam. Auch in seinem Privatleben hielt er sich keineswegs makellos – zumal er heimlich eine Prostituierte als Geliebte hatte.

Bald nach seiner Heirat wurde Sickles als erster Sekretär der amerikanischen Gesandtschaft nach London geschickt. Dort war zur selben Zeit James Buchanan, ein Demokrat mit großem Einfluß, als US-Botschafter tätig. In den folgenden Jahren entwickelte sich zwischen beiden Männern eine enge Freundschaft und beide arbeiteten an Buchanans Bewerbung um die Präsidentschaft 1856. Buchanan gewann die Wahl, Sickles wurde in den Kongreß gewählt und hatte dadurch zweifellos direkten Zugang zum Weißen Haus. Seine neue politische Position wirkte sich allerdings sehr nachteilig auf seine Ehe aus.

Auf dem Ball am Tag von Buchanans Amtsantritt war Sickles der Mann der Stunde. Viele Gäste unterhielten sich zwischen zwei Walzern schnell mal mit ihm und baten um politische Gefälligkeiten. Darunter war auch Phillip Barton Key. Er bat Sickles, bei Buchanan ein gutes Wort für ihn einzulegen, weil er wieder Staatsanwalt in Washington, D.C., werden wollte. Sickles wußte eine sich bietende günstige Gelegenheit zu nutzen. Key, der aufgrund seiner Herkunft Verbindungen zu den angesehensten Familien hatte, konnte ihm die Türen in den inneren Zirkel der „guten Gesellschaft" öffnen und Sickles' etwas verblaßte Ehrbarkeit wieder in ein besseres Licht rücken. Sie spannten sich nur aus politischen Gründen zusammen. Die einzige Person, die mehr dahinter sah, war Sickles Frau Teresa. Ohne Wissen des neuen Abgeordneten bändelte sie mit Key an. Während ihr Gatte den Abend mit politischen Gesprächen verbrachte, genoß sie mit dem neuen Verbündeten ihres Ehemannes einen Tanz nach dem anderen.

Sickles arbeitete hart daran, sich eine für ihn adäquate Stellung in den aristokratischen Familien, die schon vor dem Unabhängigkeitskrieg zu den oberen Zehntausend gehört hatten, zu erobern. Er mietete ein herrschaftliches Haus am Lafayette Square, direkt gegenüber vom Weißen Haus, und galt als äußerst großzügiger Gastgeber. Sickles verhalf Key zu der gewünschten Position, worauf der Staatsanwalt mit seinen gesellschaftlichen Beziehungen Sickles Gäste aus Washingtons erster Gesellschaft vermittelte. Alles schien glatt zu laufen, bis auf die unvorhergesehene Panne, daß Key sich heftig in die Frau des Kongreßabgeordneten verliebte.

Key war damals 39 Jahre alt, verwitwet und Vater von vier Kindern. Im Frühjahr 1858 hatte er anscheinend mit seiner Midlife-Krise zu kämpfen und begann eine Affäre mit der 22jährigen Teresa. Sickles stellte ihn später zwar als einen notorischen Ehebrecher hin, aber Key benahm sich in dieser Hinsicht reichlich dilettantisch. Wenn er Teresa sehen wollte, marschierte er über den Lafayette Square und gab ihr durch das Winken mit einem weißen Taschentuch ein verabredetes Zeichen. Genausogut hätte er ein weithin sichtbares Signal um seinen Hals tragen können – die halbe Stadt wußte, was er im Schilde führte. Als ihm ein Freund den guten Rat gab, doch etwas mehr Diskretion walten zu lassen, mietete Key ein paar Blocks weiter in der 15. Straße in einer ärmeren Gegend der Stadt ein Haus. Key und Teresa waren an diesem Ort so offensichtlich fehl am Platz, daß nun auch die andere Hälfte der Stadt mitbekam, was da vorging. An einem Freitag im Februar 1859 schickte ein anonymer „wohlmeinender Freund" je einen Brief an Teresa und ihren Ehemann, in denen er die Affäre in groben Zügen schilderte und vor einer Fortsetzung warnte.

Stickles war am Boden zerstört. Am nächsten Tag zwang er Teresa in Gegenwart eines Dieners, der als Zeuge fungierte, ein Geständnis ihres Ehebruchs mit Key niederzuschreiben. Schluchzend schrieb sie: „Ich war in dem

Haus in der 15. Straße mit Mr. Key zusammen... Ich tat, was gewöhnlich sündhafte Frauen tun... einen intimen Umgang unschicklicher Art... Ich entkleidete mich. Mr. Key entkleidete sich ebenfalls... [Wir] gingen zusammen ins Bett."

Sickles forderte seinen Trauring zurück, zwang Teresa in dieser Nacht auf dem Fußboden des Gästezimmers zu schlafen und befahl ihr, zu ihrer Mutter zurückzukehren. Am nächsten Morgen widerfuhr dem gekränkten Sickles gleich wieder eine unsägliche Beleidigung, denn er erspähte Key vor seinem Fenster, der sein Taschentuch herumschwenkte. Wutentbrannt schnappte sich Sickles einen geladenen Revolver, rannte hinaus auf die Straße und schrie: „Key, du Schuft, du hast mein Bett geschändet – du mußt sterben!" Dann spannte er den Hahn, zielte und schoß. Key griff in die Brusttasche seiner Jacke und holte den einzigen Gegenstand heraus, den er zu seinem Schutz bei sich trug – ein Opernglas, und warf es Sickles ins Gesicht. Sickles zog einen anderen Revolver hervor und schoß, dann holte er eine dritte Pistole heraus und schoß aus kürzester Entfernung. Als sich eine Menschenmenge um die Szene bildete, ging Sickles zurück in sein Haus, sagte zu Teresa „Ich habe ihn getötet" und wartete auf die Polizei.

Die Schießerei war nach dem Angriff auf Charles Sumner die nächste Sensation in den Schlagzeilen. Interessant ist, daß die Öffentlichkeit in Teresa das Opfer sah und in ihrem Mann den Bösewicht. Eine Zeitung schrieb unter Bezugnahme auf Sickles schlechten Ruf: „Der Mann, der selbst keine Skrupel hatte, in den häuslichen Frieden anderer einzudringen und ihn zu zerstören – der, wenn er ihn selbst beging, Ehebruch als Spaß auffaßte und für den eheliche Bande kein Hindernis waren für kapriziöseste Ausschweifungen –, er hat wenig Recht, sich zu beklagen, wenn das Unrecht, das er ohne Skrupel in andere Familien getragen hat, seine eigene heimsucht."

Um seinem Fall in der Presse eine vorteilhafte Wende zu geben, ließ Sickles Teresas Geständnis durchsickern. Die

Öffentlichkeit ließ sich überzeugen, daß Key der wahre Schurke gewesen war, und genau diese öffentliche Meinung war für Sickles Mordprozeß von unschätzbarem Vorteil. Was Sickles jetzt noch brauchte, war ein wohlwollender Anklagevertreter. Das war kein allzu großes Problem; Präsident Buchanan persönlich kümmerte sich um die Neubesetzung dieser Position, die ja durch den Tod von Phillip Barton Key vakant geworden war.

Sickles, der zu seiner Verteidigung auf vorübergehende geistige Unzurechnungsfähigkeit plädierte, wurde freigesprochen. Die verständnisvolle Öffentlichkeit wartete nun auf die Fortsetzung der Geschichte, auf „Die Scheidung“, wurde aber enttäuscht. Denn von allen unbemerkt hatten sich der Kongreßabgeordnete und seine Frau, während er auf seine Verhandlung wartete, einander wieder angenähert. Drei Monate später waren sie offiziell wiedervereint. Weder die Mordanklage, noch seine eigene eheliche Untreue oder seine früheren Unterschlagungen hatten seiner Karriere geschadet. Aber seine Aussöhnung mit Teresa war der Anfang vom Ende. Sickles kehrte schließlich wieder zu seinem munteren Treiben als Schürzenjäger zurück. Teresa aber starb mit 31 Jahren an Tuberkulose.

Als James Buchanan 1857 als 15. Präsident der Vereinigten Staaten vereidigt wurde, warnte er in seiner Ansprache zum Amtsantritt vor politischer Korruption:

„Gleich nach der Bedeutung, die der Aufrechterhaltung der Verfassung und der Union zukommt, rangiert die Pflicht, die Regierung vor dem Makel, ja, sogar vor dem kleinsten Anflug von Verdacht auf Korruption zu bewahren. Die Rechtschaffenheit der Regierung ist lebensnotwendig für eine Republik; denn die Geschichte lehrt, wenn dieser Geist untergeht und die Liebe zum Geld sich dieses Platzes bemächtigt, ist die wesentliche Substanz für immer verloren, auch wenn der Form nach eine unabhängige Regierung noch eine Zeitlang bestehen bleibt.“

Buchanans erste offizielle Verlautbarung kann im nachhinein nur als Ironie verstanden werden. Einige Republikaner aus New Jersey bestätigten später, daß am Ende seiner Regierungszeit die Korruption „ohne Beispiel war und in einem Ausmaß stand, mit dem keine Nation lange existieren kann“.

Die Korruption begann schon, ehe er überhaupt gewählt war. Buchanan hatte stillschweigend unmoralische, vielleicht sogar gesetzwidrige Strategien zum Gewinn von Wählerstimmen gebilligt. Er versprach seinem guten persönlichen Freund George Plitti aus Philadelphia Aufträge der Marine als Gegenleistung für Geldspenden zu seiner Wahlkampagne. In Indiana und Pennsylvania (Buchanans Heimatstaat) wurden ausländische Staatsangehörige unter Umgehung zahlreicher Vorschriften rasch eingebürgert und zu den Wahllokalen der Demokraten gebracht. In den Staaten, wo es zum Sieg über seine Gegner, John C. Frémont und Millard Fillmore, auf jede Stimme ankam, siedelte man inzwischen wahlberechtigte Einwanderer zuhauf an.

Als Buchanan dann gewählt war, wurde der Regierungsapparat zu einem Selbstbedienungsladen. Zuerst versorgte man die politischen Helfer. In einem Fall setzte der Marineminister Isaac Toucey für bestimmte Regierungsaufträge so knappe Lieferfristen, daß nur W.C.N. Swift aus New Bedford, Massachusetts, der für Buchanans Wahlkampf $ 16 000 gespendet hatte, die Aufträge übernehmen konnte.

Bei der ersten Sitzung des 35. Kongresses stellte eine parlamentarische Kommission fest, daß die Rechte für die militärische Nutzung von Fort Snelling, Minnesota, unter der Hand an eine Gruppe verkauft worden waren, der u. a. der private Bankier des Kriegsministers John B. Floyd und der Bruder des Zollinspektors vom Hafen New York, den Buchanan in sein Amt berufen hatte, angehörten. Im Repräsentantenhaus waren ständig Untersuchungen im Gange, und selbst der Pförtner (ein Demokrat) mußte seinen Hut nehmen, weil er Rechnungen gefälscht hatte.

Die Frage war, wie viele und ob überhaupt einer dieser Korruptionsfälle bis zum Präsidenten zurückverfolgt werden konnte, bis ein Brief auftauchte, den W.C. Patterson an Buchanan geschrieben hatte. Darin bat Patterson den Präsidenten dringend, einen lukrativen Auftrag an eine Firma in Philadelphia zu vergeben, die versprochen hatte, die Wiederwahl von Buchanans gutem Freund, dem Kongreßabgeordneten Thomas Florence, zu beeinflussen. Buchanan hatte den Brief mit seinen Initialen abgezeichnet und an das Marineministerium geschickt, das ohne Rückfrage und gehorsam dieser Firma den Auftrag erteilte. Zehn Tage später wurde Florence wiedergewählt.

Buchanan und seine von ihm in Amt und Würden eingesetzten Mitarbeiter waren sehr innovativ, wenn es darum ging, das politische Räderwerk zu schmieren. Am einträglichsten waren die staatlichen Druckaufträge. Erst 1869 richtete der Kongreß eine regierungseigene Druckerei ein (höchstwahrscheinlich als Reaktion auf Buchanans Bereicherungsaktionen), zuvor wurden alle Dokumente der Regierung von Privatunternehmen gedruckt. Seit der Präsidentschaft von Andrew Jackson gingen diese Aufträge fast traditionsgemäß an politische Freunde des Präsidenten.

Untersuchungen deckten auf, daß zum Beispiel Cornelius Wendell zwischen 1853 und 1860 Millionen Dollar an diesen Druckaufträgen verdient hatte. Zwei Republikaner, Preston King und John Covode, wiesen dem Aufsichtsbeamten der staatlichen Druckvergabe Bestechlichkeit, Empfang von Provisionen und Rechnungsbetrug nach und schickten ihn direkt ins Gefängnis. Neue Gesetze wurden verabschiedet, ein neuer Aufsichtsbeamter wurde eingesetzt und Buchanan ging aus allen diesen Korruptionsfällen frisch duftend wie eine Rose hervor – oder jedenfalls beinahe.

Als Cornelius Wendell auf diesem Wege keine neuen Aufträge erhielt, stellte er, der kaufmännische Leiter der regierungsnahen *Washington Union,* sich als Hauptbelastungszeuge der von King initiierten Untersuchungskommission des Senats zur Verfügung und berichtete aus erster Hand über die Arbeitsweise des *„Schmiergeldfonds“*. Er sagte aus, daß er auf Anweisung des Präsidenten Aufträge an zwei Zeitungen in Philadelphia vergeben hatte, die über einen Zeitraum von vier Jahren Spendengelder an Buchanan in Höhe von $ 100 000 gezahlt hatten. Wendell erläuterte, daß er in einer einzigen Legislaturperiode des Kongresses $ 166 000 an Druckaufträgen verdient hatte. Pro Auftrag erhielt er $ 40 000, er selbst vergab dann diese Aufträge zum halben Preis.

Wendells äußerst belastende Aussage stand in direktem Zusammenhang mit der *Lecompton-Satzung*. Darin wurde die Aufnahme von Kansas in die Union auf seiten der Sklavenhalterstaaten gefordert. Wendell hatte beinahe $ 40 000 zur Bestechung verschiedener Kongreßabgeordneter ausgegeben, damit sie in diesem Sinne abstimmten. Einem widerspenstigen Abgeordneten wurden sogar $ 80 000 über einen Druckauftrag angeboten, aber er weigerte sich, seine Stimme zu verkaufen.

Diese Enthüllungen waren für viele Wähler, die Buchanan gerade wegen seiner Neutralität in der Kansas-Frage gewählt hatten, ein großer Schock. Als sich damals die Kontroverse zuspitzte, hatte sich Buchanan in England aufgehalten und, im Unterschied zu den anderen Präsidentschaftskandidaten keine Position zu diesem Thema bezogen. Unter diesen Umständen löste die Entdeckung, daß Buchanans Männer in dieser Angelegenheit mit Bestechung operiert hatten, besondere Bestürzung aus.

Trotz dieser publik gewordenen Skandale nahm die Korruption kein Ende. Am 15. Mai floh Isaac V. Fowler, der Postmeister von New York, mit $ 155 000 aus dem Regierungsfonds aus dem Land. Am 29. Dezember 1860 trat Kriegsminister Floyd zurück, nachdem er $ 5 000 000 gefälschter Wechsel indossiert hatte, die eine Auftragsfirma der Regierung als zusätzliche Sicherheit für Bankkredite benutzte.

Leider wirkten sich Buchanans zahllose Skandale auch schädlich auf die gesamte öffentliche Verwaltung aus, ungeachtet ihrer sonstigen Verdienste. Eine sehr wichtige Anweisung über $ 30 000 000, die zum Kauf Kubas von Spanien bevollmächtigt hätte, wurde zurückgezogen, weil der Senator, der den Antrag gestellt hatte, befürchtete, Buchanan könnte das Geld für seinen Bestechungsfond abzweigen.

Buchanans private Skandale standen den politischen in nichts nach. Er war der einzige Junggeselle, der je Amerikas Präsident war, und seine sexuellen Abenteuer bildeten stets reichlich Gesprächsstoff. Heute gibt es Belege, daß Präsident James Buchanan homosexuell war. Man weiß, daß er eine ernsthafte heterosexuelle Beziehung hatte, aber sie ist bis heute von einem großen Geheimnis umgeben.

Während des Sommers 1819 war Buchanan mit Anne C. Coleman verlobt. Nach einem Streit löste sie die Verlobung und starb am 9. Dezember unter nie ganz geklärten Umständen – höchstwahrscheinlich beging sie Selbstmord. Buchanan schrieb einen Nachruf für die Zeitung von Lancaster und schickte den folgenden Brief an Annes Vater. Es ist das einzige Dokument aus Buchanans Korrespondenz, das diesen Zwischenfall betrifft und heute noch existiert.

(James Buchanan an Robert Coleman, Esq.)
Lancaster, 10. Dezember 1819

Sehr geehrter Herr,
Sie haben ein Kind verloren, ein liebes, geliebtes Kind. Ich habe das einzige irdische Ziel meiner Zuneigung verloren, ohne das mir das Leben jetzt trostlos leer erscheint. Meine Zukunftsaussichten sind wie abgeschnitten und ich fühle, daß mein Glück mit ihr zu Grabe getragen wird. Es ist jetzt nicht die Zeit für Erklärungen, aber die Zeit wird kommen, da Sie entdecken werden, daß sie, genau wie ich, geschmäht worden ist. Gott verge-

be den Urhebern dieser Beschimpfungen. Meine Gefühle des Grolls gegen diese, wer immer sie sein mögen, sind zu Staub zerronnen. Ich habe nur eine Bitte, und, bei der Liebe Gottes und Ihrer lieben dahingegangenen Tochter, die ich liebte, unendlich mehr als irgendein anderes menschliches Wesen lieben könnte, schlagen Sie mir diese nicht ab. Gewähren Sie mir das traurige Vergnügen, ihren Leib vor der Bestattung noch einmal zu sehen. Um nichts in der Welt möchte ich, daß Sie mir diesen Wunsch verweigern.

Ich hätte noch eine andere Bitte, aber wegen verdrehter Darstellungen, die Ihnen gegenüber gemacht wurden, habe ich fast Angst, sie zu äußern. Ich möchte gerne als Leidtragender ihrer sterblichen Hülle zu ihrem Grab folgen. Ich möchte gerne die Welt überzeugen, und ich hoffe jetzt, Sie zu überzeugen, daß ich sie unendlich mehr liebte als das Leben. Ich werde dem Schock über ihren Tod standhalten, aber ich fühle, daß mich das Glück für immer verlassen hat. In meinem Gebet, das ich unaufhörlich zu Gott schicke, wünsche ich mir, meine Verehrung in der Erinnerung an meine liebe dahingegangene Heilige durch meinen Respekt und meine Verbundenheit zu ihren hinterbliebenen Freunden zu zeigen.

Der Himmel wird Sie segnen und Sie befähigen, den Schock mit der Kraft eines Christen zu tragen. Ich bin für immer Ihr ergebener und aufrichtiger Freund.

James Buchanan

Annes Vater schickte den Brief ungeöffnet zurück. Dies setzte natürlich noch mehr Gerüchte über das Ende der Verlobung in die Welt. Es war offensichtlich, daß Robert Coleman Buchanan die Schuld am Tode seiner Tochter gab. Die Wahrheit nahm Buchanan mit ins Grab. Einmal, viel später, hatte es den Anschein, als wollte Buchanan die näheren Umstände enthüllen. Als er in den Siebzigern war, vertraute er einem Freund an, er habe versiegelte Dokumente in einem Geheimfach in New York hinterlegt, die eines Tages das abrupte Ende der Beziehung erklären würden. Buchanan hatte dieses Päckchen, zusammen mit anderen, während des Bürgerkriegs an eine Bank in New York geschickt, damit die Unterlagen nicht den konföderierten Truppen in die Hände fielen. Nach seinem Tod fanden seine Testamentsvollstrecker die Papiere in einem separat versiegelten Päckchen mit einer Notiz in seiner Handschrift, daß sie ungelesen zu vernichten seien. Die Testamentsvollstrecker fügten sich seinem Wunsch und verbrannten das Päckchen, ohne das Siegel aufzubrechen.

Vielleicht bestand Buchanans dunkles Geheimnis darin, daß er homosexuell war. Jahrzehntelang beschäftigte sich die Geschichtsschreibung mit diesem Punkt. Besonders Buchanans enge Freundschaft mit Senator William Rufus De Vane King aus Alabama erregte beträchtliche Neugier. 1819 wurde King Kongreßmitglied, zwei Jahre vor Buchanan. Als Buchanan 1834 vom Repräsentantenhaus in den Senat wechselte, wurden King und er unzertrennliche Freunde. Sie standen im Mittelpunkt des Interesses und des Klatsches.

Ein Historiker bemerkte, „Kings eigenartiger Lebensstil und seine auffallende Intimität mit dem Junggesellen Buchanan gab Anlaß zu unbarmherzigem Spott".

Buchanan und King waren über 23 Jahre eng befreundet und teilten ein Zimmer miteinander. Andrew Jackson nannte King *Miss Nancy,* und Aaron Brown, ein Demokrat aus Tennessee und James K. Polks früherer Kanzleipartner, bezeichnete ihn als Buchanans „bessere Hälfte" und *Tante Fancy*.

1844 wollte sich Buchanan um das Präsidentenamt bewerben. Da seine eigenen ehrgeizigen Pläne durchkreuzt wurden, drängte er King, sich um das Amt des Vizepräsidenten zu bemühen. Am 14. Januar schrieb Aaron Brown an Sara Polk einen Brief mit dem Vermerk „Vertraulich": „Mr. Buchanan sieht verdrießlich und unzufrieden drein, und ebenso *seine bessere Hälfte,* bis endlich eine kleine, private Schmeichelei und eine Lobhudelei in einer gewissen Zeitung, die Sie zweifellos wahrgenommen haben, wieder Hoffnungen weckte, daß sie sich bei *einer Scheidung* wieder in der Welt etablieren kann, zu einem erträglichen Vorteil... *Tante Fancy* kann man jetzt jeden Tag sehen, herausgeputzt in ihren besten Kleidern und einfältig hoffnungsvoll lächelnd wegen der Aussicht auf gesicherte, bessere Zeiten, als die mit ihrem ehemaligen Begleiter." Browns vertraulicher Brief macht noch andere geringschätzige Anspielungen, wie „Mr. Buchanan und seine Frau" und „Mrs. B.".

Auch Kings Korrespondenz mit Buchanan enthält einige Hinweise auf eine homosexuelle Beziehung. Nachdem ihn Präsident Tyler 1844 zum Gesandten in Frankreich ernannt hatte, schrieb King an Buchanan: „Ich bin selbstsüchtig genug zu hoffen, daß du keinen Gefährten finden wirst, der bewirkt, daß du kein Bedauern über unsere Trennung empfindest. Ich für meinen Teil, ich fühle mich mitten in Paris einsam, denn ich werde hier keinen Freund haben, mit dem ich mich vertraulich besprechen kann, außer meinen eigenen Gedanken." In einem anderen Brief beklagte sich King, daß er lange nichts von Buchanan gehört hatte: „... das beweist das alte Sprichwort, aus den Augen, aus dem Sinn." Er deutete auch an, daß die Vereinigten Staaten in Paris besser vertreten wären „durch jemanden, der mehr den Charakter eines Mannes hat". Die Gesandtschaft in Frankreich hatte sich sehr verändert seit den Skandalen von Benjamin Franklin und Thomas Jefferson.

1853 wurde King Vizepräsident unter Franklin Pierce, aber er starb schon einen Monat nach seiner Vereidigung an Tuberkulose. Schon bei seinem Amtsantritt war er so krank, daß man ihm gestatten mußte, den Amtseid in Kuba abzulegen, wo er sich zur Erholung aufhielt. Erwähnenswert bleibt noch, daß King der einzige Junggeselle unter den Vizepräsidenten der US-Geschichte ist.

Buchanans Schwächen, sowohl seine privaten als auch seine politischen, holten ihn schließlich in seinem letzten Amtsjahr ein. Am 13. Juni 1860 wurde Präsident Buchanan in der vielleicht überzeugendsten Demonstration republikanischer Solidarität, die es je gab, vom Kongreß formell getadelt. Zum bevorstehenden Parteitag mit der Nominierung des Präsidentschaftskandidaten verschickte das Nationale Komitee der Republikanischen Partei Einladungen, die an die Gegner der „föderalistischen Korruption und Usurpation" adressiert waren.

Als Reaktion auf die Korruption der Buchanan-Regierung überstanden nur wenige Kandidaten, die vormals nicht die geringste Andeutung von fragwürdigem Verhalten zeigten, die Nominierung. Die Republikaner stellten den „Aufrechten Abe" Lincoln als Kandidaten auf. Im allgemeinen herrscht die Annahme, Lincoln wäre in erster Linie wegen seines Parteiprogramms gegen die Sklaverei gewählt worden, aber sein Sieg hatte mindestens ebensoviel zu tun mit dem Bedürfnis der Wähler, die Regierung von der Korruption zu säubern. Senator James W. Grimes aus Iowa schrieb: „Unser Triumph wurde eher durch Lincolns Redlichkeit und die allseits bekannte Korruption der Demokraten ermöglicht, als aufgrund der Negerfrage." William B. Stokes aus Tennessee stimmte dem zu. Er erläuterte vor dem Kongreß, daß „die Korruption der gegenwärtigen Regierung viele tausend Bürger dieses Landes" veranlaßt hat, für Lincoln zu stimmen, obwohl sie es ansonsten vielleicht nicht getan hätten.

Zwischenzeitlich beschloß Buchanan, daß eine Amtsperiode als Präsident genug sei und zog sich auf sein Gut Wheatland in der Nähe von Lancaster, Pennsylvania, zurück. An seinen Nachfolger Abraham Lincoln schrieb er: „Mein lieber Herr, wenn Sie beim Einzug in das Weiße Haus genauso glücklich sind, wie ich beim Auszug, dann sind Sie ein wahrhaft glücklicher Mann."

KAPITEL 6

„Es würde das amerikanische Volk anekeln“

Skandale zu Lebzeiten von Abraham Lincoln

In einer Umfrage aus dem Jahr 1971 bei über tausend Historikern wurde Lincoln als Amerikas bedeutendster Präsident genannt. Schon als junger Kandidat für den Senat hatte er versprochen, dem schwelenden Streit über die Sklavenfrage ein Ende zu setzen. In einer seiner berühmten Reden warnte er: „Ein Haus mit einem Riß kann keinen Bestand haben.“

Lincoln wurde 1861 Präsident, und er setzte diesen Plan und viele andere später in die Tat um. Während seiner ersten Amtsperiode führte er das Land durch seine dunkelste Zeit, den „Krieg zur Rettung der Union“. Das Ende der Sklaverei muß mit als sein Verdienst genannt werden. Aber auch er mußte als Präsident in dieser schrecklichen Zeit immer wieder große Kompromisse schließen. So setzte Lincoln zeitweilig die Rede- und Pressefreiheit und die Habeas-Corpus-Akte, das Gesetz, nachdem niemand ohne richterliche Untersuchung verhaftet oder in Haft gehalten werden darf, außer Kraft.

Aber nicht Lincoln selbst, trotz seiner Mißachtung der von der Verfassung garantierten Rechte, stand im Mittelpunkt der ihn betreffenden Skandale, sondern seine Frau. Die First Lady Mary Todd Lincoln bot sehr viele Angriffsflächen, angefangen von ihrer eifersüchtigen Ader bis hin zu ihrer Vorliebe für verschwenderische Gesellschaften und ausgelassener Kauforgien, die sie angesichts des fürchterlichen Bürgerkrieges auch noch frech zur Schau stellte.

Ihr Spitzname, *die wilde Hexe,* zeigt bereits, wie unpopulär sie als First Lady war. Die Menschen in den Nordstaaten haßten sie, weil sie einer bekannten Familie aus den Südstaaten, die noch viele Sklaven hielt, angehörte. Die Südstaatler haßten sie, weil sie übergelaufen war. Keine Seite traute ihr. Trotz ihrer unerschütterlichen Loyalität zur Union, wurde sie immer als Spionin der Konföderierten beschuldigt. Man leitete Ermittlungen wegen Verrats gegen sie ein. Ihre Feinde waren überzeugt, daß sie im Auftrag ihrer drei Halbbrüder arbeitete, die ebenso wie der Ehemann von Mary Todds Schwester, auf der Seite der Konföderierten kämpften. Schließlich wurde ein gemischter Ausschuß einberufen, um die Beschuldigungen gegen sie genau nachzuprüfen.

Als das Komitee in geheimer Sitzung die Möglichkeit einer Anklageerhebung gegen die First Lady erwog, wurde die Beratung unerwartet durch das Erscheinen eines Überraschungszeugen – des Präsidenten – unterbrochen. Lincoln hatte von der Versammlung gehört und sich selbst dazu eingeladen.

Er nahm unaufgefordert Platz und verlas eine kurze, aber sehr deutliche Stellungnahme:

„Ich, Abraham Lincoln, Präsident der Vereinigten Staaten, erscheine aus eigenem Entschluß vor diesem Untersuchungsausschuß des Senats, um mitzuteilen, daß es nach meinem besten Wissen der Unwahrheit entspricht, daß irgend jemand meiner Familie in verräterischer Verbindung mit dem Feind steht."

Die Mitglieder des Untersuchungsausschusses blieben sprachlos zurück, als Lincoln aufstand und den Raum so schnell verließ, wie er ihn betreten hatte. Gleich danach beschloß der durch diese unerschrockene Erwiderung ernüchterte Ausschuß einmütig, den Vorwurf des Verrats fallenzulassen. Ein Mitglied berichtete später, die Teilnehmer seien „so tief bewegt" gewesen, daß sie sich für den Rest des Tages vertagen mußten.

So war es Lincoln gelungen, die Gerüchte über verräterische Verbindungen seiner Frau im Keim zu ersticken, was ihm bei anderen Problemen nicht mehr so einfach gelang. Mary Todd Lincolns verschwenderische Einkäufe machten sie zur Imelda Marcos ihrer Zeit. So erwarb sie zum Beispiel in nur vier Monaten 300 Paar Glacélederhandschuhe. Sie besaß Schrankkoffer voller Kleider, die sie niemals aus der Originalverpackung der Warenhäuser herausnahm.

Die meisten von Mary Todd Lincolns astronomisch hohen privaten Rechnungen blieben während Lincolns erster Amtszeit unbezahlt, denn viele renommierte Geschäfte räumten der First Lady selbstverständlich Kredit ein. Die Rechnungen, die allesamt auf das Weiße Haus ausgestellt waren, eröffneten ein Problem besonderer Art. Frau Lincoln überzog ihren vom Kongreß genehmigten Etat von $ 20 000 zur Innenausstattung des Weißen Hauses um $ 6 700. Nun bat sie um Unterstützung, um den Präsidenten zu überzeugen, daß er den Kongreß um die Bezahlung des Differenzbetrages bitten sollte. Aber es herrschte Krieg, und Lincoln war gerade jetzt nicht in nachsichtiger Stimmung. „Ich bezahle es aus meiner eigenen Tasche“, sagte er vor Wut kochend. „Es würde das amerikanische Volk anekeln, wenn es erfahren würde, daß der Präsident der Vereinigten Staaten eine Rechnung billigt, welche die genehmigten $ 20 000 überschreitet, nur um irgendwelchen Quatsch für dieses verfluchte alte Haus zu kaufen, und wir andererseits kaum Geld haben, um Decken für die Soldaten zu beschaffen.“

Auch die verschwenderischen Gesellschaften der First Lady während des Krieges fanden vor den Augen der Öffentlichkeit kein Gefallen. Als die Bürger des Landes den Gürtel enger schnallen und ohne Murren die Not der Kriegszeiten erdulden sollten, gab sie ein kleines Vermögen aus, um die hohe Kunst der Party-Einladungen zu vervollkommnen, so etwa für Tafelaufsätze aus Zuckerguß, welche die großen Schlachten des Bürgerkrieges nachstellen sollten. Trotz der peinlichen Verschwendungssucht seiner Frau wurde Lincoln 1864 für eine zweite Amtsperiode wiedergewählt. Wer in den Kriegszeiten einen Führungswechsel befürchtet hatte, atmete erleichtert auf. Und das tat auch Mary Todd Lincoln, allerdings nicht aus ganz uneigennützigen Gründen.

Sie brauchte das Präsidentengehalt, damit sie die enormen Rechnungen der Warenhäuser bezahlen konnte, die sich mittlerweile angehäuft hatten. Ihrer Näherin Elizabeth Keckley, die dreißig Jahre als Skalvin hatte leben müssen und erst vier Jahre im Weißen Haus beschäftigt war, vertraute Mrs. Lincoln an:

„Wenn er verliert, weiß ich nicht, was aus uns werden soll. Für mich, für ihn, geht es bei dieser Wahl um mehr, als er sich in seinen kühnsten Träumen vorstellen kann."

Als die Näherin sie fragte, was sie damit meine, antwortete die First Lady: „Ganz einfach, ich habe große Schulden gemacht, von denen er keine Ahnung hat, und die er im Falle einer Wahlniederlage nicht mehr wird bezahlen können... Meine Schulden belaufen sich insgesamt auf über $ 27 000 – die meisten davon bei *Stewarts* (Warenhaus) in New York. Wissen Sie, Elizabeth, Mr. Lincoln weiß ja gar nicht, wie teuer die Garderobe einer Frau ist."

Die traurige Wahrheit ist, daß Mary Todd Lincoln geistig-seelisch etwas verwirrt war. Gewöhnlich folgten ihren verschwenderischen Kauforgien Anfälle von extremem Geiz, denn sie hatte auch eine irrationale Angst vor Geldverlust. Auch Lincoln litt sein ganzes Leben lang an manisch-depressiven Anfällen. Zusammen gaben sie ein gutes Gespann ab.

Mary Todd war 21 Jahre alt, als sie Abraham Lincoln 1839 kennenlernte. Er war ein 30 Jahre alter Rechtsanwalt und Abgeordneter in Illinois. Lincoln war sofort von ihr angetan und innerhalb eines Jahres waren sie schon verlobt. Aber an ihrem Hochzeitsmorgen, „diesem verhängnisvollen ersten Januar [1841]", wie Lincoln sagte, geriet er in Panik und ließ sie während der Trauung am Altar alleine zurück. Die Darstellungen über das Wie, Wann und

Warum gehen dabei beträchtlich auseinander. Einige Augenzeugen meinten danach, er habe seine Hochzeitspläne bereits einige Tage vor der Trauung geändert, während andere behaupteten, er habe es erst am Hochzeitstag getan und man wäre gezwungen gewesen, in letzter Minute dem Pfarrer und den Gästen abzusagen.

Zum Warum gab es seltsame Gerüchte, ein Hausgast der Familie Todd, Matilda Edwards, habe Lincolns Zuneigung erobert. Marys Schwester Elizabeth meinte jedoch: „Mr. Lincoln liebte Mary, meiner Ansicht nach verlor er nicht wegen Miss Edwards die Nerven, sondern weil er heiraten wollte, aber an seinen Fähigkeiten und Möglichkeiten zweifelte, eine Frau zufriedenzustellen und zu versorgen. Lincoln und Mary waren verlobt, alles war fertig vorbereitet für die Hochzeit, sogar das Essen. Mr. L. konnte seinen eingegangenen Verpflichtungen nicht nachkommen, Grund: Geistesgestörtheit. In seiner Unzurechnungsfähigkeit behauptete er, Mary zu hassen und Miss Edwards zu lieben. Das stimmt, doch das waren nicht seine wahren Gefühle. Ein verrückter Mann haßt seine Geliebte, vielleicht sogar sich selbst. Sehr oft ist das der Fall."

Lincoln und Mary heirateten schließlich am 4. November 1842. Sie hatten sich fast ein Jahr lang heimlich getroffen, damit kein Klatsch aufkam.

Der Ehe war sehr großes Unglück beschieden, denn die Lincolns mußten zwei von ihren vier Kindern sterben sehen. (Ein drittes starb nach Lincolns Ermordung.) Eddie starb im Alter von drei Jahren an Tuberkulose, Willie im Alter von zwölf Jahren an einer verschleppten Erkältung, noch während Lincolns erster Amtszeit. Es war das erste (und einzige) Kind, das im Weißen Haus starb. Sein Tod war ein besonderer Schlag für die Lincolns. Nach Lincolns Ermordung, drei Jahre später, bestand die First Lady darauf, daß Willies sterbliche Überreste, die auf dem Oak Hill Friedhof begraben waren, in einen neuen schwarzen Sarg aus Nußbaumholz gelegt und mit dem Trauerzug des Präsidenten nach Springfield, Illinois, gefahren wurden, damit Vater und Sohn ihre letzte Reise nach Hause gemeinsam machen konnten.

Mrs. Lincoln galt als überzeugte Anhängerin des Spiritismus, was die Umstände noch schlimmer machte. Ständig lud die First Lady Parapsychologen und sensationslüsterne Journalisten in das Weiße Haus ein. Sie war von einem starken Glauben an das Übersinnliche durchdrungen und hielt im Roten Zimmer Séancen ab. Kurz vor Lincolns Tod erzählte sie ihm von einem Traum, in dem sie seine Ermordung sah; diese Vorahnung trug wesentlich zu ihrer letztlich völlig verwirrten geistigen Verfassung bei.

Am 14. April 1865 wurde Lincoln von John Wilkes Booth im *Ford Theater* erschossen. Mary Todd Lincoln beugte sich über ihren sterbenden Ehemann und flüsterte: „Liebster, lebe nur noch einen Augenblick, um zu unseren Kindern zu sprechen. Oh, oh, daß doch unser kleiner Tad seinen Vater vor seinem Tod noch einmal sehen könnte." Sie flehte die Ärzte an, sie zu töten, damit sie wieder mit ihm vereinigt wäre. Bereits früher hatte sie Anzeichen seelischer Labilität gezeigt. Von dem Schock über den Tod ihres Ehemannes erholte sie sich nie wieder.

Lincoln starb ohne Testament. Er hinterließ Grundbesitz im Wert von $ 83 000, der zu gleichen Teilen an seine Frau und die beiden überlebenden Söhne ging. Dank der strengen finanziellen Verwaltung von Richter David Davies stieg das Vermögen bis 1868 auf $ 110 000. Zusätzlich bewilligte der Kongreß Mrs. Lincoln das Gehalt ihres Mannes für ein weiteres Jahr, das waren ungefähr $ 22 000 mit Abzügen. Öffentliche Schenkungen an sie beliefen sich auf weitere $ 10 000. Dennoch verfiel die ehemalige First Lady in eine irrationale panische Angst vor Geldverlust. Unter dem Pseudonym *Mrs. Clarke* versuchte sie, in New York persönliche Kleidungsstücke zu verkaufen, ein Vorhaben, das etwas später als *Altkleider-Skandal* Furore machte.

Ein Händler für Kommissionswaren erklärte sich bereit,

den Verkauf für Mary Todd Lincoln zu übernehmen. Viele Neugierige kamen zwar, aber nur sehr wenige Käufer. Die mitleidlose Öffentlichkeit wußte sehr genau, daß Mrs. Lincoln weit entfernt davon war, arm zu sein. Der *New York Evening Express* beschrieb jedes Stück, das zum Verkauf kam, in allen Einzelheiten, einschließlich der verfärbten Stellen unter den Achseln und den Flecken im Futter der Kleider. Die nicht verkauften Posten wurden deklariert und zurückgeschickt.

Aufstellung der an Mrs. Lincoln zurückgeschickten Waren:

1 Schrankkoffer
1 Spitzenkleid
1 Spitzenkleid, besetzt mit Volants
5 Spitzenschals
3 Kamelhaarschals
1 Sonnenschirmhülle aus Spitze
1 Pelzbesatz
2 Paisley-Schals
2 Goldarmbänder
16 Kleider
2 Opernmäntel
1 Purpurschal
1 Spitzentaschentuch
1 Zobelboa
1 Weiße Boa
1 Umhang aus Federn
28 Yds. Seide

Verkaufte Artikel:

1 Diamantring
3 Kleine Diamantringe
1 Kamelhaarschal
1 Roter Kamelhaarschal
2 Kleider
1 Kinderschal
1 Schal aus Chantillyspitze
1 Pelzbesatz

Um dem unangenehmen Gerede über den *Altkleider-Skandal* zu entgehen, beschloß Mary Todd Lincoln, eine Auslandsreise zu machen. Nach der Hochzeit ihres Sohnes Robert im September 1868 reiste sie mit ihrem jüngsten Sohn Tad nach Frankfurt. Es dauerte jedoch nicht lang, bis sie die nächste Tragödie ereilte. 1871, kurz nach ihrer Rückkehr, starb Tad an den Folgen einer Erkältung. Mary Todd war an seiner Seite, als er seinen letzten Atemzug tat und vornüber in seinen Sessel sank.

Nach Tads Tod wartete auf Mrs. Lincoln noch eine weitere Kraftprobe ihrer ohnehin geschwächten geistigen Gesundheit. William H. Herndon, 17 Jahre lang Lincolns Anwaltpartner, startete zu einer Vortragsreise durch das ganze Land. In seinen Reden berichtete er die intimsten Einzelheiten aus dem Leben des zum Märtyrer gewordenen Präsidenten. Hätte es noch einer Katastrophe bedurft, um Mary Todd Lincoln vollends in den Abgrund zu stoßen, dann wäre es diese gewesen.

Herndon hatte nach der Ermordung des Präsidenten sein Leben ganz dem Sammeln von Informationen über Lincoln gewidmet. Er sammelte alles, was er nur finden konnte, und schrieb an jedermann, der Lincoln oder dessen Eltern je gekannt hatte und veröffentlichte Biographien. In seinen Vorträgen erzählte er Details, die Mrs. Lincoln vollkommen aus der Fassung brachten, einschließlich der Geschichte über den „verhängnisvollen ersten Januar [1841]" oder eine andere über eine Frau names Ann Rutledge, die Lincoln angeblich geliebt hatte (heute betrachtet man diese Geschichte als reine Erfindung und mißt ihr nur sehr geringen Wert bei). Er tratschte über die uneheliche Geburt von Lincolns Mutter (eine Tatsache, die dem Präsidenten bekannt war) und deutete an, daß auch Lincoln ein Bastard gewesen sei. Herndon hatte entdeckt, daß Lincolns Vater kastriert worden war, konnte aber das genaue Datum der Entmannung nicht ausfindig machen. Trotzdem konstruierte er eine Theorie, nach der

Lincoln von Abraham Enloe, einem engen Freund seiner Mutter, gezeugt worden sein könnte.

Mrs. Lincoln trieb langsam und unerbittlich weiter in den Wahnsinn. Schließlich brach sie im März 1875, während eines ausgedehnten Urlaubs in Florida, völlig zusammen. Sie wurde von dem Gedanken verzehrt, auch ihr letzter Sohn Robert liege im Sterben, und war überzeugt, man wolle sie vergiften und bestehlen. Als sie am 15. März nach Chicago zurückkehrte und sich im Grand Pacific Ho-

Mary Todd Lincoln gab sich gerne exzessiven Einkaufsbummeln hin.

tel einmietete, beauftragte Robert Detektive von Pinkerton mit ihrer Überwachung. Was sie feststellten, war beunruhigend. Mrs. Lincoln trug $ 57 000 in Wertpapieren und Bargeld mit sich herum, die sie in die Taschen ihres Unterrocks eingenäht hatte, weil sie überzeugt war, daß es ein Komplott gegen sie gebe und man versuche, ihr Geld zu stehlen. Sie verließ einmal oder manchmal auch zweimal am Tag das Hotel und stürzte sich unbekümmert in einen Kaufrausch: $ 600 für Spitzenvorhänge, $ 200 für Seifen und Parfums, $ 450 für drei Uhren. Dem Hoteldirektor erzählte sie, ein Mann hätte sich durch die Wand des Hotelzimmers mit ihr in Verbindung gesetzt, und später behauptete sie allen Ernstes, daß die South Side von Chicago in Flammen stünde. Robert, allein gelassen mit der Verantwortung, wußte sich nicht anders zu helfen, als gegen seine Mutter ein Verfahren zur Einweisung in eine Pflegeanstalt einzuleiten.

Am 19. Mai 1875 begann im *Cook County Court* in Chicago die Verhandlung über die geistige Zurechnungsfähigkeit von Mary Lincoln. Ärzte, Geschäftsleute und verschiedene andere Zeugen berichteten über ihre Gespräche mit nur in ihrer Einbildung existierenden Menschen sowie von ihrer paranoiden Wahnvorstellung, daß jemand sie zu töten versuchte. Es überrascht nicht, daß die aus zwölf Männern bestehende Jury sie für geistig unzurechnungsfähig erklärte.

Später am Abend kehrte Mary Todd Lincoln in ihr Hotelzimmer zurück und versuchte, Selbstmord zu begehen. Sie schluckte etwas, von dem sie annahm, es handle sich um eine Mischung aus Kampfer und Laudanum. In Wirklichkeit war es jedoch nur Zuckerwasser, das ihr ein scharfsichtiger Apotheker gegeben hatte. Am nächsten Tag wurde sie nach *Bellevue Retreat,* einer staatlichen Heilanstalt in Batavia, Illinois, gebracht. Barmherzigerweise dauerte ihr Aufenthalt dort nur ein Jahr, denn im Juni 1876 wurde sie für gesund erklärt und entlassen. Als sie am 16. Juli 1882 starb, ergab ihre Autopsie, daß sie einen Gehirntumor hatte.

KAPITEL 7

„Sagt die Wahrheit“

Skandale zu Lebzeiten von Grover Cleveland

Wenn sich je die Frage gestellt hat, welches Laster die Amerikaner bei einem Politiker eher tolerierten – Affären mit Frauen oder Korruption –, dann erbrachte die Präsidentschaftswahl von 1884 eine klare Antwort. Zu dieser Zeit wurden keine wirklich schwerwiegenden tagespolitischen Themen diskutiert, wodurch sich die Kampagne allein auf die persönliche Integrität der Kandidaten gründete – ob vorhanden oder nicht. Von dem Präsidentschaftskandidaten der Demokraten, Grover Cleveland, wurde behauptet, er habe eine Witwe verführt, mit ihr ein Kind gezeugt und sich dann geweigert, sie zu heiraten. Als Trost habe er ihr Geld gegeben. Vom Präsidentschaftskandidaten der Republikaner, James Blaine, sagte man, er habe seine Position im Kongreß zur persönlichen Bereicherung ausgenutzt. Als Sprecher des Repräsentantenhauses habe er Gesetzesvorlagen so zurechtgebogen, daß sie zu seinem eigenen finanziellen Vorteil gerieten. Einmal wurde er sogar beschuldigt, Eisenbahnwertpapiere verkauft zu haben, als er gleichzeitig ein damit in Beziehung stehendes Gesetz ausarbeitete. Im Grunde hatte die Nation die Wahl zwischen zwei Präsidenten, von denen der eine seltsame Moralbegriffe im Privatleben und der andere in der Ausübung eines öffentlichen Amtes hatte.

Die goldenen Jahre zwischen 1870 und 1898 waren eine Zeit der raschen industriellen Expansion und des Aufstiegs einer herrschenden Bürgerklasse von unerhörtem Reichtum. Seit dem Bürgerkrieg betrachteten die meisten

Politiker die Regierung als eine Zweigstelle des ‚Big Business'. Grover Cleveland machte da eine entscheidende Ausnahme. Der Sohn eines presbyterianischen Pfarrers war ein entschiedener Verfechter eines sauberen Regierungsstils. In den ersten Jahren seiner politischen Karriere, als Bürgermeister von Buffalo, sparte er der Stadt eine Million Dollar, weil er betrügerische Absprachen und Verträge im Bereich der Abwasser- und Straßenreinigung unterband, indem er nur einfach von seinem Einspruchsrecht Gebrauch machte. Als Gouverneur von New York gewann er noch weit mehr Kämpfe gegen die Korruption. Er hinderte John Kelly, den Nachfolger von Boss Tweed in Tammany Hall, daran, seine mehr als zweifelhaften und inkompetenten Freunde in der öffentlichen Verwaltung unterzubringen. Das war ein kühner Schritt, denn Cleveland hegte Ambitionen auf das Präsidentenamt. Allgemein ging man auch noch in der Zeit nach Tweed davon aus, daß niemand ohne die Unterstützung von Tammany Hall, die nach wie vor einen großen Einfluß auf die Wähler in New York ausübte, je Präsident werden könnte. Aber wie die Ereignisse zeigten, lag Clevelands Stärke gerade in seiner Unabhängigkeit vom Tammany-Apparat. Als General Edward S. Bragg aus Wisconsin Clevelands Nominierung in den Konvent von 1884 bekanntgab, sagte er: „Am meisten lieben wir ihn wegen der Feinde, die er sich gemacht hat."

Blaine betrachtete man in dieser Hinsicht mit gewaltigem Mißtrauen. Selbst Boss Conkling hielt ihn sich auf Armeslänge vom Leib. Als er gefragt wurde, warum er sich weigerte, die Kampagne seines republikanischen Parteifreundes zu unterstützen, spöttelte der noch immer einflußreiche Conkling: „Ich befasse mich nicht mit strafbaren Handlungen." Auch für die Zeitungen war der Kandidat Blaine ein gefundenes Fressen. Laufend veröffentlichten sie Tabellen und Abbildungen, die aufzeigten, wie reich Blaine im Laufe seiner politischen Tätigkeit geworden war. Eine ganzseitige Zeichnung verglich sein bescheidenes Haus in Augusta 1862 mit seiner Villa in Washington 1884. Es wurde gemunkelt, daß die Hypothek von $ 30 000 für den eindrucksvollen Besitz von einem Eisenbahnmagnaten stammte, dem er mit seiner Gesetzgebung behilflich gewesen war.

Blaine war in viele fragwürdige geschäftliche Transaktionen verwickelt gewesen. Nach seiner Nominierung standen diese Geschäfte plötzlich im grellen Scheinwerferlicht und wurden einer genauen Prüfung unterzogen. Blaine hatte nicht nur Gelder von Geschäftsleuten und Industriellen, denen er mit seiner Arbeit im Kongreß gefällig war, angenommen, es fehlte ihm darüber hinaus auch jegliches Unrechtsbewußtsein für dieses Verhalten. Er konnte überhaupt nicht verstehen, warum alle Welt etwas gegen diese Praxis einzuwenden hatte. Sein wohl einträglichstes Geschäft tätigte er 1869, als er, der Sprecher des Repräsentantenhauses, einen Beschluß zugunste der Eisenbahngesellschaft *Little Rock & Fort Smith* durchsetzte. Die Gesellschaft zeigte ihre Dankbarkeit und kaufte von Blaine Wertpapiere, mit denen dieser die geradezu astronomische Provision von nahezu $ 200 000 erzielte. Darüber hinaus verdiente Blaine an fast jeder Eisenbahngesellschaft, die während seiner zwölf Jahre im Repräsentantenhaus gegründet worden war.

Blaines zahlreiche und offenkundige Verstöße gegen jede Moral eines verantwortungsvollen Staatsmannes, machten Grover Cleveland zum aussichtsreichen Favoriten für die Präsidentschaftswahl – bis zum 21. Juni 1884. An diesem Tag brachte der *Buffalo Evening Telegraph* auf der ersten Seite einen Bericht mit der Überschrift *„Eine schreckliche Geschichte"*. In dem Artikel wurde Cleveland verdächtigt, Vater eines unehelichen Kindes zu sein. Das war eine der schlimmsten Beschuldigungen, die jemals gegen einen Präsidentschaftskandidaten erhoben wurde. Sie war zur damaligen Zeit ein grobes Vergehen, aber wahr.

1871, als er Sheriff von Buffalo war, hatte Grover Cleveland engen Kontakt mit Mrs. Maria C. Halpin, der Abteilungsleiterin eines Warenhauses in Buffalo. Sie hatte zwar mehrere Männerbekanntschaften, aber als sie 1874 einen Sohn zur Welt brachte, bezeichnete sie Cleveland als den Vater. Weder sie noch Cleveland waren sich da ganz sicher, aber die anderen Männer, mit denen sie sich eingelassen hatte, waren alle verheiratet, und so nahm Cleveland bereitwillig die Verantwortung auf sich. Maria forderte zwar eine Heirat, aber Cleveland erklärte sich nur bereit, für den Unterhalt des Kindes aufzukommen.

Unmittelbar, nachdem der Skandal publik wurde und ein Sturm der Entrüstung losbrach beriefen Clevelands Wahlkampfleiter und andere politische Berater eine Notkonferenz ein, um das Problem zu erörtern und entsprechende Reaktionen vorzubereiten. Der kluge Cleveland, damals noch Junggeselle, entschied sich zu einem mutigen Schritt nach vorn. Er war bereit, sich zu dieser Affäre zu bekennen. „Sagt die Wahrheit", verlangte er. Und das taten sie.

In der Zwischenzeit kam Clevelands Wahlhelfern eine ähnlich unangenehme Geschichte über Blaines Privatleben zu Ohren. Mrs. Blaine hatte ihr erstes Kind nur drei Monate nach der Hochzeit geboren. Diese Nachricht hätte sich für Cleveland sicher sehr vorteilhaft ausgewirkt. Aber zur Überraschung aller Beteiligten in der Wahlkampfzentrale las Cleveland die Zeugenaussage, bezahlte den Informanten, zerriß die Papiere und verbrannte sie im Kamin. „Überlassen wir der anderen Seite das Monopol für den Schmutz in dieser Kampagne", erklärte er.

Trotz Clevelands ehrenwertem Verhalten sickerten die Neuigkeiten über Blaines Mußheirat bald durch. Der Informant hatte eine Kopie des Berichtes zurückbehalten und die Geschichte dem *Democratic Sentinel* verkauft. Die Nachricht schlug ein wie eine Bombe. Im Unterschied zu Cleveland war Blaine allerdings nicht bereit, die Wahrheit zu sagen. Statt dessen behauptete er, im Abstand von sechs Monaten *zwei* Hochzeitszeremonien vollzogen zu haben, und die Gründe dafür stünden im Zusammenhang mit dem Tod seines Vaters. Die Einzelheiten der Erklärung waren äußerst vage, es gab keine Zeugen, keine verfügbaren Niederschriften, und niemand glaubte ihm.

Wahrscheinlich wäre der Skandal während des Wahlkampfes weiterhin eine Titelstory geblieben, wenn er nicht durch schwerwiegendere Beschuldigungen, die Blaines korrupte Geschäfte betrafen, in den Schatten gestellt worden wäre. Mitten im Wahlkampf wurde bekannt, daß Blaine 1876 eine Untersuchungskommission des Repräsentantenhauses in bezug auf seine Eisenbahn-Aktivitäten belogen und eine falsche Zeugenaussage gekauft hatte. Ein belastender Brief tauchte auf, den Blaine dem leitenden Eisenbahnangestellten Warren Fisher geschrieben hatte. Darin forderte Blaine Fisher auf, die folgende Erklärung zu seinen Gunsten abzugeben: „Die Transaktion war vollkommen durchsichtig, und es gab in diesem Zusammenhang nicht mehr Heimlichkeiten als beim Kauf von Mehl oder Zucker... Ihr Verhalten in dieser ganzen Angelegenheit war so klar und rein wie der Tag." Blaines Gruß am Schluß des Briefes war die vernichtendste Äußerung überhaupt. Denn da konnte man lesen: „Betrachten Sie diesen Brief als streng vertraulich. Zeigen Sie ihn niemanden. Freundliche Grüße an Mrs. Fisher. Verbrennen Sie diesen Brief." Zu Blaines Pech hatte Fisher seine Anweisungen nicht strikt befolgt. Im Laufe des Wahlkampfes wurde der gepeinigte Blaine immer wieder mit seinen eigenen Worten konfrontiert, denn die Demokraten sangen auf den Straßen: „Blaine, Blaine, James G. Blaine, der größte Lügner des Kontinents aus dem Staate Maine. Verbrennen Sie diesen Brief!"

In ihren Kundgebungen auf der Straße entgegneten die Republikaner: „Ma! Ma! Wo ist mein Pa?" Aber die Demokraten stimmten schadenfroh ein: „Im Weißen Haus, ha, ha, ha."

Kurz vor dem Wahltermin lagen Cleveland und Blaine fast Kopf an Kopf. Der Maria-Halpin-Skandal hatte Clevelands Wahlkampagne schweren Schaden zugefügt, aber noch stand er auf den Beinen. Der Zeitpunkt, als der Skandal bekannt wurde, darf als ideal für ihn bezeichnet werden. Wäre die Geschichte nämlich zur Zeit der Kandidatennominierung aufgekommen, hätte man Clevelands Namen mit Sicherheit von der Liste gestrichen. Wäre sie erst kurz vor der Wahl herausgekommen, hätte er nicht mehr genug Zeit für eine Gegenargumentation auf die Anschuldigung gehabt. Aber so hatte er drei Monate Zeit, um den Schaden in Grenzen zu halten. Cleveland nutzte sogar die Gelegenheit, Vorteile daraus zu ziehen. Je mehr Einzelheiten bekannt wurden, desto edler stand er da.

So wurde von Clevelands Beratern deutlich gemacht, daß ihr Chef stets pflichtbewußt über das Kind gewacht und stets zu dessen Wohl gehandelt hatte. Irgendwann hatte Maria schwer zu trinken begonnen. Besorgt um die Sicherheit des Kindes, ließ Cleveland Maria in eine Heilanstalt einweisen. Der Junge kam in ein Waisenhaus. Nach kurzer Zeit flüchtete Maria aus dem Heim und entführte das Kind. Die Krise eskalierte. Aber schließlich fand Cleveland eine angesehene New Yorker Familie, die den Jungen offiziell adoptierte. (Aus dem Kind wurde später ein angesehener Arzt.)

Trotzdem sah es 1884 im Endspurt des Wahlkampfes so aus, als hätte Blaine die Nase noch leicht vorne. Zum Zünglein an der Waage wurde der Staat New York. Hier konzentrierten sich die irisch-katholischen Wähler. Blaines Mutter war irisch-katholischer Abstammung und seine Schwester war Mutter Oberin in einem katholischen Kloster, was ihm in diesem Fall nicht schadete. Aber eine Woche vor dem Wahltag hob sich die Blaine-Kampagne selbst aus den Angeln. Am Vormittag des 29. Oktober traf Blaine mit 500 Vertretern der Kirche in New York zusammen, um ein letztes Mal öffentlich über Clevelands uneheliches Kind zu debattieren. Aber Reverend S.D. Burchard, der Pfarrer der Presbyterianerkirche von Murray Hill, mißverstand den Zweck der Veranstaltung und bezeichnete Clevelands Demokratische Partei als die Partei von „Rum, Römischer Kirche und Rebellion". Der Schimpf auf die römisch-katholische Kirche entging Blaine, nicht aber Clevelands Wahlkampfleitern, die diese Äußerung in der gesamten Presse verbreiten ließen. Anschließend brachte Cleveland den Staat New York hinter sich. Er eroberte 219 Wahlmännerstimmen, Blaine 182.

Ein unbekannter Politiker aus Chicago brachte die öffentliche Meinung hinsichtlich der Wahl von 1884 am besten auf den Punkt. Er schrieb: „Uns wurde gesagt, daß Mr. Blaine in Ausübung seines Amtes straffällig geworden ist, aber ein untadeliges Privatleben führt, während Mr. Cleveland stets ein Vorbild politischer Integrität gewesen ist, aber Schuld in seinen persönlichen Beziehungen auf sich lud. Wir sollten deshalb Mr. Cleveland in das öffentliche Amt wählen, für dessen Erfüllung er so hervorragend qualifiziert ist, und Mr. Blaine ins Privatleben entlassen, das er bewundernswert zu entfalten in der Lage ist."

Auch nach Clevelands Einzug in das Weiße Haus wurde weiter über den 49jährigen Junggesellen getratscht. Seine Heirat mit der 21jährigen Frances Folsom am 2. Juni 1886 heizte die Gier der Öffentlichkeit auf intime Neuigkeiten aus dem Weißen Haus weiter an. Cleveland hatte die Verlobung erst fünf Tage vor dem Hochzeitstag bekanntgegeben und damit die Presse verärgert. Über Nacht wurde Frances zur „Prinzessin Di" ihrer Zeit und zum Mittelpunkt massiver Nachforschungen neugieriger Reporter. Alle wußten, daß der Präsident alt genug war, um ihr leiblicher Vater zu sein. Bald kamen persönlichste Angelegenheiten zur Sprache, so zum Beispiel, wie Cleveland, ein früher enger Freund ihres Vaters, den ersten Puppenwagen für die kleine Frances gekauft hatte oder wie er die Tätigkeit als Nachlaßverwalter nach dem tragischen Unfalltod ihres Vaters ausfüllte.

Eine Reporterschar verfolgte die Jungverheirateten in die Flitterwochen nach Deer Park in den Cumberland-Bergen, Maryland. Die Journalisten kampierten im Freien in der Nähe des Landhauses und bespitzelten das Präsidentenpaar durch große Fernrohre. Die jüngste First Lady aller Zeiten, die erste und einzige, die im Weißen Haus geheiratet hat, konnte sich über einen Mangel an öffentlichem Interesse wahrhaftig nicht beklagen. Cleveland wurden die ständigen Beobachtungen der Presse lästig, was weiter nicht überraschend ist. Verärgert beschimpfte er die Reporter als „berufsmäßige Klatschtanten, die ihr Möglichstes tun, um den amerikanischen Journalismus verachtenswert zu machen".

Für den Ärger, den die Presse Cleveland während seiner ersten Amtszeit als Präsident zugefügt hatte, rächte er sich 1893, nachdem er für seine zweite (nicht direkt auf die erste folgende) Periode wiedergewählt worden war. Damals begab sich der an bösartigem Mundkrebs erkrankte Präsident zu einer geheimgehaltenen Operation an Bord einer Yacht, die auf dem East River vor Manhattan kreuzte. Erst 1917 erfuhr die Öffentlichkeit von dem chirurgischen Eingriff. Dann erst veröffentlichte einer der beteiligten Ärzte die ganzen Umstände in der *Saturday Evening Post.* Cleveland muß es befriedigt haben, der Presse eine sensationelle Story dieses Kalibers vorenthalten zu haben, aber sicher entsprangen seine Beweggründe dafür eher seinem Pflichtgefühl und seiner Verantwortung für die Nation und weniger seinem Wunsch, den Journalisten etwas heimzuzahlen.

Am 5. Mai 1893, zwei Monate nach der erneuten Amtsübernahme, hatte Cleveland eine harte Stelle von ungefähr der Größe eines Vierteldollars in seinem oberen Rachenraum bemerkt. Am 18. Juni untersuchte der Arzt des Weißen Hauses, Robert Maitland, die Wucherung und zusammen mit Dr. Joseph D. Bryant entnahm er eine Gewebeprobe. Diese schickten sie unter einem Pseudonym an einen Pathologen im John-Hopkins-Hospital in Maryland. Die Diagnose lautete: Bösartig.

Cleveland kam der Zeitpunkt der Erkrankung höchst ungelegen. Das Land wurde von einer schweren Wirtschaftskrise erschüttert. Mehr als $ 100 Millionen in Silberwährung, zahlbar im gleichen Wert in Gold, waren ausgegeben worden, obwohl die Goldreserven nur $ 101 Millionen betrugen. Das Schatzamt hielt sich nur über Wasser, indem es Bewilligungen des Kongresses nicht auszahlte. 642 Banken gingen bankrott und viele Amerikaner litten Hunger. Sogar der stabilen, ehrwürdigen Reading-Eisenbahn wurden Konkursabsichten unterstellt. Ein geschwächtes Land sollte nach Clevelands Überzeugung nichts von seiner Krankheit erfahren. Eine Mitteilung über seinen schlechten Gesundheitszustand hätte einen Vertrauensverlust in die Führung verursacht und die Wirtschaftskrise noch weiter verschärft.

Am 30. Juni berief Präsident Cleveland für den 7. August eine Sondersitzung des Kongresses zur Wirtschaftskrise ein. Ein paar Minuten nach dieser Ankündigung machte er sich mit Dr. Bryant und Kriegsminister Dan Lamont auf den Weg zu einer geheimen Mission. Um 13.20 Uhr bestieg die Gruppe einen in Richtung Norden fahrenden Zug. Sorgfältig wurde darauf geachtet, daß die Presse keinen Wind von der ganzen Sache bekam.

Bei Einbruch der Dunkelheit verließen der Präsident und Dr. Bryant in New York den Bahnhof und reisten mit einer Kutsche zum Treffpunkt mit Kommodore Elias C. Benedict, einem Bankier von der Ostküste. Im Schutz der Nacht setzten sie über zu dessen Privatyacht, der Oneida. Im Laufe des Nachmittags waren in unregelmäßigen Abständen bereits folgende Personen an Bord der Yacht gegangen: Lamonts Frau, Juliet; Dr. O'Reilly; Dr. Edward G. Janeway, der beste Physiologe des Landes; Dr. William W. Keen, ein Chirurg aus Philadelphia; Dr. Bryants Assistent, Dr. John F. Erdmann; und Dr. Ferdinand Hasbrouck, ein junger Zahnarzt, der bereits über Erfahrung mit Stickstoffoxydul, dem neuen „Lachgas", verfügte.

Den Salon der Yacht hatte man in einen Operationssaal verwandelt. Ein Stuhl mit aufrechter Lehne, am Mast festgebunden, diente als Operationsstuhl. Chirurgische Instrumente lagen auf Tischen in Reichweite und auch andere medizinische Gerätschaften standen bereit, wie Blutdruckmeßgeräte, Beatmungsgeräte und andere lebenswichtige Apparaturen.

Kurz vor zwölf Uhr am nächsten Tag wurde der Präsident im Schlafanzug auf dem Operationsstuhl festgeschnallt. In der Zwischenzeit nahmen Dan Lamont und Dr. Bryant ein Sonnenbad an Deck, um nach außen die Illusion einer Vergnügungsfahrt im Long Island Sund vorzuspiegeln.

Obwohl Lamont über keinerlei medizinische Fachkenntnisse verfügte, hatte Bryant auf der Anwesenheit eines Kabinettsmitglieds bestanden. Ihm war die Wichtigkeit nur zu klar, sollte der Präsident bei dieser Operation sterben, ein vertrauenswürdiges Kabinettsmitglied als Zeuge zu haben, das die Tatsachen bestätigen könnte. Lamont, der in Clevelands erster Administration als dessen Privatsekretär tätig gewesen war, stand dem Präsident am nächsten und folglich fiel die Wahl auf ihn.

Schließlich ging Dr. Bryant unter Deck und gab Dr. Hasbrouck das Zeichen, mit der Lachgasbetäubung zu beginnen. Die Anwendung dieser neuen Narkosemethode war ein großer Vorteil für den Präsidenten, denn mit seiner Figur von 250 Pfund wäre er unter einer starken Äthernarkose ein großes Risiko eingegangen. Dennoch war die Operation riskant – besonders auf einer hin- und herdümpelnden Yacht und mit nur der notwendigsten Notfallausrüstung an Bord.

Zuerst wurden zwei Backenzähne gezogen, damit Dr. Bryant an den Krankheitsherd herankam und den vom Krebs befallenen Bereich entfernen konnte. Dieser Bereich wurde mit einem elektrischen Messer herausgeschnitten. Der heikelste Teil der Operation war das Schneiden im Bereich des Orbitalgaumens, besser bekannt als Augenhöhle. Der ganze linke Oberkiefer wurde ebenfalls entfernt. Da die Schnitte innerhalb des Mund- und Rachenraumes vorgenommen wurden, würden keine äußerlich sichtbaren Narben zurückbleiben.

Gegen 14.00 Uhr war die Operation beendet, das lebensgefährliche Sarkom entfernt und die entstandene Höhle mit Gaze ausgefüllt. Als der Präsident langsam wieder zu sich kam, erhielt er eine Dosis Morphium. Während Cleveland schlief, genehmigten sich die anderen einen starken Drink und feierten den Erfolg der Operation. Nach ein paar Tagen der Rekonvaleszenz kehrte der Präsident nach Buzzards Bay zurück, wo ihn seine schwangere Frau erwartete. Am 5. Juli wurde die Nation informiert,

Grover Cleveland auf einer Karikatur, die den Hilfeschrei seines unehelichen Kindes darstellt.

daß sich der Präsident wegen zwei vereiterten Zähnen und dem Wiederauftreten eines alten Rheumaleidens einer ärztlichen Behandlung hatte unterziehen müssen.

Fünf Tage später traf ein Spezialist für Kieferorthopädie in Buzzards Bay ein und fertigte einen festen Gummiverschluß für die Aushöhlung in Clevelands Mund an. Der Präsident erhielt auch eine Oberkieferprothese. Die Erholung machte gute Fortschritte. Der Präsident begann mit der Arbeit an seiner Rede für den 7. August im Kongreß, da erbrachte eine Nachsorgeuntersuchung den Befund, daß der Krebs noch nicht besiegt war. Bis auf Dr. Hasbrouck, den Anästhesisten, der andere operative Verpflichtungen hatte, zogen sich der Patient und das Ärzteteam erneut auf die Oneida zurück. Damals machte Hasbrouck Andeutungen über die Erkrankung des Präsidenten, aber der Reporter der *Philadelphia Press* verfolgte die Information nicht mit dem nötigen Nachdruck. Es wurde also nur eine verwässerte Version veröffentlicht, die praktisch unbeachtet blieb.

Am 7. August, gerade sechs Wochen nach dem geheimen chirurgischen Eingriff, sprach Präsident Cleveland im Kongreß über sein kompromißloses Programm zur Bewältigung der Wirtschaftskrise. In einer Zeit, in der die Presse selbst über die unwichtigsten Dinge in der Präsidentenfamilie berichtete, war es – gelinde ausgedrückt – ein außergewöhnliches Meisterstück, eine Operation an Bord einer Privatyacht geheimzuhalten. Ob es auch klug war, noch nicht einmal den Vizepräsidenten zu informieren, steht auf einem anderen Blatt. Im 19. Jahrhundert war jede Operation ein großes Risiko. Die Möglichkeiten ernsthafter Komplikationen oder im schlimmsten Fall sogar des Todes waren von vornherein keinesfalls auszuschließen. Die Geheimmission zum Schutz nationaler Interessen hätte sich somit genau ins Gegenteil verkehren können. Aber erst 1967 wurde ein Zusatzartikel zur Verfassung verabschiedet, der die Bedingungen einer zeitweiligen oder endgültigen Machtübertragung vom Präsidenten auf den Vizepräsidenten für den Fall des Todes oder der Invalidität endgültig festschrieb. Präsident Clevelands Verhalten hätte sicherlich schon früher zu diesem Zusatzartikel inspirieren können.

Auch der Reporter, der die Sensationsstory seines Lebens verschlafen hatte, hinterließ eine Art Vermächtnis. Nach dem Bekanntwerden von Clevelands geheimer Operation konnte ein Präsident nicht einmal mehr niesen, ohne daß die Presse nicht ausführlich darüber berichtete. Angefangen von Lyndon Johnsons Narbe nach einer Gallenblasenoperation, die auf Fotos in Zeitschriften zu besichtigen war, bis hin zu Fernsehberichten mit Zeichnungen von Ronald Reagans Därmen, erfährt die Öffentlichkeit alles über die Gesundheit des Präsidenten, manchmal mehr, als der Respekt vor der Persönlichkeit eines Menschen erlaubt.

KAPITEL 8

„Die große Moralpanik von 1924“

Skandale zu Lebzeiten von Warren G. Harding

Warren G. Harding wird von vielen als einmalige Ausnahme aller Präsidenten betrachtet – als völliger Versager. Was sein Privatleben betraf, so hielt dieser nach außen „glücklich“ verheiratete Mann zwei ständige Geliebte aus, und mit einer von ihnen hatte er ein Kind. Er gilt bis heute als Präsident einer der korruptesten Verwaltungen überhaupt. Kabinettsmitglieder in Schlüsselpositionen waren in Fälle von Bestechung, Betrug, Verschwörung, Schiebung und Vertuschung verwickelt. Drei von ihnen wurden zum Rücktritt gezwungen. Hardings Innenminister Albert Fall gebührt die zweifelhafte Ehre, das erste Kabinettsmitglied in der Geschichte der USA zu sein, das für in Ausübung seines Amtes begangene Verbrechen ins Gefängnis wanderte. Als die Korruption der Harding Administration aufgedeckt wurde, bezeichnete Will Rogers den darauf folgenden großen Schock als die „große Moralpanik von 1924“.

Bereits bei seiner Nominierung auf dem Parteitag der Republikaner in Chicago 1920 hat Warren G. Harding seine Parteifreunde belogen. Als am zweiten Tag der Abstimmung über den geeignetsten Kandidaten kein anderer Bewerber in Sicht war, wurde Harding in den Ring geschickt. Der Politiker aus Marion, Ohio, erschien vielen als ein annehmbarer Kompromißkandidat. Aber die damals fünfzehn mächtigsten Männer der republikanischen Partei wollten zuerst sichergehen, daß Harding keine „Leichen im Keller“ hatte. Nach einer kurzen Bedenkzeit forderte man Harding auf, in die Suite 404–6 im Blackstone Hotel in Chicago zu kommen. Diesen Treffpunkt, der bald als ein Ort der Schande in die Annalen eingehen sollte, bezeichnete man später als „verräucherten Raum“.

George Harvey, der Herausgeber der *North American Review* und Verleger des *Harvey's Weekly* sprach als erster mit dem Senator von Ohio: „Aber zuerst, Senator Harding, bitte ich Sie, uns bei Ihrer heiligen Ehre und vor Gott zu versichern, daß Ihnen kein Grund aus Ihrer Vergangenheit bekannt ist, der Sie daran hindern könnte, sich dem amerikanischen Volk als vertrauenswürdiger Kandidat für das höchste Amt, das es Ihnen verleihen kann, zu präsentieren.“ Harding entschuldigte sich für zehn Minuten, zog sich aus dem Zimmer zurück und kehrte mit der Antwort wieder: „Nein, meine Herren, mir ist kein solcher Grund bekannt.“

Man nimmt an, daß Harding mit Nan Britton, seiner jungen Geliebten, telefonierte, die sich zu diesem Zeitpunkt mit ihrem unehelichen Kind ebenfalls in Chikago aufhielt. Natürlich mußte er die Sachlage auch mit seiner reiferen Geliebten, Mrs. Carrie Phillips, der Frau seines alten Freundes Jim, überdenken. Etwas später wurde sie vom Nationalen Komitee der Republikanischen Partei ausbezahlt und mit ihrem Ehemann auf eine ausgedehnte Vergnügungsreise in den Orient geschickt, damit sie die Wahl nicht stören könnte. Damals jedoch glaubten ihm die im „verräucherten Raum“ Versammelten, als er sie seiner Integrität versicherte.

Die meisten der politischen, und auch seine privaten Skandale wurden erst offenbar, nachdem Harding am 2. August 1923 an den Folgen einer Gehirnblutung gestorben war. Es ist fast erstaunlich, daß überhaupt Informationen darüber an die Öffentlichkeit gelangten. Am Vorabend seiner Beerdigung kehrte nämlich seine Frau Florence in das Weiße Haus zurück und verbrannte systematisch sämtliche Papiere von Harding, wozu sie fünf Abende benötigte. Nachdem Calvin Coolidge und seine Frau in das Weiße Haus eingezogen waren, setzte Mrs. Harding die Verbrennungsaktion in *Friendship,* dem ausgedehnten Besitz von Edward G. McLean, Eigentümer der *Washington Post* und des *Cincinnati Enquirer,* fort. Während der nächsten sechs Wochen vernichtete sie zahlreiche Dokumente in einem großen Feuer im Garten, andere steckte sie in einen dickbauchigen Ofen. In mindestens einem Fall verbrannte sie die Briefe der Einfachheit halber gleich zusammen mit dem Koffer, in dem sie hertransportiert wurden. Dies war allerdings nur der Anfang der wohlüberlegtesten Zensur in der Geschichte der amerikanischen Präsidenten. Aber Warren G. Harding hatte wohl auch mehr als alle anderen zu verbergen.

Viele sind heute überzeugt, Harding hätte gute Absichten gehabt, sei aber als Präsident im Grunde einfach überfordert gewesen. Im zweiten Jahr seiner Präsidentschaft litt er an ernsthaften Depressionen, einmal fand man ihn weinend auf dem Rasen des Weißen Hauses. Die Krankheitsgeschichte seiner geistig-seelischen Störungen wurde später zurückverfolgt, und es stellte sich heraus, daß er im Alter von 24 Jahren einen Nervenzusammenbruch hatte und ein Sanatorium in Battle Creek, Michigan, aufsuchen mußte. Von da an zog er sich immer wieder in verschiedene Sanatorien zurück, um neue Kräfte zu sammeln.

Als Präsident der Vereinigten Staaten gab es für ihn jedoch keine Rückzugsmöglichkeit von der Belastung und Anspannung, die ihm seine korrupte Administration zugemutet hat. Er starb zwar vor Bekanntwerden der größten Skandale, mußte aber zu Lebzeiten enormen Streß aushalten. So wurde zum Beispiel Charles R. Forbes, der Chef des *Veteran's Bureau,* erwischt, wie er aus überschüssigen Kriegsgütern Gewinne abschöpfte, Drogen aus den Krankenhäusern an Rauschgifthändler verschob und Provisionen von Einkäufern kassierte. Forbes Assistent, Charles Cramer, erschoß sich und hinterließ einen Abschiedsbrief an den Präsidenten (den Harding niemals öffnete). Dann beging auch Jess Smith, der persönliche Assistent von Justizminister Harry M. Daughtery, Selbstmord. Harding hatte um seinen Rücktritt gebeten, nachdem bekannt wurde, daß Smith der Handlanger von Thomas Miller gewesen war, dem Verwalter der Auslandsinvestitionen, der ebenfalls der Bestechlichkeit überführt wurde.

Aber die Skandale waren nahezu harmlos, verglichen mit denen, die sechs Monate nach Hardings Tod aufgedeckt wurden. Der schlimmste war *Teapot Dome,* ein Skandal, der zu einem bedeutenden Einschnitt in der US-Politik führte. *Teapot Dome* war eine in Regierungsbesitz befindliche Ölreserve der Marine in Wyoming, die als Reserve für finanzielle Engpässe im Notfall gedacht war. 1920 verabschiedete der Kongreß jedoch ein Gesetz, das die Verpachtung von staatlichem Grundbesitz mit Bodenschätzen an Privatfirmen gestattete, und Innenminister Albert Fall vergab die Pachtverträge für *Teapot Dome* und andere Gebiete mit Ölvorkommen an verschiedene Bewerber.

Fall, der handfeste, hemdsärmelige ehemalige Senator von Montana, sah mit seinem dicken Schnurrbart und dem schwarzen Stetsonhut fast so aus wie Buffalo Bill. Ursprünglich war Fall als Außenminister im Gespräch gewesen, aber letzten Endes gab ihm Harding das Innenressort. Die beiden Männer hatten sich Jahre zuvor kennengelernt, als sie gemeinsam im Senatskomitee für Auswärtige Beziehungen zusammenarbeiteten, und bald darauf persönliche Freunde und Pokerpartner wurden.

Bis 1923 lief alles glatt für Fall. Aber dann fiel ein paar Leuten auf, daß er einen außergewöhnlich aufwendigen Lebensstil pflegte, den er kaum von seinem Einkommen als Staatsdiener finanzieren konnte. Er hatte sich eine teure Ranch in New Mexico gekauft, die mit Sicherheit die finanziellen Möglichkeiten eines Mannes überschritt, der nach elf Jahren Senatstätigkeit fast pleite gewesen war. Die sorgfältige und gewissenhafte Untersuchung von Thomas J. Walsh, Senator von Montana, ermittelte die Quelle von Falls Nebeneinkünften. Fall hatte der *Mammoth Oil Company* gestattet, die *Teapot-Dome*-Ölvorkommen abzubauen. Im Tausch dafür erhielt er $ 308 000 und eine Viehherde für seine Ranch, die er wiederum mit Bestechungsgeldern von $ 100 000 bezahlt hatte. Erhalten hatte er dieses Geld von der *Pan American Petroleum and Transport Company,* der er dafür den Abbau der Ölreserven auf den Elk Hills in Kalifornien genehmigt hatte.

Als die Ergebnisse dieser Untersuchung zum erstenmal in der Presse veröffentlicht wurden, gab sich Fall als unschuldiges Opfer einer widerwärtigen Kampagne aus. Er behauptete vor Walshs Untersuchungsausschuß, er habe die $ 100 000 als Darlehen zum Kauf seiner Ranch von Edward B. McLean, einem Freund der Familie, bei dem sich die First Lady nach Hardings Tod aufgehalten hatte, erhalten. In einem Brief an den Ausschuß, den er mit dem früheren Vorsitzenden der Republikanischen Partei, Will H. Hays, und Harry F. Sinclair, dem Vorsitzenden der *Mammoth Oil,* abgesprochen hatte, bestritt Fall, jemals „einen roten Heller im Zusammenhang mit der Verpachtung von Ölgelände" bekommen zu haben. Walsh, der scharfsichtige Leiter der Untersuchungskommission, glaubte ihm nicht, sondern reiste nach Palm Beach, Florida, wo Fall und McLean zusammen Urlaub machten. Dort brachte er McLean soweit, daß er zugab, Fall niemals Geld geliehen zu haben. Im Januar 1924 verfolgte Walsh die Spur des angeblichen Darlehens bis zu Edward Doheny, dem Ölmagnaten und Vorsitzenden der *Pan American Petroleum and Transport Company.* Von Walsh unter Druck gesetzt, gestand Doheny schließlich, daß er das Geld zur Verfügung gestellt hatte. 1929 wurde Fall für schuldig befunden, das Bestechungsgeld von Doheny angenommen zu haben. Fall, ein gebrochener Mann, mußte mit dem Krankenwagen in das Gefängnis eingeliefert werden, wo er zehn Monate seiner einjährigen Gefängnisstrafe absaß.

Der *Teapot-Dome-Skandal* stand ein Jahrzehnt in den Schlagzeilen der Nachrichten und wurde nur zeitweilig von einem anderen Skandal in den Schatten gestellt. Im Juni 1928, drei Jahre nach dem Tod von Hardings Frau, veröffentlichte Nan Britton *„The President's Daughter"*, ein schockierendes Buch. Es war die Aufzeichnung ihrer verbotenen Affäre mit dem Präsidenten. Die erste Ausgabe fiel fast der Zensur zum Opfer, denn Mitglieder der ‚Gesellschaft für die Abschaffung des Lasters' stürmten die Drukkerei und beschlagnahmten eigenmächtig die Druckplatten und bereits gedruckten Seiten. Aber das Gericht wies die folgende Klage ab und gab das Material zurück.

Die intimen Einzelheiten des Buches waren skandalös. Nan Britton war seit ihrem 14. Lebensjahr in Harding verliebt gewesen. Damals, Harding war 30 Jahre älter als sie und ein Freund ihres Vaters, war er gerade mit seiner Bewerbung für den Gouverneursposten in Ohio gescheitert. Für Nan, die seine Plakate in ihrem Schlafzimmer aufgehängt hatte, war Harding ein unverstandener Held.

Sieben Jahre später schrieb Nan einen Brief an Harding, der inzwischen Senator geworden war, und bat ihn, ihr bei der Suche nach einer Stellung behilflich zu sein. Er tat eine Menge mehr als das. Er verabredete sich mit ihr im Manhattan Hotel und mietete gleichzeitig das Hochzeitszimmer. Unter Küssen steckte er ihr $ 30 in ihre Seidenstrümpfe und schlug ihr vor, keine Arbeit in Washington anzunehmen, sondern in New York zu bleiben, wo sie sich unauffälliger treffen könnten.

In den folgenden Wochen trafen sie sich in verschiedenen Hotelzimmern und Zugabteilen, die Liebesspiele gingen aber nie über intensives Petting hinaus. Sie schrieb: „Ich empfand ein süßes Beben, wenn ich nur Mr. Hardings Hände auf meinem Nachthemd spürte." Aber am 30. Juli 1917 verlor sie in einem Hotel mit Aussicht auf den Broadway ihre Jungfräulichkeit. Das Zimmer war ein perfektes Liebesnest – bis es von zwei Männern gestürmt wurde, die, wie sich herausstellte, der Sittenpolizei angehörten. Erstaunlicherweise konnte Harding sie mit nur $ 20 Bestechungsgeld abspeisen. Der unverfrorene Schürzenjäger brüstete sich später lauthals, daß es ihn nicht $ 1 000 gekostet hatte.

Im Januar hatten sie damit begonnen, ihre amourösen Treffpunkte in sein Büro im Senat zu verlegen, denn er wollte die Erinnerung an Nan an jedem Arbeitstag gegenwärtig halten. Dort wurde auch, nach Nans Vermutung, das Kind gezeugt, das am 22. Oktober 1919 zur Welt kam. Während der ganzen Beziehung griff Harding Nan und Elizabeth finanziell unter die Arme. Er bezahlte, wenn nötig, bis zu $ 1 000. Obwohl er die Bezahlung „nach dem Bedarf" ausrichtete, kann dem Präsidenten diese Verpflichtung nicht leicht gefallen sein, denn nach seinem Tod stellte sich heraus, daß er seiner Maklerfirma $ 180 000 schuldete.

Im Buch bezeichnete Nan Britton ihr Verhältnis mit Harding als innig und wundervoll. Dabei war es doch nur die traurige Geschichte eines jungen Mädchens, das über jedes kleine bißchen Liebe des berechnenden Liebhabers in Entzücken geriet. Harding hat seine Tochter nie kennengelernt, aber Nan war schon dankbar, wenn er sich Bilder von ihr anschaute. Sie war schon glücklich über die Sexspiele mit dem Präsidenten in einer kleinen Kammer im Weißen Haus, und seine vierzigseitigen Liebesbriefe, mit Bleistift auf Notizpapier geschrieben, waren für sie Grund genug, von Besuch zu Besuch auszuharren. Sie war überzeugt, er würde sie nach dem Tod von Florence heiraten.

Niemand dachte an die Möglichkeit, daß Harding zuerst sterben könnte. Sein plötzlicher Tod schnitt Nan völlig unvorbereitet von ihrer entscheidenden Einkommensquelle ab, und sie hatte niemanden, an den sie sich hätte wenden können. Auf Hardings Wunsch hatte sie vorher alle Briefe und Beweisunterlagen ihrer Affäre vernichtet. In ihrem entsetzlichen finanziellen Engpaß wandte sie sich an Hardings Schwester Daisy und seinen Bruder George. Die beiden gaben ihr einen Scheck über $ 40, weigerten sich aber, ihre Geschichte zu glauben. Harding und seine Frau hatten keine eigenen Kinder gehabt, und sie konnten sich nicht vorstellen, daß er der Vater von Nans Kind sein sollte. Daß Nan mit ihrem Buch an die Öffentlichkeit ging, war deshalb eher ein Schritt der Verzweiflung.

Vielleicht waren noch einige Menschen am Leben, die die Wahrheit kannten, oder vielleicht lag es auch daran, daß die Argumente sehr gut mit Daten und Schauplätzen abgesichert waren, jedenfalls akzeptierte die Öffentlichkeit Nan Brittons Bericht schnell als die wahre Version. Am 13. November 1927 gab sie eine Pressekonferenz, auf der sie der Öffentlichkeit ihre sechsjährige Tochter Elizabeth Ann vorstellte.

Bis Oktober 1963 gab es keine überzeugenden Beweise für Nans Geschichte. Dann jedoch wurde eine Schachtel mit Liebesbriefen von Harding in einem Schuhkarton in Marion, Ohio, entdeckt. Diese Briefe entsprachen exakt der von Nan Britton beschriebenen Ereignisse. Die meisten waren mit Bleistift auf Notizpapier geschrieben. Manche erstreckten sich über vierzig Seiten und beschäftigten sich schonungslos und deutlich mit Dingen unterhalb der Gürtellinie. Ein Brief wurde im Schreibzimmer des Witherill Hotels in Plattsburgh verfaßt und war datiert auf den 17. August 1918. In „The President's Daughter" hatte Nan geschrieben, sie und Harding hätten genau dieses Wochenende zusammen im Witherill verbracht. Die Entdeckung dieser Briefe bestätigten zwar Nans Bericht, rückten aber ihre Affäre nicht in ein günstigeres Licht. Den Brief vom 17. August und auch die anderen hatte Harding nicht an Nan geschrieben, sondern an seine andere Geliebte, Mrs. Carrie Phillips.

Die Hardings und die Phillips waren sehr lange befreundet gewesen. Carrie war Lehrerin, als sie Jim, einen erfolgreichen Textilkaufmann und Partner von Uhler-Phillips in Marion, heiratete. 1904 starb der zweijährige Sohn der Phillips, was bei beiden ernsthafte Depressionen auslöste. Harding arrangierte im darauffolgenden Jahr für Jim einen Sanatoriumsaufenthalt in Battle Creek, Michigan, im gleichen Sanatorium, in dem sich schon Harding von seinem Nervenzusammenbruch erholt hatte. Carries Lebensgeister aber weckte er mit einer ganz anderen Art von Medizin.

Es traf sich just zu diesem Zeitpunkt günstig, daß sich Florence gerade von einer Nierenoperation erholen mußte, so daß sich Harding davonstehlen konnte, um Carrie zu besuchen. Er traf sie allein in ihrem Schlafzimmer an und verführte sie gleich in der ersten Nacht. Damit begann der Betrug an ihren Ehepartnern. 1909 setzten sie der Affäre die Krone auf, als die beiden Ehepaare eine gemeinsame Europareise machten. Seinen Briefen kann man entnehmen, daß, sobald Jim und Florence eingeschlafen waren, Harding und Carrie für eine hastige Umarmung in die Rettungsboote kletterten.

Schließlich kam Florence hinter das Verhältnis und schleppte ihren Ehemann zu einem Scheidungsanwalt. Irgendwie gelang es Harding, sie im Büro des Anwalts davon zu überzeugen, ihm noch eine letzte Chance zu geben. Dies zwang ihn natürlich, für eine kurze Zeit die Beziehung zu Carrie abkühlen zu lassen. Aber schon ein paar Wochen später nahmen sie ihre Affäre mit noch mehr Hingabe als je zuvor wieder auf.

In einem Brief, den Harding Carrie irgendwann 1911 schickte, schrieb er: „Ich liebe dich angezogen, aber nackt noch viel mehr", „nackt" unterstrich er zweimal. Er schrieb ein Gedicht, das folgendermaßen anfing: „Carrie, nimm mich Dürstenden an deine wogende Brust", und in der Art ging es weiter. Einmal forderte Harding alle Briefe von ihr zurück, aber, merkwürdig genug, er gab sie ihr sofort wieder zurück. Im Laufe seiner Präsidentschaftskampagne kam ihn das teuer zu stehen. In seinem letzten Brief versprach er ihr $ 5 000 pro Jahr, „um Schande in der Öffentlichkeit zu vermeiden und um den vernichtenden Blikken in den Augen derer zu entgehen, die mir vertraut haben ...".

Das war nicht genug für Carrie, die bereits einen Cadillac von Harding erhalten hatte. Über Albert Lasker, einen Werbefachmann und Hardings Manager der Wahlkampagne von 1920, erhielt sie $ 25 000 in bar, einen Monat später noch einmal $ 2 000 und nochmals eine ausgedehnte Reise in den Orient, alles mit den besten Empfehlungen des Nationalen Komitees der Republikanischen Partei.

Auch heute sind noch viele Fragen über Hardings Leben offen. Nach seinem Tod wurden die meisten der Dokumente, die Florence Harding nicht verbrannt hatte, von der *Harding Memorial Association* vereinnahmt. Diese Organisation wurde von der First Lady und von Dr. Carl Sawyer, dem Sohn von Hardings Arzt im Weißen Haus und engem Freund, gegründet und geleitet. Als die *Harding Memorial Association* 1963 schließlich der Freigabe von Quellenmaterial zugunsten der Historischen Gesellschaft von Ohio zustimmte, führte dies indirekt zur Entdeckung der Phillips-Briefe. Unter der Handvoll Biographen, die nach Marion, Ohio, gereist waren, um die Papiere durchzusehen, war auch Francis Russell. Bei seinen Bemühungen, das Lokalkolorit von der Heimatstadt des früheren Präsidenten kennenzulernen, begegnete Russell dem Rechtsanwalt Don Williamson, der gesetzlicher Vormund der erst vier Jahre zuvor verstorbenen Mrs. Carrie Phillips gewesen war. Williamson besaß einen Schuhkarton, in dem einhundert von Harding im Zeitraum von zehn leidenschaftlichen Jahren geschriebene Briefe lagen.

Dieser wertvolle Fund löste aber leider eine neue Welle der Zensur aus. Die Harding-Familie bekam durch eine ganze Reihe legaler Manöver schließlich die Briefe in ihren Besitz. Dem Gesetz nach gehören die Briefe dem Empfänger, nur der Inhalt gehört dem Schreiber. Da Carrie Phillips eine Tochter, Isabell, hatte, gehörten die Briefe rechtmäßig ihr. Aber Carrie Phillips hatte nach ihrem Tod Schulden in Höhe von über $ 11 000 für ihren Aufenthalt in einem Pflegeheim und Honorar für Anwälte hinterlassen, so daß ein Richter verfügte, daß Isabell die kostbaren Briefe, ihr Wert wurde auf $ 25 000 geschätzt, erst nach Bezahlung der Schulden ihrer Mutter ausgehändigt bekäme. Dr. George T. Harding III erwarb die Briefe von Isabell. Erst nach acht Jahren Bittstellung von Seiten der Historischen Gesellschaft stimmte er schließlich zu, die Phillips-Briefe der Kongreßbibliothek zu übergeben. Leider knüpfte er daran die Bedingung, daß sie bis zum 29. Juli 2014 versiegelt bleiben müßten. Von Zeit zu Zeit jedoch sickern Passagen der Briefe durch. 1976 veröffentlichte die *Washington Post* einen von Hardings mehr erotischen schriftlichen Versuchen: „Es gibt einen überwältigenden, fesselnden Grundsatz in unserer Liebe, das Lied deines ganzen Wesens, das noch süßer klingt – Oh Warren! Oh Warren – wenn dein Körper vibriert in himmlischem Beben und deine Seele darauf wartet, mit meiner zu fliegen."

Wenn das restliche Material endlich freigegeben wird, werden zweifellos noch mehr Neuigkeiten zur Person Warren Harding ans Licht kommen.

Warren G. Harding und seine Frau Florence.

KAPITEL 9

„Ein ungeschriebener Kodex für die Privatsphäre“

Skandale zu Lebzeiten von Franklin D. Roosevelt

Die Präsidentschaft von Warren Harding warf zwangsläufig die Frage auf: Gibt es irgendeinen Zusammenhang zwischen dem sexuellen oder ehelichen Leben und den Führungsqualitäten eines Politikers? In Hardings Fall sah es so aus, als stünde betrügerisches Verhalten im Privatleben und eheliche Untreue in einer Wechselbeziehung zu staatlicher Korruption. Aber wenn je der Eindruck entstanden ist, daß ein unkonventionelles Sexual- und Familienleben im Widerspruch steht zu der Fähigkeit, einem Land zu dienen und es zu führen, dann ist Franklin D. Roosevelt, der 32. Präsident der Vereinigten Staaten, dafür das beste Gegenbeispiel. Er war einer der populärsten und erfolgreichsten Präsidenten überhaupt, aber sein Privatleben war mehr als ungewöhnlich. Außer seiner Ehefrau liebte er zwei Frauen – und eine von ihnen lebte mit ihm im Weißen Haus. Auch eine Freundin der First Lady Eleanor Roosevelt wohnte im Weißen Haus – eine ehemalige AP-Reporterin, die – wie heute eindeutig bewiesen werden kann – lesbisch war.

Präsident Roosevelt gebühren viele Verdienste. Er beendete die Depression mit dem *New Deal*, einem wirtschaftlichen und sozialpolitischen Reformprogramm, verbunden mit einer Reform des Bankwesens; er gründete die Börsenkommission, gab den Armen zu essen und ein Dach über den Kopf, schuf Arbeitsplätze und vieles mehr. Die von ihm ins Leben gerufene Energiegesellschaft *Tennessee Valley Authority (TVA)* nutzte die Wasserkraft des Tennessee Rivers zur Erzeugung von billigem Strom für die von der Depression besonders stark betroffenen Gebiete. Die Roosevelt Administration hob die Prohibition auf und setzte damit den mit Alkoholschmuggel in Verbindung stehenden Verbrechen praktisch ein Ende. Roosevelt war der erste amerikanische Präsident, der nach der russischen Oktoberrevolution die diplomatischen Beziehungen mit der Sowjetunion wieder aufnahm. Nicht ohne Kritik blieb jedoch das auf ihn zurückgehende amerikanische Engagement im Zweiten Weltkrieg.

In Roosevelts Administration führte kein Skandal zu einer Anklage oder zum Rücktritt eines Mitgliedes des Stabes im Weißen Haus oder eines in der Administration des *New Deal* beschäftigten Mitarbeiters. Innenminister Harold Ickes verlor vollkommen die Beherrschung, als er erfuhr, daß die *Public Works Administration*, ein Hilfsfonds für Städte und Bundesstaaten sowie zur Unterstützung staatlicher Bauvorhaben, Zement im Werte von $ 47 für falsche Zwecke eingesetzt hatte.

Eleanor Roosevelt engagierte sich sehr stark in sozialen Bereichen. Sie war die erste First Lady, die auch substantiell wesentliche gesellschaftliche Belange unterstützte. So stand sie schon früh und entschieden auf der Seite der schwarzen Bürgerrechtsbewegung. Als die *Daughters of the American Revolution (DAR)* der schwarzen Sängerin Marian Anderson die Erlaubnis zu einem Auftritt in der Constitution Hall verweigerten, trat sie unter starkem Protest aus dieser Verbindung aus. Nebenbei war sie stellvertretende Vorsitzende der Behörde für Zivilschutz, wodurch sie Kohlebergwerke besichtigte, um die öffentliche Aufmerksamkeit auf die dortigen schlechten Arbeitsbedingungen zu lenken. Auch nach dem Tode ihres Mannes setzte sie ihre Arbeit zum öffentlichen Wohl fort. Unter anderem war sie Vorsitzende der UN-Menschenrechtskommission und unterstützte aktiv die Gründung des Staates Israel.

Trotz der außergewöhnlichen Verdienste und Leistungen ist es fraglich, ob die Präsidentenfamilie Roosevelt ihre Position hätte behaupten können, wenn sie von der Presse so eingehend unter die Lupe genommen worden wäre, wie es sich Politiker heute gefallen lassen müssen. Zum Glück gab es eine ganze Reihe von Gründen – Roosevelts Krankheit, seine und ihre Popularität sowie die schrecklichen Zeitumstände, anfangs die Depression und später der Zweite Weltkrieg –, die ihnen ein wenig mehr Freiheit zugestand, als sie die Presse anderen ehemaligen Präsidenten zugestanden hatte.

Franklin Delano Roosevelt und (Anna) Eleanor Roosevelt heirateten am 17. März 1905. Sie waren Cousin und Cousine fünften Grades und beide mit dem früheren Präsidenten Theodore Roosevelt verwandt.

In der ersten Zeit ihrer Ehe war Eleanor ein schüchternes, junges Mädchen, das völlig unter der Fuchtel der Schwiegermutter stand und noch keine Ähnlichkeit mit der willensstarken Frau vermuten ließ, die später einmal die „First Lady der Welt“ werden sollte. Ihre Weiterentwicklung und ihr Streben nach Unabhängigkeit begann Anfang 1918, ausgelöst durch einen für sie sehr traurigen Vorfall. Sie entdeckte, daß ihr Ehemann eine Liebesaffäre mit ihrer Gesellschafterin Lucy Page Mercer eingegangen war. Eleanor kam ihnen durch Zufall auf die Schliche, als Roosevelt, damals stellvertretender Marineminister, mit einer beiderseitigen Lungenentzündung von einer Europareise zurückkehrte. Beim Sortieren seiner Post fand Eleanor einen Stapel Liebesbriefe von Lucy. Der Biograph Joseph P. Lash, einer der wenigen Menschen, mit denen sie je über diesen Vorfall sprach, berichtete, daß Eleanor danach am Boden zerstört war. 25 Jahre nach dieser Affäre schrieb sie an Lash: „Ich verlor den Boden unter den Füßen, und zum erstenmal betrachtete ich mich, meine Umgebung, meine Welt ganz ehrlich. In diesem Jahr wurde ich wirklich erwachsen."

1973 brach ihr Sohn, Elliot Roosevelt, das Schweigen der Familie über diesen schicksalhaften Tag. „Mutter kam herauf, um mir einen Gutenachtkuß zu geben und lag in Tränen aufgelöst auf meinem Kopfkissen. Nie zuvor hatte ich sie auf eine so hemmungslose, hoffnungslose Weise weinen sehen ... Später wurde mir klar ... daß dies der erste Tag nach der Entdeckung von Vaters Verhältnis mit Lucy war. Mutter sah sich mit dem Scheitern ihrer Ehe konfrontiert, und sie fühlte sich vollkommen hilflos in diesem Augenblick, weil sie gar nichts dagegen unternehmen konnte."

Es wird berichtet, daß Eleanor ihrem Mann die Scheidung anbot, aber er lehnte ab. Neben den Auswirkungen einer Scheidung auf die Kinder, gab es dafür noch andere Gründe. In erster Linie seine tyrannische Mutter Sara die über die Finanzen der Familie herrschte. Sie drohte ihm, den Geldhahn zuzudrehen, wenn er nicht aufhöre, Lucy zu treffen. Daneben gab es die unabänderliche Tatsache, daß die streng katholische Lucy niemals einen geschiedenen Mann geheiratet hätte. Und schließlich, und das war vielleicht der ausschlaggebende Gesichtspunkt, wußte Roosevelt genau, daß eine Scheidung einem politischen Selbstmord gleichgekommen wäre. In Anbetracht dieser zwingenden Argumente stimmte er zu, das Verhältnis mit Lucy zu beenden und den angerichteten Schaden wieder in Ordnung zu bringen.

Die *Lucy-Mercer-Affäre* bedeutete nicht das Ende dieser Ehe, aber sie veränderte sie danach sehr entschieden und unwiderruflich. Elliot Roosevelt erinnerte sich später: „Für den Rest ihres Lebens hatten sie nie mehr eine Frau-Mann-Beziehung, wie sie Eheleute gemeinhin haben, aber ... sie arrangierten sich partnerschaftlich. Diese Partnerschaft hat ihr ganzes Leben lang angehalten; es wurde eine sehr enge und sehr intime Partnerschaft, erfüllt von großer Zuneigung – niemals im physischen Sinn, aber in einem gewaltigen geistigen Sinn."

Zwar traf sich Roosevelt fortan nicht mehr mit Lucy, aber er hatte bald eine neue Affäre mit einer anderen Frau, Marguerite Alice LeHand, genannt Missy. 1920 begegneten sie sich erstmals anläßlich Roosevelts Kampagne für die Vizepräsidentschaft unter dem Präsidentschaftskandidaten der Demokratischen Partei, James M. Cox, gegen Warren Harding. Missy war Wahlhelferin im Hauptquartier in Washington, D.C. Roosevelt scheiterte mit seiner Bewerbung als Vizepräsident, gewann aber eine loyale Sekretärin und intime Kameradin. Die nächsten zwanzig Jahre blieb Missy stets an seiner Seite.

Niemand weiß, wie das Arrangement der Roosevelts im einzelnen aussah, aber Franklin hat seine Beziehung zu Missy niemals vor Eleanor verheimlicht und diese akzeptierte die junge Frau als Geliebte ihres Ehemanns. Elliot schrieb: „Als wir entdeckten, daß Vater mit Missy in jeder Hinsicht ein Familienleben führte, war das kein großer Schock. Vielmehr überraschte uns, daß auch Mutter, wie wir später erfuhren, mit der Situation einverstanden war und diese, wie wir anderen auch, als einen Bestandteil des Lebens akzeptierte."

Die intime Beziehung zwischen Roosevelt und Missy begann irgendwann 1921, als seine politische Karriere durch seine Erkrankung an Kinderlähmung unterbrochen wurde. Während der endlosen Monate der anstrengenden Rehabilitation wich Missy nicht von seiner Seite. Sie schwamm und arbeitete mit ihm und hielt seine Lebensgeister wach. Es ist schwer zu sagen, wann genau aus ihrer kameradschaftlichen Beziehung ein Liebesverhältnis wurde, aber dem Präsidenten nahestehende Menschen wußten genau, daß Warm Springs, Georgia, wo er sich häufig zur Hydrotherapie aufhielt, auch ein Ort des Rückzugs in die Zweisamkeit mit Missy war.

Roosevelt konzentrierte seine ganze menschliche Zuneigung auf Missy, während sich Eleanor ein eigenes, unabhängiges Leben aufbaute. Obwohl seine Mutter es mißbilligte, überließ er Eleanor ein Stück Land, anderthalb

Meilen östlich vom Anwesen der Familie gelegen, wo sie *„ValKill“*, ihr eigenes Haus, bauen ließ. Im Laufe der Zeit entwickelte Eleanor deutlich mehr soziale Kontakte zu Frauen als zu Männern. Franklin bezeichnete viele dieser Frauen als „Mannweiber“. Zwei ihrer Freundinnen zogen bei ihr ein – Nancy Cool, die zigarrenrauchende Vorsitzende der Frauengruppe der New Yorker Demokratischen Partei, die ihr Haar so kurz geschnitten trug wie ein Mann und deren Hobby die Politik war; und Marion Dickermann, Direktorin der Privatschule, an der Eleanor als Teilzeitlehrerin arbeitete. Aber keine dieser Freundschaften war vergleichbar mit der zwischen Eleanor und Lorena Hickock, die *„Hick“* genannt wurde.

Vieles, was über Eleanor Roosevelts Beziehung zu Lorena Hickok bekannt ist, stammt aus dem Inhalt von 3000 Briefen, die sie einander geschrieben haben. In ihren letzten Lebensjahren stiftete Hick diese Briefe der Franklin D. Roosevelt-Bibliothek in Hyde Park unter der Bedingung, daß sie erst zehn Jahre nach ihrem Tod geöffnet werden dürften. Sie starb 1968 und zehn Jahre später, am 1. Mai 1978, wurden achtzehn Kartons mit Briefen geöffnet und damit viele Geheimnisse der Ära Roosevelt enthüllt.

Eleanor und Hick lernten sich 1932 anläßlich der Präsidentschaftskampagne von Roosevelt kennen. Hick war eine zigarrenrauchende Journalistin bei *Associated Press* und sollte über die Frau des demokratischen Präsidentschaftskandidaten berichten. Mindestens einer ihrer Mitarbeiterinnen war bekannt, daß Lorena Hickock lesbisch veranlagt war. Eines Nachts, die beiden Kolleginnen hatten ein gemeinsames Zimmer zugewiesen bekommen, machte Hick einen eindeutigen Annäherungsversuch. Als sie zurückgewiesen wurde, entschuldigte sich Hick, und fügte hinzu, daß sie ständig versuche, ihre „Neigung“ zu kontrollieren, bei manchen Frauen aber „unüberlegt in Fahrt kommt“.

Bei Eleanor Roosevelt muß sie in Fahrt gekommen sein. Bei der Amtseinführung von Roosevelt am 4. März trug die First Lady einen von Hicks geschenkten Saphirring.

Eleanor Roosevelt und Lorena Hickock – eine enge Frauenfreundschaft.

Die Umstände bei der Amtsübernahme muten alles in allem befremdlich an. Die Nacht zuvor teilten sich Eleanor und Hick ein Zimmer im Mayflower Hotel. Am nächsten Tag ließ Roosevelt seine alte Flamme Lucy, die inzwischen geheiratet hatte und Lucy Mercer Rutherford hieß, mit einer Privatlimousine abholen. Weder Eleanor noch Missy wußten von ihrer Anwesenheit bei den Feierlichkeiten. Aber Missy und Franklin wußten auch nicht, daß Eleanor den geschenkten Ring trug.

Drei Tage nach der Amtsübernahme, an Hicks 40. Geburtstag, schrieb ihr Eleanor ein paar Worte über den Ring und was er für sie bedeutete. „Hick, Liebste. Den ganzen Tag habe ich an dich gedacht und daran, daß ich an einem anderen Geburtstag bei dir sein werde... Oh! Ich möchte dich in meine Arme nehmen, ich sehne mich danach, dich festzuhalten. Dein Ring ist ein großer Trost. Ich sehe ihn an und denke, sie liebt mich, oder ich würde ihn nicht tragen!"

In einem anderen, insgesamt vierzehn Seiten umfassenden Brief schrieb Eleanor: „Am deutlichsten erinnere ich mich an deine Augen mit dem gewissen schalkhaften Lächeln darin, und wie sich dieser weiche Leberfleck, gerade nordöstlich von deinem Mundwinkel, unter meinen Lippen anfühlte." Der Brief endet: „Gute Nacht, mein Liebes. Ich möchte dich umarmen und deinen Mundwinkel küssen. Und von heute an gerechnet in weniger als einer Woche – werde ich es tun!"

Einige der emotionalen Aspekte der Beziehung Eleanor Roosevelt und Lorena Hickok sind nicht so schwer zu verstehen. Hick interviewte auf eine sehr persönliche Art. Das mußte auf Eleanor, die jahrelang viele seelische Verletzungen und Wut unterdrücken mußte, fast wie eine Erlösung wirken. Die Frauen tauschten Geschichten über ihre Kindheit aus, sprachen über ihre Hoffnungen, ihre Ängste und ihr Leid. Eleanor hatte wahrlich keine leichte Jugendzeit gehabt. Ihre Tanten, von denen sie als „häßliches Entlein" bezeichnet wurde, hatten ihr seelische Wunden zugefügt, an deren Narben sie zeitlebens zu leiden hatte. Zusätzlich war Hick von ihrem Vater vergewaltigt worden. Die Bindung der beiden Frauen wurde schließlich so intensiv, daß Hick ihre Arbeit für die Zeitung aufgab, um der Frau, die zur meist geliebten First Lady werden sollte, den von ihr so sehr benötigten emotionalen Rückhalt geben zu können. Nach außen wirkte Eleanor beherrscht, aber innerlich war sie voller Angst, sie könne die hart erarbeitete Unabhängigkeit wieder verlieren. Sie kämpfte ums schiere Überleben – mit Lorena Hickok an ihrer Seite.

Hick wurde häufiger Gast im Weißen Haus und blieb oft monatelang. Am 2. Januar 1941 zog sie offiziell ein und unterhielt dort für die nächsten vier Jahre einen ständigen Wohnsitz. Lillian Rogers Parks, ein Dienstmädchen im Weißen Haus zur Zeit der Roosevelt-Ära, schilderte das Leben im Weißen Haus in ihrem Buch *„The Roosevelts: A Family in Turmoil“*. Die Wohnsituation war etwas eigenartig. Hick bewohnte ein eigenes Zimmer, schlief aber häufig auf dem Ruhebett bei Eleanor. Hielt sich Hick in ihrem Zimmer auf, das sich quer durch die Westhalle auf der Nordseite des Hauses erstreckte, konnte man die First Lady zwischen den Zimmern hin- und herlaufen sehen. Missy LeHand, die eine eigene Suite im Weißen Haus bewohnte, bestehend aus einem Wohn-, einem Schlaf- und einem Badezimmer, machte die Dinge für das Bedienungspersonal noch komplizierter. Es war nichts Ungewöhnliches, Missy nachts im Nachthemd in der Präsidentensuite oder im Oval Office auf seinem Schoß sitzend anzutreffen. Das Äußerste, was Missy an Diskretion aufbrachte, bestand laut Parks darin, nicht im Schlafzimmer des Präsidenten zu bleiben, wenn sein Frühstück serviert wurde.

Jahre zuvor – Franklin war damals Gouverneur – war die Situation im Amtssitz in Albany dieselbe gewesen. Dort bewohnte Franklin das an Missys Zimmer grenzende Schlafzimmer des Hausherrn. Nur eine mit einem Vorhang versehene Glastür trennte die beiden Räume.

Eleanors Schlafzimmer lag im ersten Stock auf der Rückseite des Hauses. Alle, einschließlich der Kinder, hatten diese Zimmerverteilung akzeptiert. Die Kinder wunderten sich nicht, wenn sie die nur mit einem Nachthemd bekleidete Missy im Zimmer ihres Vaters antrafen.

Eleanor ließ sich durch Missy nicht weiter stören, aber der Präsident konnte Hick nicht ausstehen. Eines Tages schrie er laut und deutlich: „Ich will diese Frau aus dem Haus haben!" Von diesem Augenblick an richtete es das Personal im Weißen Haus so ein, daß sich die beiden auf keinen Fall begegneten. Am Vormittag mußte Hick das Weiße Haus gleich nach dem gemeinsamen Frühstück mit Eleanor verlassen. Am Abend kehrte sie in ihr Zimmer zurück, ehe der Präsident sein Büro im Westflügel verließ.

Die Dinge wurden nicht besser, als sich Hick, noch während sie im Weißen Haus wohnte, in die Richterin Marion Janet Harron verliebte. Dem Inhalt ihrer Briefe nach zu schließen, waren sie einander sehr zugetan. Aber nicht nur Eleanors Privatleben wurde kräftig durcheinander gewirbelt, auch der Präsident wurde mit einschneidenden Veränderungen konfrontiert. Im Sommer 1940 erlitt Missy LeHand eine Gehirnblutung und verließ das Weiße Haus für immer. Drei Jahre später starb sie.

Seit 1941 hatte sich Roosevelt wieder mit Lucy getroffen. Ihr Ehemann lag nach einem Schlaganfall im Sterben. Geheimagenten fuhren den Präsidenten zu den Rendezvous in die Canal Street außerhalb von Georgetown. Roosevelt und Lucy machten stundenlange Spazierfahrten mit dem Auto, ehe er ins Weiße Haus zurückkehrte. In Eleanors Abwesenheit kam Lucy nach dem Tod ihres Mannes ins Weiße Haus. Am 12. April 1945 erlitt Roosevelt bei einem gemeinsamen Aufenthalt mit Lucy Mercer Rutherford in Warm Springs einen tödlichen Schlaganfall. Lucy wurde schnell aus dem Haus gebracht, denn ihre Anwesenheit sollte vor Eleanor verheimlicht werden. Es machte Eleanor sehr traurig, als sie später erfuhr, daß ihre

Tochter Anna von den heimlichen Besuchen Lucys gewußt hatte.

Obwohl Roosevelt in Lucys Gegenwart starb, zeigte sein Testament deutlich, wem sein Herz gehörte. Die eine Hälfte seines $ 1,9 Millionen Vermögens hinterließ er zur Bezahlung der noch offenstehenden Arztrechnungen und Pflegekosten von Missy und die andere Hälfte erhielt Eleanor.

Was Roosevelts Liebesleben angeht, blieben nur wenige Fragen offen, aber über Eleanor weiß man in dieser Hinsicht nur wenig. Die interessanteste Frage ist: War Eleanor Roosevelt eine Lesbierin? Lorena Hickok war es ganz zweifellos. Aber auch die Historiker werden wahrscheinlich nie endgültig klären können, ob dies auch auf Eleanor Roosevelt zutrifft. Elliot Roosevelt glaubt es nicht. Er erklärte: „Ihre Empfindungen waren keineswegs sexueller Natur, ob nun zwischen einem Mann und einer Frau oder zwischen Angehörigen des gleichen Geschlechts. Der Strenge ihrer äußeren Erscheinung und ihren Lebensumständen nach zu schließen, vermute ich, daß einige der Frauen – inzwischen sind sie alle tot –, die meiner ahnungslosen Mutter mit ihrer Aufmerksamkeit schmeichelten, aktive Lesbierinnen waren."

Die Schlußanalyse zeigt, daß Franklin und Eleanor sehr viel Glück hatten, von der Presse in Ruhe gelassen zu werden. Als sie das Weiße Haus bewohnten, respektierten die Pressefotografen Roosevelts Privatsphäre bis zu dem Punkt, ihn niemals in seinem Rollstuhl zu fotografieren. Da sie nur wenig Angst vor Enthüllungen haben mußten, konnten der Präsident und die First Lady so ungeniert leben, wie sie wollten. Im Rückblick bleibt nur die Feststellung, daß die paar Skandale im Privatleben, die der amerikanischen Öffentlichkeit damals vorenthalten wurden, nicht von so einschneidender Bedeutung waren. Bei nüchterner Überlegung bliebe es sehr viel interessanter, zu wissen, was geschehen wäre, hätten die Roosevelts in unserer heutigen Zeit des Enthüllungsjournalismus gelebt.

KAPITEL 10

„Ein Geschenk ist nicht unbedingt Bestechung“

Skandale zu Lebzeiten von Harry S. Truman und Dwight D. Eisenhower

Nach Roosevelts Tod und dem Ende des Zweiten Weltkriegs zog die Presse die Samthandschuhe aus und die Boxhandschuhe an. Eine neue Zeit der Skandalenthüllung folgte. Die Administrationen von Harry S. Truman und Dwight D. Eisenhower wurden von den Medien auch hinsichtlich des Privatlebens der Politiker durchleuchtet, insbesondere, wenn es um die Annahme teurer Geschenke ging. Da der Mitarbeiterstab im Weißen Haus zahlenmäßig rapide anstieg, gab es auch immer mehr Politiker zu überprüfen.

Franklin D. Roosevelt war der erste Präsident, der seinen Mitarbeiterstab gewaltig erhöhte. Jefferson hat sich mit nur einem Sekretär und einem Boten durchgeschlagen. Wilson kam während des Ersten Weltkriegs mit nur sieben Mitarbeitern zurecht. Eine Präsidentenkommission riet Roosevelt, seinen Stab auf 170 Mitarbeiter zu erhöhen. Seine Mitarbeiter verfügten über denselben hohen politischen Standard wie ihr politischer Chef, was man von ihren Nachfolgern nicht behaupten konnte.

Wie viele andere Präsidenten auch, hatte Truman den Stab des Weißen Hauses mehr nach Freundschaft und Loyalität zusammengesetzt und weniger auf Erfahrung oder Talent geachtet. Gleich zu Beginn seiner Präsidentschaft meinten zwei Biographen über seine *„Missouri-*

Gang": „Niemals zuvor gab es eine so große, aus undefinierbaren Gründen berufene und bunt zusammengewürfelte Mannschaft und keine, die so instinktiv und unfehlbar in Banalitäten und Mittelmäßigkeit abdriftete."

Die Liste der Skandale in der Truman-Administration wurde so lang, daß sich die Presse schwer tat, jedem Fall die ihm angemessene Aufmerksamkeit zu schenken. Bis zum Ende von Trumans Amtszeit wurde ein Sekretär des Weißen Hauses zu einer Gefängnisstrafe verurteilt, zwei Mitarbeiter des Weißen Hauses wurden getadelt und viele behielten ihre Stellung nur wegen Trumans ungebrochener Loyalität. Es ist nicht weiter überraschend, daß nach den endlosen Presseberichten über die Skandale Truman bei den Wahlprognosen auf dem Tiefpunkt seiner Popularität angelangt war, worauf er beschloß, sich nicht mehr zur Wiederwahl zu stellen. Das war das traurige Ende einer Karriere, die auf den Ruf der Rechtschaffenheit gegründet worden war. Als junger Senator hatte sich Truman einen guten Namen als Vorsitzender einer Kommission gemacht, die Mißwirtschaft, Betrug und Gewissenskonflikte in Verbindung mit der Vergabe von Aufträgen der Armee während des Zweiten Weltkrieges untersuchte. Leider wurde er aufgrund seines schlechten Urteilsvermögens, was die Besetzung wichtiger Ämter betraf, selbst zur Zielscheibe ähnlicher Untersuchungen.

Eines der offenkundigsten Vergehen war der berüchtigte *Tiefkühl-Skandal*. Brigadier General Harry Vaughan, Trumans oberster Militärberater, hatte gegenüber dem Fabrikanten Harry Hoffman angedeutet, daß er und Truman neue Tiefkühlgeräte für ihre Häuser gebrauchen könnten. Der Fabrikant aus Milwaukee tat ihnen den Gefallen und schickte nicht nur je eine Tiefkühltruhe an Vaughan und Truman (für sein Haus in Missouri), sondern auch an vier „alte Freunde" Trumans, nämlich an John Snyder in der Verwaltung für Bundeskredite, Fred Vinson vom Schatzamt und an James K. Vardaman und Matthew

Connelly vom Stab des Weißen Hauses. Nur Vinson schickte das Gerät zurück.

Die Verfassung verbietet dem Präsidenten, persönliche Geschenke von einer ausländischen Regierung anzunehmen, aber es gibt kein Gesetz, daß ihm die Annahme von Geschenken amerikanischer Landsleute untersagt. Dennoch hatten sich Trumans Amtsvorgänger diesbezüglich einem ungeschriebenen Moralkodex unterworfen. John Quincy Adams gestattete nicht, daß seine Frau Seife behielt, die ihr ein Fabrikant geschenkt hatte. Andrew Jackson wandte sich an den Kongreß, damit dort darüber entschieden wurde, was mit zwei Pferden und einem Löwen, die man ihm geschenkt hatte, geschehen sollte. Polk akzeptierte nichts, was wertvoller war als ein Buch, und Buchanan verweigerte sogar Geschenke seiner persönlichen Freunde. Trumans unentschiedene Haltung in dieser Frage öffnete dem Mißbrauch Tür und Tor.

Donald Dawson, der Personalchef des Weißen Hauses, nahm bereitwillig freie Kost und Logis im Saxony Hotel in Florida in Anspruch, eine deutliche Verletzung des Berufsethos. Das Hotel hatte einen $ 1,5 Millionen-Kredit von der *Reconstruction Finance Corporation (RFC)* erhalten, einer Dienststelle der Regierung, die nach einer Überprüfung durch den Senat aufgelöst wurde, weil die Mitarbeiter ihren Einfluß mißbraucht hatten. Dawson, ehemaliger Chef der RFC, wurde beschuldigt, Zahlungen angenommen zu haben. Er bestritt, jemals seinen Einfluß zugunsten des Saxony eingesetzt zu haben und durfte dennoch im Stab des Weißen Hauses bleiben, wiederum ein Beispiel für Trumans Loyalität, das große Kritik hervorrief.

Matthew Connelly, Sekretär im Weißen Haus, nahm einen Mantel, zwei Anzüge und einen Ölkontrakt im Wert von $ 7 000 von einem Anwalt an. Gegen einen Klienten dieses Anwalts ermittelte das *Bureau of Internal Revenue.* Connelly wurde Bestechlichkeit, Meineid und Konspiration vorgeworfen. Ihm konnten seine Verbindungen zum Präsidenten jedoch nicht helfen. Es kam zu einer Gerichtsverhandlung. Er wurde für schuldig befunden und zu einer Gefängnisstrafe verurteilt.

E. Merl Young, ein ehemaliger Prüfer der RFC, löste einen Skandal aus, als aufgedeckt wurde, daß er einen Nerzmantel für seine Frau, die als Sekretärin im Weißen Haus arbeitete, angenommen hatte. Das Geschenk hatte ihm der Rechtsanwalt eines Pelzhändlers überreicht, der sich um einen Kredit bei der RFC bemüht hatte. Dieser Nerzmantel kam während der Wahlkampagne 1952 immer wieder aufs Tablett. Besonders der Vizepräsidentschaftskandidat Richard M. Nixon, der stets besonderen Wert auf den einfachen, „republikanischen Wollmantel" seiner Frau legte, fühlte sich dabei in seinem Element.

Auch Trumans Arzt im Weißen Haus, Brigadegeneral *Wallace H. Graham,* wurde wegen Betrug und Korruption vor einen Unterausschuß des Senats zitiert. Graham hatte bei einem Insider-Geschäft an der Warenbörse mitgemacht und trug damit nicht gerade zu Trumans Ruhm bei.

Aber nicht nur der Stab des Weißen Hauses war an den Skandalen beteiligt, sondern auch in den Ministerien wurde wegen Korruption und Machtmißbrauch ermittelt. Die Untersuchungen des *Bureau of Internal Revenue* führten zum Rücktritt oder zur Kündigung von 166 Steuerbeamten, von denen viele Gefängnisstrafen erhielten. Im Landwirtschaftsministerium wurde eine gründliche Säuberungsaktion durchgeführt, nachdem man festgestellt hatte, daß $ 10 Millionen vermißt wurden und mutmaßlich als gestohlen galten. Sogar im Justizministerium, von dessen Mitarbeitern man eigentlich erwarten sollte, daß sie es als ihre Pflicht ansehen, gegen Unregelmäßigkeiten vorzugehen, wurden Korruptionsfälle aufgedeckt. Ein direkter Mitarbeiter des Justizministers nahm $ 5 000 als Provision für den Verkauf eines Flugzeugs, das einem Freund von ihm gehört hatte. Er arrangierte den Verkauf an einen Verwandten eines Mannes, gegen den gerade wegen Verdachts auf Steuerhinterziehung ermittelt wurde. Auch dieser Fall führte zu Entlassung, Anklage und Gefängnisstrafe.

Der berüchtigste Skandal mit den nachhaltigsten Auswirkungen hatte nur wenig mit dem Präsidenten direkt zu tun. Es handelt sich vielmehr um den anti-kommunistischen Kreuzzug des Senators Joseph R. McCarthy. In der Nachkriegszeit hatte der Anti-Kommunismus seinen Höhepunkt erreicht, und Joseph R. McCarthy zog aus zu einem persönlichen Kreuzzug gegen „die rote Gefahr", der viele unschuldige Opfer forderte. Sehr viele Bürger verloren dadurch ihr soziales Ansehen, waren zu einer Namensänderung gezwungen und mußten in eine andere Stadt ziehen; zehn Drehbuchautoren aus Hollywood wanderten ins Gefängnis; politische Gegner wurden erpreßt, damit sie auf ihre Wiederwahl verzichteten; Außenminister George Marshall (der später den Friedensnobelpreis erhielt) wurde als „Verräter" angeklagt; und Senator Lester Hunt aus Wyoming beging Selbstmord. Es wurde dabei niemals nur ein Kommunist entdeckt oder ein Spion entlarvt.

Der Verursacher dieses großen Schaden anrichtenden Dramas war McCarthy, der einige Jahre zuvor von den in Washington akkreditierten Journalisten zum „schlechtesten" Senator gewählt worden war. Als er sich bei seiner bevorstehenden Wiederwahl mit einer sicheren Niederlage konfrontiert sah, kam ihm die kommunistische Gefahr als schlagkräftige Wahlpropaganda sehr gelegen. Damit konnte er seine Wähler von seinem politischen Einfluß überzeugen und sein Versagen in der Vergangenheit vergessen lassen.

Inoffiziell begann der McCarthyismus am 20. Februar 1950. An diesem Tag trug McCarthy bei einer Senatssitzung sein Anliegen vor und zählte detailliert 57 Fälle von „bekannten" Kommunisten im Außenministerium auf. Diese Beschuldigungen erforderten die Einsetzung eines Unterausschusses des Senatskomitees für Auswärtige Beziehungen. Vorsitzender war Millard Tydings aus Maryland. Nachdem Tydings Ausschuß McCarthys Anschuldigungen als unbegründet und haltlos zurückwies, nahm sich McCarthy schnell seines Kontrahenten an. Vor der Wahl im November ließ McCarthy ein gefälschtes Foto in Umlauf bringen, auf dem Tydings zu sehen war, wie er aufmerksam dem Führer der Kommunistischen Partei der Vereinigten Staaten zuhörte. Leider kostete diese Intrige Tydings die Wiederwahl.

Von Senator Lester Hunt forderte der McCarthyismus einen noch höheren Tribut. Hunt versuchte, mit einem Gesetzentwurf McCarthys Amtsmißbrauch aufzuhalten. Dieser Entwurf sah vor, daß „Personen, die infolge von Verleumdung durch Kongreßmitglieder in Ausübung ihres Amtes Schaden erleiden, Zivilprozesse gegen die Vereinigten Staaten anstrengen können“. Aber der Gesetzentwurf wurde abgelehnt und seine Warnung wurde nicht beachtet: „Es wird viele Selbstmorde aufgrund von Verleumdungen in den Anhörungen des Ausschusses oder durch Kommentare im Kongreß der Vereinigten Staaten geben.“

McCarthy schwor Rache, und bald darauf fand er eine günstige Gelegenheit dazu. Lester Hunt Jr., der Vorsitzende der Studentenschaft an der *Episcopal Theological School of Cambridge, Massachusetts,* wurde in einem Park in Washington, D.C., verhaftet, als er bei homosexuellen Handlungen erwischt wurde. Die Anklage sah darin nur ein geringeres Vergehen, und da er zum erstenmal mit dem Gesetz in Konflikt gekommen war, stimmte die Polizei einer Einstellung des Verfahrens zu. Aber McCarthy drohte, den Zwischenfall publik zu machen, wenn sich Hunt zur Wiederwahl stellen würde.

Da Hunt sich nicht erpressen ließ, setzten zwei Senatoren auf McCarthys Geheiß die Polizei unter Druck. Hunts Sohn mußte im Oktober 1953 vor Gericht erscheinen, wurde schuldig gesprochen und der Richter sagte ihm klar und deutlich, daß er hier unter der entwürdigendsten Anklage steht, die man gegen einen Mann erheben kann.

36 Zeitungen in Wyoming weigerten sich, die schmutzige Geschichte zu bringen, aber ein paar entschieden sich doch entsprechende tendenziöse Artikel zu publizieren,

wodurch Hunt zum sofortigen Rücktritt gezwungen wurde. Am 19. Juni 1954 fuhr Hunt in sein Büro und schoß sich mit einem Gewehr vom Kaliber 22 in den Kopf. Er hinterließ drei kurze Briefe. Einen an den Präsidenten einer Ölgesellschaft, den er bat, seinem Sohn bei der Stellungssuche behilflich zu sein. Der zweite war an seine Frau gerichtet. Im dritten teilte er seinem Sohn mit, daß sein Selbstmord nichts mit ihm zu tun hätte.

McCarthy und der Anwalt Roy M. Cohen, sein eifrigster Helfershelfer und Scharfrichter, führten schließlich ihre Vernichtung selbst herbei. Am 22. April 1954 schlug die US Army endlich zurück. Es hatte so viele falsche Anschuldigungen wegen Subversion in den Streitkräften gegeben, daß es den Verantwortlichen endgültig reichte. Die Army konnte beweisen, daß Cohen gedroht hatte, „die Army zu vernichten", wenn das Militär einen seiner Freunde nicht bevorzugt behandeln würde. In einer Anhörung, die 36 Tage dauerte und direkt vom Fernsehen übertragen wurde, enthüllte die Armee für alle sichtbar die illegalen und unmoralischen Methoden McCarthys und Cohens, mit denen sie das Leben von hunderten unschuldigen Menschen zerstört hatten. Die Fotomontagen und Lügengeschichten wurden gnadenlos aufgedeckt. Im darauffolgenden Dezember wurde McCarthy vom Senat verurteilt und starb drei Jahre später als gebrochener Mann. Cohen starb im August 1986 an AIDS.

General Dwight D. Eisenhower gründete seine Bewerbung für die Präsidentschaft 1952 auf das Versprechen, „Washington vom Schmutz zu säubern", den Harry S. Truman angesammelt hatte. Noch vor der Wahl wurde jedoch sein eigenes Lager durch den Vizepräsidentschaftskandidaten Richard M. Nixon in einen Skandal verwickelt. Am 18. September veröffentlichte die *New York Post* Einzelheiten über einen *Schmiergeldfonds* in Höhe von $ 18 000, die Nixon von einer Gruppe kalifornischer Geschäftsleute zuflossen. Das war besonders peinlich, wenn man an die Angriffe der Republikaner auf Trumans *„Nerz-*

Dynastie" denkt. Eine unangenehme Enthüllung dieses Ausmaßes hätte sich für viele Kandidaten verhängnisvoll ausgewirkt, aber Nixons meisterhafte Bewältigung der Krise wurde zur Handlungsmaxime, wie man in der zweiten Hälfte des 20. Jahrhunderts einen politischen Skandal überstehen kann.

Als die ersten Artikel darüber erschienen, widerstand Eisenhower noch dem Druck, Nixon fallenzulassen. Er beschloß, auf Zeit zu setzen und zu sehen, ob sich die Aufregung legen würde. Aber sie flaute nicht ab, sondern steigerte sich noch. Auf politischen Kundgebungen und in Zeitungsberichten wurde Nixon zum Verzicht auf seine Kandidatur aufgefordert. Als sich Eisenhower durchgerungen hatte, sich von ihm zu trennen, trat Nixon in Aktion und ein „neuer Politiker-Typ" betrat die Bühne.

Am 23. September hielt Nixon eine dreißigminütige Fernsehansprache an die Nation, eine der brillantesten Reden im Bereich der Public Relations überhaupt. Er gab zu, daß der Geldfonds existierte, bestritt aber energisch, irgendetwas davon zu seinem persönlichen Gebrauch entnommen zu haben. Danach listete er sämtliche Einzelheiten seines Privatvermögens auf, zu dem unter anderem ein 1950er Oldsmobile gehörte. Der reine Wert seines Hauses in Kalifornien betrug $ 3 000, der seines Washingtoner Hauses $ 20 000, darüber hinaus hatte er noch eine Lebensversicherung über $ 4 000. Nachdem er seine Vermögensverhältnisse offengelegt hatte, führte er auch seine Verbindlichkeiten an – eine Hypothek über $ 10 000 auf seinem Haus in Kalifornien, $ 4 500 Bankkredite und Schulden bei seinen Eltern in Höhe von $ 3 500. Daß ein Politiker die Öffentlichkeit in allen Einzelheiten über seine Vermögensverhältnisse informierte, war eine absolute Neuheit. Ganz zum Schluß gab Nixon zu, ein Geschenk von einem Anhänger aus Texas angenommen zu haben – einen Cockerspaniel, dem seine sechsjährige Tochter Tricia den Namen „*Checkers*" gegeben hatte. Schließlich warnte der Kandidat: „Ich möchte nur noch sagen, und zwar gerade jetzt, daß wir ihn behalten werden, ganz gleich, was immer auch darüber geredet wird."

Die *„Checkers-Rede"* war direkt, sehr emotional und traf genau auf den Punkt. Man mußte kein Hundeliebhaber sein, um darüber den Geldfonds zu vergessen. Mit dieser rührseligen Schnulze hatte Nixon eine der eindruckvollsten Antworten auf eine Korruptionsbeschuldigung überhaupt gegeben, eine, die seine politische Karriere sicherte (jedenfalls für den Moment) und 1952 seinen Platz auf der Liste der Republikaner festigte. Glücklich traf Eisenhower am nächsten Tag mit Nixon auf dem Flughafen zusammen, legte seinen Arm um seine Schultern und verkündete öffentlich: „Sie sind mein Mann!" Sie waren beide auf dem besten Weg zum Wahlsieg.

Nixon überstand seinen Skandal unbeschadet, anderen Mitarbeitern Eisenhowers dagegen gelang dies nicht. 1958 wurde Sherman Adams, der Stabschef des Weißen Hauses, vom Repräsentantenhaus beschuldigt, die Börsenkommission und den *Civil Aeronautics Board (CAB)* beeinflußt zu haben. Dafür hatte er einen Vikunjamantel im Wert von $ 700 und einen Orientteppich für $ 2 400 von dem Industriellen Bernard Goldfine aus New England erhalten. Goldfine hatte auch Adams Hotelrechnungen im Waldorf Hotel in New York im Jahr 1954 und im Boston Sheraton Plaza zwischen November 1955 und Mai 1958 bezahlt.

In seiner Aussage im Juni 1958 vor einem Untersuchungsausschuß des Repräsentantenhauses sagte Adams: „Wenn hier in irgendeiner Form fehlerhaftes Verhalten vorliegen sollte... dann geschahen diese Fehler aus Unerfahrenheit." Präsident Eisenhower hielt zu seinem Mitarbeiter und veröffentlichte eine Erklärung, in der es hieß: „Ein Geschenk ist nicht unbedingt eine Bestechung. Das eine ist von Übel, das andere ist greifbarer Ausdruck der Freundschaft." Aber in den folgenden Monaten kam die Sprache wieder und wieder auf den Vikunjamantel, und Eisenhower wurde auf seinen Pressekonferenzen ständig damit konfrontiert. Schließlich, am 18. September, trat

Sherman Adams zurück, entweder aus eigenem Entschluß oder auf Geheiß des Präsidenten.

Ein Grund, warum Eisenhower Adams so nachhaltig unterstützt hatte, könnte darin liegen, daß auch er selbst teure Geschenke von politischen Freunden angenommen hatte, viele davon für seine Farm in Gettysburg. Dazu gehörten ein Traktor mit eingebautem Zigarettenanzünder im Wert von $ 4 000, ein Stier für $ 1 000, weiteres landwirtschaftliches Gerät und Vieh im geschätzten Wert von $ 40 000. Und, wie sein ehemaliger Stabschef, wurde auch Eisenhower diesbezüglich von der Presse angegriffen. (Drew Pearson, Kolumnist der Pressezentrale, schätzte später den Gesamtwert der Geschenke, zu denen dann noch ein zweiter Vikunjamantel hinzukam, auf die unglaubliche Summe von $ 300 000.) Als Eisenhower auf die verschiedenen Enthüllungen, die auch in *Newsweek, U.S. News and World Report* und in Zeitungen des Cowles Konzerns erschienen waren, angesprochen wurde, antwortete er: „Das Gesetz bezüglich Gewissenskonflikte trifft auf mich nicht zu."

Die Öffentlichkeit teilte diese Ansicht des Präsidenten nicht. Und auch nicht die *Association of the Bar* der Stadt New York, die 1958 einen speziell auf Gewissenskonflikte ausgerichteten Ausschuß gründete, der darauf drängte, daß der Präsident Vorbild sein muß für „das Maß an Feingefühl in moralischer Hinsicht, weil sich dies auf das Verhalten von Millionen Untergebenen auswirkt". Dem Ausschuß war klar, daß es unmöglich sein würde, die Geschenkeflut in das Weiße Haus zu stoppen. Deshalb wurde der Vorschlag gemacht, die Präsente Wohltätigkeitsorganisationen oder Museen zu spenden, eine Praxis, die mehr oder weniger bis heute verfolgt wird.

Die Presse hatte das Privatleben der Politiker gründlich unter die Lupe genommen, aber außereheliche Affären waren noch immer ein Tabu für sie. Das war auch der Fall bei der *„Kriegsromanze"* Eisenhowers. General Eisenhower hatte Kay Summersby, ehemaliges Fotomodell und

Filmschauspielerin, im Mai 1942 kennengelernt. Sie wurde ihm während seines zehntägigen Aufenthalts in London als Fahrerin zugeteilt. Nach seiner Ernennung zum Oberbefehlshaber der Alliierten Landungstruppen beanspruchte er schließlich ihre ganze Zeit. Sie war schön, er war weit weg von zu Hause, und es entwickelte sich eine besondere Beziehung, deren Innigkeit dreißig Jahre lang ein Geheimnis blieb.

Der erste Hinweis auf eine Liebesaffäre erschien 1973 in Merle Millers *Plain Speaking: An Oral Biography of Harry S. Truman.* Miller zitierte Truman mit den Worten: „Nun gut, gleich nach dem Krieg schrieb er [Eisenhower] einen Brief an General Marshall, daß er von seinen Pflichten entbunden werden möchte, weil er in die Vereinigten Staaten zurückkommen und sich von Mrs. Eisenhower scheiden lassen will, damit er diese Engländerin heiraten kann." Truman behauptete, er habe den Brief in Eisenhowers Akte im Pentagon gesehen und auch Marshalls geharnischte Antwort darauf. Truman behauptete ferner, daß die Vernichtung dieser Briefe eine seiner letzten Amtshandlungen als Präsident gewesen sei.

Diese Bemerkungen Trumans könnten Kay Summersby zur Veröffentlichung eines eigenen Buches angeregt haben. Zwei Jahre nach dem Erfolg von *Plain Speaking* erschien ihr Buch *Past Forgetting: My Love Affair with Dwight D. Eisenhower.* In ihren ersten Lebenserinnerungen „Eisenhower Was My Boss" (1948) gab es keinen Hinweis auf irgendeine Romanze, aber nun lag ihr Bekenntnis vor. Aber auch ihre eigene Darstellung der zärtlichsten Augenblicke befriedigte nicht völlig. Die Liebesaffäre Eisenhower-Summersby paßte nicht einmal in die Kategorie der abstrusen Vorfälle, die in einem Krieg eben passieren. Sie gehörte eher zu den Dingen, die im Krieg nicht passieren.

Laut Summersby war Eisenhower impotent. So schrieb sie zum Beispiel:

„Ike füllte unsere Gläser einige Male nach und dann, ich

vermute fast zwangsläufig, fanden wir uns in einer hemmungslosen Umarmung in den Armen des anderen wieder. Wir rissen unsere Krawatten herunter. Wir zogen unsere Jacken aus. Knöpfe wurden aufgeknöpft. Wir benahmen uns wie rasend. Und das waren wir wohl auch.

Aber es war nicht das, was ich erwartete. Müde beruhigten wir uns langsam. Er barg sein Gesicht in der Mulde zwischen meinem Hals und meiner Schulter und sagte: ‚Oh Gott, Kay. Es tut mir leid. Ich bin vollkommen nutzlos für dich'."

Auf diese Weise verliefen im allgemeinen ihre vergeblichen Bemühungen. Den letzten Versuch unternahmen sie am 14. Oktober 1945 in Deutschland. Summersby erinnert sich:

„Ich erinnere mich, daß ich gewisse Gedanken hegte, wie man eben in wichtigen Momenten manchmal merkwürdige Gedanken hat. Wäre es nicht wundervoll, wenn dies der Tag wäre, an dem ich ein Kind empfangen würde – unser allererstes Mal. Ike war zärtlich, umsichtig und liebevoll. Aber es ging nicht.

‚Warte', sagte ich, ‚du bist zu aufgeregt. Es ist alles gut.' ‚Nein', sagte er matt. ‚Das ist es eben nicht. Es ist zu spät. Ich kann nicht.' Er war verbittert. Wir zogen uns langsam an. Küßten uns zwischendurch. Lächelten ein wenig traurig."

Kay schrieb Eisenhowers Impotenz dem Druck des Krieges zu. Vielleicht war es auch in Wahrheit Pflichttreue gegenüber seiner Ehefrau oder vielleicht Schuldgefühle, vielleicht eine Mischung aus beidem. Eisenhower und Kay sind niemals Liebende im physischen Sinn geworden, entwickelten aber eine starke emotionale Bindung, die ihnen während des Krieges half, lebensbedrohliche Missionen gemeinsam mutig durchzustehen. Anfangs war ihre Beziehung rein dienstlich. Sie war mit einem amerikanischen Soldaten verlobt und Eisenhower war Mamie treu. Aber nach dem Tod ihres Verlobten in Nordafrika scheinen sich die Bande gefestigt zu haben. Eisenhower kaufte Kay einen jungen Hund als kleinen Trost und mußte vereinzelt feststellen, daß er bei seinen Besuchen zu Hause seine Frau versehentlich „Kay“ gerufen hatte.

Was immer diese Beziehung während des Krieges bedeutet haben mag, sie war an dem Tag zu Ende, als Eisenhower Europa verließ und nach Hause zurückkehrte. Als Kay ein paarmal zu Kurzbesuchen bei ihm im Pentagon vorbeikam, wurde sie eisig empfangen. Auf ihr unangemeldetes Erscheinen in seinem Büro in der Columbia Universität in New York reagierte er sogar verärgert.

Kay heiratete später und arbeitete als Modeberaterin in der Filmindustrie, zuletzt bei dem Film *The Stepford Wives*. 1973, als ihr die Ärzte nur noch sechs Monate zu leben gaben, sagte sie: „Ich möchte, daß die Welt die Wahrheit über die Eisenhower-Affäre erfährt.“ Zum Bedauern aller, die auf eine brennend heiße Romanze gehofft hatten, enthüllte Kay Summersby zwar in gewisser Hinsicht viele Einzelheiten, überließ aber noch mehr dem Reich der Phantasie.

KAPITEL 11

„Das Bild von Camelot ist verblaßt“

Skandale zu Lebzeiten von John F. Kennedy

Die Vereidigung von John F. Kennedy als 35. Präsident der Vereinigten Staaten leitete eine neue Epoche ein und kündigte ein neues Amerika an, gekennzeichnet von progressiven Ideen und Sex Appeal. Seine Präsidentschaft wird in die Annalen eingehen als die Jahre von *Camelot,* der „kurze, strahlende Augenblick“, als die Vereinigten Staaten das Versprechen ihrer Jugend einlösten und ihren Platz als führende Nation in der Welt einnahmen.

In dieser Zeit regierte der Charme. Ein als Frauenheld bekannter Präsident wurde von seinen Anhängern gerade deshalb geliebt. Theodore Sorensen, ein Redenschreiber des Präsidenten, erntete viel Gelächter, als er versprach, daß diese Administration dasselbe für den Sex tun würde, was Eisenhower für den Golfsport getan hatte. Und als Marilyn Monroe für den Präsidenten ein gehauchtes *Happy Birthday* im Madison Square Garden sang, klatschte die ganze Nation Beifall und war überzeugt, JFK wäre viel dynamischer und verantwortungsbewußter als alle seine Vorgänger. Jedermann liebte die sexuelle Anziehungskraft von Camelot, ganz besonders die Medien. Damals behielten die Journalisten die ihnen wohlbekannten Geschichten über die Leichtsinnigkeiten des Präsidenten noch für sich.

Daß die Medien manche Seite des Frauenhelden JFK einfach ignorierten, machte sie zu bereitwilligen Mitbegründern der „Camelot-Legende“. Nach Kennedys Ermordung wollten die Journalisten nicht einsehen, daß Camelot auch mitgestorben war. Die Medien versuchten, diese Zeit mit Hilfe aller Kennedys, die nach ihm kamen, wiederaufleben zu lassen, zuerst mit Bobby und dann mit Ted. Diese Haltung machte die Kennedys zu den größten Medienlieblingen der amerikanischen Geschichte – bis *Chappaquiddick*, dem entscheidenden Wendepunkt in der Berichterstattung über das Privatleben von Politikern im 20. Jahrhundert. Von diesem schicksalhaften Moment an änderten sich die Spielregeln – für immer.

Einmal hatte diese inoffizielle, stillschweigende Übereinkunft ja enden müssen, und sei es auch nur wegen der mangelhaften Diskretion der Kennedys selbst und ihrer tragischen Tendenz, das Schicksal extrem herauszufordern. Besonders Teds Privatleben war von einer erschrekkenden Unbekümmertheit geprägt, die sich nach dem gewaltsamen Tod seiner Brüder eher noch steigerte. Im Frühjahr 1969 kletterte er, sichtlich betrunken, an Bord eines Flugzeugs in Anchorage, Alaska. Dort betrank er sich zusätzlich mit Alkohol aus einer silbernen Teeflasche, die einmal Bobby gehört hatte. Er warf ein Kissen nach einer Stewardeß und ein Brötchen nach der Fernsehkorrespondentin Cassie Mackin. Als er mit einer Tasse kochendheißen Kaffees in der Hand den Mittelgang hinunterschwankte, versetzte er eine Passagierin, die ein Neugeborenes in den Armen wiegte, in Angst und Schrekken. Ein *Newsweek*-Reporter, der sich ebenfalls im Flugzeug befand, verfaßte einen internen Bericht für seinen Chef, in dem er den Zwischenfall schilderte und anmerkte, daß Kennedy „unter entsetzlichem Streß stand, und daß jeden Augenblick ein Unglück hätte geschehen können“. Aber nicht ein Wort über Teds Benehmen wurde veröffentlicht.

Am 18. Juli 1969 änderte sich die lässige Nachsicht der Medien schlagartig und unwiderruflich. An diesem Tag stürzte Ted Kennedy mit seinem 1967er Oldsmobile von der *Dike Bridge* in den Chappaquiddick. Ted konnte sich schwimmend in Sicherheit bringen, seine Begleiterin Mary Jo Kopechne, eine junge Frau, die er zu einer Party anläßlich der Wahlkampagne mitgenommen hatte, ertrank. Von diesem Augenblick an brachen die Medien ihre stillschweigende Vereinbarung, immer in die andere Richtung zu sehen. Von nun an verschwanden keine Berichte mehr in den Schreibtischschubladen der Chefredakteure. Die Jagd auf das Privatleben aller Kennedys – einschließlich des zum Märtyrer gewordenen Präsidenten – war freigegeben.

Oft wird behauptet, schon nach JFKs Tod wäre über seine Frauenaffären berichtet worden, richtig ist aber, daß erst nach Chappaquiddick die ganze Hatz begann. Fast über Nacht ging die Demontage los. Die gesamte Kennedy Familie wurde unter die Lupe genommen, und selbst diese Analysen wurden einer nochmaligen Prüfung unterzogen. Es stellte sich heraus, daß sich – genau wie in der John Adams Dynastie – die Familienmuster wiederholten. Die neuen Presseberichte erwähnten sowohl die Leistungsfähigkeit der Kennedys als auch deren Leichtsinn.

Die Geschichte des Kennedy-Clans beginnt mit Joseph Patrick Kennedy Sr. Joe Kennedy war eine Person wie aus dem *Großen Gatsby*. Er gehörte zur dritten Einwanderergeneration einer irisch-amerikanischen Familie, studierte in Harvard, wurde mit 25 Jahren Bankdirektor und mit 35 Millionär. In den 20er Jahren schuf er eines der größten Vermögen an der Wall Street. Durch außerordentlich geschickte Spekulationen machte er dank des Börsenkraches von 1929 noch ein paar Millionen mehr. Bald darauf unternahm er einen lukrativen Ausflug in die Filmindustrie, verdiente noch einen Haufen Dollars in Hollywood und begann eine heiße Liebesaffäre mit der Filmdiva Gloria Swanson. Diese Affäre trug nicht nur sehr viel zu seinem Playboy-Image bei, sondern scheint auch später seine Söhne in dieser Richtung beeinflußt oder zumindest ähnliche Charakterzüge bei ihnen entwickelt zu haben.

Kennedy verlor bald jegliche Illusionen über den Glamour in der Filmindustrie und nahm den ihm angetragenen Posten als Vorsitzender der von Franklin D. Roosevelt neu geschaffenen Börsenkommission an. Es entbehrt nicht einer gewissen Ironie, daß er als Vorsitzender dieser Kommission vielen Spekulationsmethoden ein Ende setzte, die er beim Aufbau seines eigenen Imperiums weidlich ausgenutzt hatte. Von 1937 bis 1940 war Kennedy US-Botschafter in England. In dieser Zeit erwachte in ihm das brennende Verlangen, Präsident zu werden. Hätte sich Franklin D. Roosevelt nicht für eine dritte Amtsperiode zur Verfügung gestellt, dann wäre vielleicht Joseph P. Kennedy der demokratische Präsidentschaftsbewerber geworden. Aber gegen die beispiellose Popularität von Roosevelt war zu dieser Zeit nicht anzukommen und Kennedy mußte sich zurückziehen. Der Fehlschlag seiner eigenen politischen Ambitionen war der Grundstein für das Kennedy-Erbe. Wenn Joe Sr. nicht Präsident sein konnte, dann eben seine Söhne.

Genau wie John Adams seinen politischen Ehrgeiz auf seine Kinder übertrug, übte auch Joe Kennedy Sr. starken Druck auf seine Kinder aus, damit wenigstens sie seine politischen Ambitionen verwirklichen sollten. Vom ältesten, Joseph P. Kennedy Jr., bis zum jüngsten, Ted, wurden alle neun Kinder systematisch auf ihre spätere politische Rolle vorbereitet. Wenn seine Söhne im Nantucket Sund segelten, folgte ihnen Joe Sr. auf dem Fuß und notierte jeden Fehler. Trödelten sie seiner Meinung nach herum, schickte er sie zur Strafe zum Essen in die Küche. Der Wettbewerbsgeist und das unbändige Verlangen zu gewinnen bestimmten jede Alltagshandlung, ungeachtet der damit verbundenen Risiken, daß die Kinder alles getan hätten, egal, wie gefährlich es auch gewesen wäre. „Der Zweitbeste", so wurde ihnen beigebracht, „ist ein Verlierer". Wie man das Spiel spielt, war nicht wichtig; das einzige, was zählte, war der Sieg. Die Logik war simpel: Gewinnen war der einzige Weg ins Oval Office.

Rose Kennedys Einfluß auf ihre Kinder war nicht minder stark ausgeprägt wie der ihres Ehemannes, wenn auch auf den ersten Blick weniger offensichtlich. Als die älteste Tochter Kathleen ihre Heiratsabsichten mit Peter Fitzwilliam, dem reichsten Mann Irlands, ankündigte, drohte ihr Rose, daß sie dann nichts mehr mit ihr zu tun haben wolle. Fitzwilliam war schon einmal verheiratet gewesen, und bei einer Heirat mit einem geschiedenen Mann hätte Kathleen für immer auf die kirchlichen Sakramente verzichten müssen. Joe Kennedy hoffte, einen speziellen Dispens vom Papst zu erhalten, aber Rose beharrte auf ihrer Einstellung. Energisch forderte sie die weinende Kathleen auf, die Hochzeit abzusagen. Kathleen und Fitzwilliam reisten unter Protest nach Südfrankreich, um dem Druck zu entgehen.

Am 13. Mai 1948 starben Kathleen und Fitzwilliam, als ihr achtsitziges Privatflugzeug an einem Berg zerschellte. Sie hatten in Paris eine Zwischenlandung eingelegt, um Freunde zu besuchen. Bei ihrer Rückkehr zum Flughafen war ein Sturm aufgekommen, und der Pilot drängte auf eine Verschiebung des Flugs. Aber sie wollten unbedingt nach Cannes und starteten dennoch bei diesen tückischen Wetterverhältnissen. Rose weigerte sich, am Begräbnis ihrer Tochter teilzunehmen.

Zuerst hatte Joe Sr. das Präsidentenamt seinem ältesten Sohn Joseph Jr. zugedacht. Schon als Halbwüchsiger war es für ihn selbstverständlich, daß er den Wunsch seines Vaters, der erste katholische Präsident der Vereinigten Staaten zu werden, nach Möglichkeit realisieren würde. 1941, im Alter von 25 Jahren, meldete er sich freiwillig zum Wehrdienst, wo er als Marinepilot eingesetzt wurde. Im Juni 1944, nach zwei Dienstverpflichtungen und 50 Feindflügen gegen Deutschland, wurde er nach Hause beordert. Aber anstatt seine Ausrüstung zusammenzupacken und sofort nach Boston zurückzukehren, meldete er sich freiwillig für ein Himmelfahrtskommando. In diesem Zusammenhang ist vielleicht erwähnenswert, daß sein jüngerer

Bruder John ein Jahr zuvor für sein mutiges Verhalten bei der Versenkung eines Patrouillenbootes eine Tapferkeitsmedaille erhalten hatte. Es ist sehr gut möglich, daß Joes Entscheidung, sich freiwillig für eine gefährliche Mission zu melden, mehr mit dem Wettbewerbsgedanken der Kennedys als mit seinem Pflichtgefühl zusammenhing.

Am 12. August 1944 startete Joe Jr. mit seinem Bomber. An Bord hatte er elf Tonnen eines hochexplosiven Sprengstoffes, weit gefährlicher noch als TNT. Als er die vorgeschriebene Flughöhe erreicht hatte, explodierte die Maschine in der Luft. Joes Leichnam wurde niemals gefunden. Nie gab es die geringsten Andeutungen, daß Joe Jr. irgendeine Todessehnsucht entwickelt hätte. Wahrscheinlich hatte er einfach niemals ernsthaft daran gedacht, er könnte sich in Gefahr befinden. Dieser Glaube an die Macht über das Schicksal verlieh den Kennedys den Nimbus der Unverwundbarkeit, einen Nimbus, der auf tragische Weise wieder und wieder zerstört werden sollte.

Die Kennedy-Familie während eines Urlaubs in der Normandie (1935)

Die Ambitionen auf das Präsidentenamt wurden durch den Tod von Joe Jr. vorzeitig zerschlagen, aber Joe Sr. hatte noch andere Söhne. Er übergab die Fackel bald an seinen zweitältesten Sohn, John Fitzgerald. John hatte stets die Erwartungen seines Vaters widerspruchslos übernommen, und daß er nun Präsident werden sollte, machte da keine Ausnahme. Er sagte einmal: „Genauso wie ich in die Politik ging, weil Joe starb, würde mein Bruder Bobby sich um meinen Sitz im Senat bewerben, sollte mir morgen irgendetwas zustoßen. Und wenn Bobby stirbt, wird Teddy seinen Platz einnehmen." Joseph Kennedy Sr. sollte lange genug leben, um Zeuge dieser Kette von Ereignissen zu werden.

Wenn das überhaupt noch möglich war, dann eskalierte JFKs unerschrockenes und zuweilen leichtsinniges Verhalten nach seiner Wahl zum Präsidenten. Einmal versuchte er (wenn auch ohne Erfolg) einen Hubschrauberpiloten zu überreden, in einem Krater auf dem Atomtestgelände in Nevada zu landen. Als er in Caracas, Venezuela, durch denselben Bezirk fuhr, wo Nixon von Randalierern angegriffen worden war, verweigerte er sogar die routinemäßigen Sicherheitsvorkehrungen und stürzte sich blindlings in die wartende Menschenmenge. Und er war der berüchtigste Frauenheld von allen Präsidenten – manche nehmen an, daß diese Schwäche mit seiner Ermordung in Verbindung stehen könnte.

JFK hatte, und das ist nicht übertrieben, mit hunderten von Frauen Liebesaffären, angefangen von zwei Sekretärinnen mit den Spitznamen Fiddle und Faddle bis zu eher exotischen Typen wie Jayne Mansfield, Angie Dickinson, der Stripteasetänzerin Blaze Starr und der Malerin Mary Pinchot Meyer, mit der er im Weißen Haus gelegentlich Marihuana rauchte. JFKs Affäre mit Marilyn Monroe wurde wohl zur Top-Story seines Lebens, nachdem ein Privatdetektiv und ein zweitklassiger Filmproduzent behauptet hatten, der Tod der blonden Sexbombe im Jahr 1962 könnte in irgendeinem Zusammenhang mit ihren Liebesbeziehungen zum Präsidenten und zu seinem Bruder Bobby stehen.

Bis heute gibt es mysteriöse Andeutungen über ihren „wahrscheinlichen Selbstmord", wie die Todesursache auf ihrer Sterbeurkunde angegeben ist. Man sagte, Marilyn sei verzweifelt gewesen, als ihr die beiden Brüder Kennedy die kalte Schulter gezeigt hätten. In 20 Jahren ist es niemandem gelungen zu beweisen, ob ihr Tod Selbstmord

Marylin Monroe während ihres Auftritts zum Geburtstag von Präsident Kennedy (1962)

oder Mord war. In Büchern, Zeitschriften und Dokumentationen gab es für beide Möglichkeiten überzeugende Argumente. Aber ungeachtet der tatsächlichen Todesursache weiß man, daß ihr letzter verzweifelter Anruf dem Schauspieler Peter Lawford galt, dem Schwager der Kennedys.

Die Affäre mit Marilyn war riskant, aber nicht annähernd so leichtsinnig wie die Romanze mit Judith Campbell – der Geliebten von Sam Giancana, einer berüchtigten kriminellen Unterweltfigur. Sam Giancana war der Mafiaboß von Chicago, eine Position, die er länger hielt als sein Vorgänger Al Capone. Er beaufsichtigte ein Verbrecherimperium, dem schätzungsweise 50 000 Buchmacher, Kredithaie, Rauschgifthändler, Fälscher, Hehler, Mörder und was es sonst noch alles an Gangster gibt, angehörten. Er kontrollierte jährliche illegale Einnahmen von ungefähr $ 2 Billionen. Geradezu unglaublich ist, daß Kennedys Affäre mit Campbell 1975 anläßlich einer Untersuchung eines Senatsausschusses über illegale Aktionen des CIA aufgedeckt wurde. Es stellte sich heraus, daß die CIA Giancana für die Durchführung eines Planes zur Ermordung Fidel Castros angeheuert hatte. Der Vorsitzende des Ausschusses, Senator Frank Church, ein Demokrat aus Ohio, unternahm die größten Anstrengungen, die Geschichte herunterzuspielen und strich jeden Hinweis auf Judiths Campbells Namen und sogar auf ihr Geschlecht in seinem Abschlußbericht. Sie wurde als „Freund des Präsidenten“ bezeichnet, etwa wenn es um die Aufzeichnungen der Telefonzentrale des Weißen Hauses ging, bei der 70 Telefongespräche zwischen dem Weißen Haus und dem „Freund des Präsidenten“, der „gleichzeitig ein enger Freund von John Roselli und Sam Giancana war und mit diesen häufig zusammentraf“, aufgelistet waren. Als Giancana und Roselli im Anschluß an die Aufdeckungen des Church- Ausschusses ermordet wurden, witterten die Medien eine Big Story, und schließlich wurden die Einzelheiten der Affäre Judith Campbell doch noch enthüllt.

Wie sich herausstellte, wurde JFK von seinem guten Freund Frank Sinatra am 7. Februar 1960 in der Halle des Sands Hotels in Las Vegas mit Judith Campbell bekanntgemacht. Judith war eine zeitlang Sinatras „Betthäschen" gewesen und das machte sie für Kennedy nur noch anziehender. Daß sie im Verlauf dieses Abends einen Annäherungsversuch von Ted zurückwies, machte die Werbung um sie noch interessanter.

JFK telefonierte häufig mit Judith und schickte ihr Rosen. Aber trotz seiner Bemühungen kam er erst am 7. März mit ihr zusammen. Sie flog nach New York, und die beiden trafen sich im Plaza Hotel – am Abend vor den Vorwahlen in New Hampshire. In ihrer eigenen Veröffentlichung mit dem Titel *My Story* beschrieb Judith das „große Ereignis" allerdings nicht als besonders eindrucksvoll. „In meiner Beziehung zu Jack mußte ich zur Kenntnis nehmen", erinnerte sie sich, daß, „er den Standpunkt vertrat, man müsse ihn bedienen. Zum Teil lag das wohl an seinem Rückenleiden, aber zum Teil ist er meiner Meinung nach von den Frauen auch zu sehr verwöhnt worden."

Judith berichtete, daß sie mit JFK im Haus seiner Familie in Georgetown zusammen war, ebenso in einem Privathaus in Palm Beach und im Hilton Hotel in Los Angeles am Vorabend des Parteitages der Demokraten. Im Hilton hatte das Liebespaar den ersten Krach – Kennedy hatte noch eine Frau in sein Zimmer eingeladen und wollte Judith zu einem flotten Dreier überreden. JFKs Leichtsinn erreichte seinen Höhepunkt, als sie ihn im Weißen Haus besuchte und im Swimmingpool schwamm. Er lud sie sogar zu einem Flug mit der Präsidentenmaschine *Air Force One* ein.

Diese Affäre machte JFK außerordentlich erpreßbar. In welchem Ausmaß, läßt sich kaum ermessen. Am 27. Februar 1962 schickte der Direktor des amerikanischen Bundeskriminalamtes FBI, J. Edgar Hoover, Kennedy einen Bericht, in dem behauptet wurde, daß Judith Campbell, seines Wissens die Geliebte des Präsidenten gleichzeitig auch Sam Giancanas Geliebte ist. Dieser Bericht brachte ihn Hoover gegenüber in eine schwierige Position. Denn Hoover war einer von Kennedys mächtigsten Gegnern. Der Präsident hatte schon länger entschlossen versucht, Hoovers beträchtliche Macht einzuschränken. Das erste Warnsignal, daß ein neuer Wind wehte, war für den Direktor des FBI JFKs Anordnung, daß Hoover nur seinem Bruder Bobby, dem Justizminister, zu berichten habe. Obwohl das Justizministerium für das FBI zuständig war, hatte Hoover in der Vergangenheit stets nur den Präsidenten, denen er jeweils gedient hatte, persönlich Bericht erstattet. Und nun bekam Hoover die Chance, seinen politischen Einfluß zurückzugewinnen, den er so verzweifelt brauchte.

Auch für Bobby Kennedy war Hoovers Bericht sehr unangenehm. Er hatte sich erst kurz zuvor auf das bislang ehrgeizigste Projekt zur Bekämpfung der Verbrechersyndikate eingelassen. Während sich sein Justizministerium die größte Mühe gab, führende Gangster vor Gericht zu bringen, hatte der Präsident mit der Geliebten eines Gangsterbosses ein Verhältnis. Aus Sorge über die Auswirkungen einer möglichen Enthüllung ließ Bobby Sam Giancana rund um die Uhr überwachen. In der Zwischenzeit zog JFK einen Schlußstrich unter seine Beziehung zu Judith und zu Frank Sinatra. Erst vor kurzem hat Judith zugegeben, daß sie tatsächlich der heiße Draht zwischen Kennedy und Giancana gewesen war.

JFK wurde am 12. November 1963 ermordert. Camelot kam jäh zum Stillstand. Nach seinem Tod übernahm Bobby die Fackel der Präsidentschaft, ein ebenso dynamischer Kennedy, der den nationalen Geist, der mit seinem Bruder gestorben war, wieder neu zu beleben schien. Bobby war auf diese Aufgabe hervorragend vorbereitet, denn er war von Joe Sr. in der gleichen Weise wie seine älteren Brüder erzogen worden. Eine Lieblingsgeschichte der Familie war stets, wie sich Bobby im zarten Alter von vier Jahren aus dem Segelboot der Familie fallenließ, um schwimmen zu lernen. Als ihn Joe Jr. wieder sicher an Bord gezogen hatte, sprang er erneut ins Wasser. JFK erinnerte sich später:

„Entweder bewies das eine Menge Schneid oder einen völligen Mangel an Verstand, es kommt nur darauf an, wie man es sieht."

Im Sport war Bobby so extrem wettbewerbsorientiert gewesen, daß er einmal ein Rugbyspiel beendet hatte, obwohl er sich zwar in einem Übungshandgemenge ein Bein gebrochen hatte. Niemand hatte etwas davon bemerkt, bis er zusammenbrach und vom Spielfeld getragen werden mußte. Seine Familie betrachtete ihn als den „Mickrigsten des Wurfes", aber seine ungeheure Zielstrebigkeit und Entschlossenheit war entscheidend, und er war der einzige Kennedy, der je in Harvard eine Urkunde im Football gewann. Bobby hatte eine Lebenseinstellung, in der das Wort Furcht nicht vorkam. Auch er verfügte über das leichtsinnige Verhalten, das jeder Kennedy an den Tag legte. Als die kanadische Regierung den höchsten, noch nicht bestiegenen Berg des Landes nach JFK benannte, beschloß Robert, die Erstbesteigung des 13 000 Fuß hohen Gipfels zu machen. Kurz nach seiner Wahl in den Senat im März 1965 bestieg er, seiner lähmenden Höhenangst zum Trotz, den Berg. Im November 1965 unternahm er mitten in einem tropischen Unwetter eine Kanufahrt auf dem Amazonas. Die Sicht betrug nur wenige Meter, und die eingeborenen Führer weigerten sich, weiterzufahren. Als er fünfundvierzig Minuten später plötzlich mit vier Fischen wieder auftauchte, waren die Eingeborenen überrascht, ihn lebend wiederzusehen. Daraufhin fühlte er sich nur noch unverwundbarer und startete am nächsten Tag mit einem Flugzeug Baujahr 1937 zu einem abgelegenen Urwaldgebiet. Zu seiner Frau sagte er: „Ich muß verrückt sein, an Bord dieses leichten Dings zu gehen."

Während der Präsidentschaftskampagne 1968 ignorierte Bobby alle Attentatswarnungen. Seinen Mitarbeiterstab versetzte er mit seinem Talent, eine Menschenmenge emotional aufpeitschen zu können, in Angst und Schrecken. Ein Reporter des Magazins *Life* schrieb, daß Kennedy „sich selbst bewußt und immer wieder gefährlichen Angriffsmöglichkeiten aussetzte... Er wollte definitiv nicht beschützt werden." Am 5. Juni 1968 wurde die „gefährliche Angriffsmöglichkeit" für Kennedy zur Realität. Bobby Kennedy wurde im Ambassador Hotel ermordet, wenige Augenblicke nach seiner ersten Ansprache im Anschluß an seinen Vorwahlsieg in Kalifornien.

Für Ted kam der Druck zur Präsidentschaft allzu früh. Bereits im Fahrstuhl, als er Bobbys Leichnam zur Autopsie in das *Good Samaritan Hospital* begleitete, wandte sich der Abrüstungsexperte Allard Lowenstein an ihn und sag-

Ted und Joan Kennedy auf dem Weg zur Beerdigung der verunglückten Mary Jo Kopechne

te: „Jetzt, wo wir Bobby verloren haben, sind Sie alles, was wir haben. Sie müssen die Führung übernehmen." Ohne eine Sekunde nachzudenken versicherte er Lowenstein, daß er „weitermachen" würde.

Kurz vor dem Parteitag der Demokraten 1968 hielt Ted seine erste politische Rede nach Bobbys Tod. Er erzählte eifrig lauschenden Reportern: „Wie meine Brüder vor mir, hebe auch ich einen gefallenen Standard wieder an." Es gab kaum Zweifel, daß er 1972 zum Präsidentschaftskandidaten nominiert werden würde. Aber, wie bei seinen Brüdern, zerstörten letzten Endes die gleichen Verhaltensmuster der eingebildeten Unverwundbarkeit und Leichtsinnigkeit – besonders hinter dem Lenkrad – diese Hoffnung.

Ted war schon immer ein wilder Fahrer gewesen. Als Jurastudent an der Universität von Virginia in den 50er Jahren machte er sich zahlreicher Verkehrsübertretungen schuldig. Die Liste reichte von Raserei über rücksichtsloses Fahren bis zur Mißachtung einer roten Ampel. Während seiner ersten Amtszeit im Senat, zwang er einen Fahrer auf dem Weg zum Flughafen schneller zu fahren, dabei stand der Tacho ohnehin schon auf 100 Meilen in der Stunde. Der zukünftige Präsidentschaftskandidat neigte nur noch mehr zu leichtsinnigem Verhalten als früher.

Nach seinem eigenen Eingeständnis standen die Ereignisse rund um *Chappaquiddick* in der unmittelbaren Nähe krimineller Verantwortungslosigkeit. Sein 1967er Oldsmobile kam auf der Brücke ins Schleudern und stürzte ins Wasser. Ted brachte sich schwimmend in Sicherheit und ging zurück zur Party, um Hilfe zu holen. Die Polizei rief er nicht. Statt dessen kehrte er mit seinem Cousin zum Unfallort zurück, und gemeinsam tauchten sie einige Male in das eisige Wasser. Um 2.30 Uhr in der Nacht wurde er in der Halle seines Motels gesehen, danach kehrte er in sein Zimmer zurück und machte siebzehn Telefonanrufe, aber nicht einen davon mit der Polizei. Diese rief er erst am nächsten Tag an, nachdem Mary Jo Kopechnes Leiche längst gefunden worden war.

Bemerkenswert ist, daß der *Chappaquiddick-Skandal* Teds politische Karriere nicht vollständig ruiniert hat, ein Punkt, den viele seinen Fernsehauftritten zuschreiben. Am 25. Juli bekannte sich Kennedy schuldig zu der Anklage, den Ort eines tödlichen Unfalls verlassen zu haben. Man verurteilte ihn zu zwei Monaten mit Bewährung. An diesem Abend gab er im Haus seines Vaters in Hyannis Port eine Erklärung ab. Er bestritt, unter Alkoholeinfluß gefahren zu sein und bat die Bürger von Massachusetts um Rat, ob er sein Amt im Senat niederlegen sollte oder nicht.

Den Appell hatte Ted Sorenson verfaßt, wohlbekannt von JFKs berühmten Schlußsatz aus seiner Rede anläßlich der Amtsübernahme: „Fragt nicht, was euer Land für euch tun kann." Die *Chappaquiddick-Rede* war eine sehr viel unangenehmere Aufgabe, aber es gelang ihm die Ausarbeitung einer Ansprache, die ihren Zweck zu erfüllen schien. Kennedy begann: „Seit meiner ersten Wahl sind einige Jahre vergangen ... und deshalb frage ich Sie heute Abend, Bürger von Massachusetts ... angesichts dieser Entscheidung suche ich Ihren Rat und bitte um Ihre Meinung." Er fuhr fort: „Die letzte Entscheidung wird da liegen, wo sie liegen sollte, nämlich bei der Öffentlichkeit und bei den Bürgern von Massachusetts." Im Verlauf der Fernsehsendung berichtete er über seine Aktionen in Chappaquiddick in einer Art und Weise, die eher auf heroisches Verhalten als auf Fahrlässigkeit schließen ließ. Er erinnerte sich, wieder und wieder in „das dunkle und trübe Wasser" getaucht zu sein. Einige meinten sogar, damit habe er eine oberflächliche Erinnerung an JFKs heldenhafte Rettungsversuche als Kommandant des Patrouillenbootes PT 109 im Zweiten Weltkrieg geweckt.

Eine Studie vom M.J. Robinson und P.M. Burgess aus dem Jahre 1970 im *Television Quarterly* ergab, daß jeder vierte, der vor Chappaquiddick zu Kennedys Anhängern gehörte, vor der Fernsehansprache nicht mehr auf seiner Seite stand. Nach der Fernsehsendung jedoch ergriff die Hälfte der Abtrünnigen wieder seine Partei. Die Autoren der Studie schlossen daraus: „Wenn irgendeine sehr bekannte Persönlichkeit ... ihren Fall demütig und Abbitte leistend vor ein Fernsehpublikum bringt und dieses davon überzeugen kann, daß nach der Sendung keine vernichtende Kritik aufkommen wird, kann eine solche Vorstellung nur von Nutzen sein, egal, was sie zu sagen hat."

Zu denen, die sich nach *Chappaquiddick* von ihm abwandten, gehörte die Frau des Senators, Joan. Sie stand zwar während des Skandals an der Seite ihres Mannes und begleitete ihn tapfer zu Mary Jo Kopechnes Beerdigung, aber die Jahre als Ehefrau eines Kennedy hatten ihren Preis gefordert. Einen Monat nach Chappaquiddick erlitt Joan eine Fehlgeburt. Es war fatalerweise ihre letzte Möglichkeit, noch ein Kind zu bekommen. Die Ehe hatte einen Knacks, und es wurde zunehmend deutlich, daß Joan Alkoholikerin geworden war. Schließlich verließ sie den Kennedy-Clan und nahm sich eine eigene Wohnung in Boston. Sie unterzog sich einer Entziehungskur und wurde mit Erfolg rehabilitiert. Danach trennte sie sich endgültig von Ted.

Wie schon bei der Familie Adams, so forderten die übergroßen Erwartungen der Familie von der dritten Generation, der ihre Verpflichtung, ein Kennedy zu sein, nur zu bewußt gemacht wurde, den größten Tribut. Am Tag vor JFKs Beerdigung hatte Robert Kennedy seinem Sohn Joe II geschrieben: „Du bist der älteste Enkel. Du hast jetzt eine spezielle und besondere Verpflichtung, und ich weiß, daß du sie erfüllen wirst. Erinnere dich an alle Dinge, die Jack in Gang setzte – sei gütig zu anderen, die weniger vom Glück begünstigt sind als wir – und liebe dein Vaterland." Vielleicht war das Gewicht für einen jungen Menschen zu schwer. 1973 fuhr Joseph II nach einer wilden Fahrt quer durch die Wälder einen Jeep zu Schrott. Die Beifahrerin

Pam Kelley blieb von der Taille abwärts gelähmt. Sein jüngerer Bruder David erlitt einen Bruch der Wirbelsäule.

Im folgenden Sommer unternahm Bobby Jr. eine lebensgefährliche Reise. Er fuhr den Apurimacfluß im Quellgebiet des Amazonas hinunter, in dem jährlich schätzungsweise 300 Indianer in den Stromschnellen zerschmettert werden. Ehe die Reisegruppe zur Kanufahrt aufbrach, bestand Bobby darauf, in den Fluß zu springen, um zu schwimmen, und forderte die anderen heraus, es ihm gleich zu tun. Zweimal wurde er von dem tückischen Sog hinuntergezogen und aus dem Blickfeld seiner Begleiter abgetrieben. Diese dachten, er wäre ertrunken, als er endlich flußabwärts wieder an die Oberfläche kam und sich ans sichere Ufer schleppte.

Bobby und seine Gefährten überlebten den Apurimac – abgerissen und böse zugerichtet, aber dem Nimbus der Unverwundbarkeit gab dieses Erlebnis mächtigen Auftrieb. Auf der elfstündigen Fahrt durch die Berge zurück nach Lima, kletterte Bobby aus dem Fenster des fahrenden Busses aufs Dach, um einen Pullover aus seinem Gepäck zu holen. Schon 1971 hatte Bobby eine leichtsinnige Arroganz an den Tag gelegt. Mit siebzehn Jahren war er verhaftet worden, weil er einem Polizeibeamten eine Tüte Eiscreme ins Gesicht gedrückt hatte. Im selben Jahr war er mitschuldig, daß sein sechzehnjähriger Bruder David von der Middlesex High School verwiesen wurde. Er hatte ihm Marihuana verkauft, und David bewahrte den Pot in der Schule in einem Koffer auf, der auf geheimnisvolle Weise verschwand. Als er gehört hatte, was passiert war, kam Bobby in die Schule, markierte den hartgesottenen Dealer und bedrohte die anderen Schüler. Der Einschüchterungsversuch ging jedoch nach hinten los. Ein verängstigter Schüler wandte sich an die Direktion und David mußte die Schule verlassen.

Drogen blieben für viele Kennedy-Enkel ein ernstes Problem. 1973 begann Teds und Joans vierzehnjährige Tochter Kara mit Drogen zu experimentieren. Einige Male lief sie von zu Hause fort, um irgendwo Rauschgiftgeschäfte abzuwickeln. 1976 lag David nach einem vierzigtägigen Gelage mit Heroin sechs Wochen im Massachusetts General Hospital. In den nächsten Jahren machte er immer wieder Entziehungskuren und kam erneut in Schwierigkeiten. Bei einem Heroineinkauf versetzte ihm ein Rauschgifthändler einen Messerstich in den Bauch. In Harlem, wo er unter dem Spitznamen *„White James“* bekannt war, schlug man ihn bei einem Drogenkauf nieder. Anschließend wurde er von der Polizei verhaftet, der sein Benehmen verdächtig vorkam. 1983 wurde Bobby, inzwischen stellvertretender Bezirksstaatsanwalt, wegen Besitzes von einem Gramm Heroin verhaftet. Am 25. April 1984 verlor David endgültig seinen ständigen Kampf gegen die Drogen. Er starb an einer Überdosis.

Das Kennedy-Erbe beinhaltet das, was viele ein „Schatten-Erbe“ nannten, eine Macht, die eine Verachtung für alle Regeln repräsentierte und eine „Arroganz gegenüber den Gesetzen, die für alle anderen sonst verbindlich sind“. Wie Chris Lawford, ein Kennedy-Enkel, sagte: „Die Geschichte der Kennedys handelt vom Karma, von Menschen, die die Regeln brachen und schließlich von ihnen gebrochen wurden.“ Aber die Erben rücken unaufhaltsam vor. 1986 wurde Joseph Kennedy II in das Repräsentantenhaus von Massachusetts gewählt, der erste seiner Generation, der die Bühne der Politik betrat. Seine Schwester Kathleen versuchte es auch, verlor aber die Wahl für einen Sitz im Kongreß in Maryland.

KAPITEL 12

„Rutsch' rüber, hier ist dein Präsident"

Skandale zu Lebzeiten von Lyndon Baines Johnson

Obwohl Präsident Lyndon Johnson den ungehobelten Charme des Südstaatlers ausstrahlte und weit entfernt blieb vom Stil von Kennedys Camelot, war der derbe Demokrat aus Texas in fast so viele Liebesaffären verwickelt wie sein Vorgänger. Eine der amüsanteren Geschichten dabei betrifft einen Verführungsversuch bei einer Mitarbeiterin seines Stabes. Die Frau weilte zu Besuch auf Johnsons Ranch in Texas und schreckte mitten in der Nacht auf, als ein Mann in einem Nachthemd am Fußende ihres Bettes erschien. Außer dem Licht seiner Taschenlampe konnte sie nur wenig erkennen. Da hörte sie eine ihr wohlbekannte Stimme, die mit Entschiedenheit sagte, was vielleicht einmal der berühmteste Satz in einem solchen Zusammenhang werden könnte: „Rutsch rüber, hier ist dein Präsident."

LBJ prahlte ganz offen vor seiner Administration mit seiner sexuellen Potenz, aber die Medien hielten diese und viele andere Geschichten unter Verschluß. Erst nach seinem Tod im Jahr 1973 wurde die Wahrheit über den Schürzenjäger Johnson langsam der Öffentlichkeit offengelegt. Selbst heute noch kommen Sexaffären von LBJ ans Tageslicht. Im Juni 1987 etwa reichte der 36jährige Steven Brown eine Klage ein und forderte $ 10,5 Millionen von seinem väterlichen Erbe. Er behauptete, das uneheliche

Kind und der einzige männliche Erbe des ehemaligen Präsidenten zu sein. Seine Mutter, die 62jährige Madeline Brown versicherte in diesem Zusammenhang, 21 Jahre lang Johnsons Geliebte gewesen zu sein.

Über diese Klage kamen sehr viele Einzelheiten ans Tageslicht, aber die Öffentlichkeit, inzwischen solchen Angelegenheiten gegenüber ziemlich abgestumpft, nahm sie ohne besonderes Interesse zur Kenntnis. Madeline sagte, ihre „rein körperliche" Affäre wäre vor Johnsons Frau, Lady Bird, und den beiden Töchtern Lucy und Lynda sorgfältig verheimlicht worden. Als Gegenleistung für ihre Diskretion, behauptete Madeline, wurde ihr ein Haus mit zwei Schlafzimmern, einem Dienstmädchen sowie großzügiger Unterhalt zur Verfügung gestellt. Zudem erhielt sie alle zwei Jahre ein neues Auto. Obwohl keine Liebesbriefe oder offizielle Bestätigungen existieren, ist nach Madelines Ansicht ein Brief des kürzlich verstorbenen Anwalts Jerome T. Ragsdale als Beweis für ihre Affäre mit dem Präsidenten zu werten. Der Brief wurde kurz nach Johnsons Tod 1973 geschrieben, und Ragsdale gab Madeline seine „persönliche Garantie", daß er „die finanzielle Übereinkunft, die Johnson für Sie und Steven in der Vergangenheit eingehalten hat, weiterführen" würde. Er fügte hinzu: „Ich werde weiterhin wöchentliche Hausbesuche bei Ihnen machen, um mich von Ihrem [sic] und Stevens Wohlergehen zu überzeugen."

Madeline Brown spielte wohl nur als sexuelle Gespielin eine Rolle. Eine andere Geliebte wurde jedoch zu einer emotionalen Prüfung für LBJ. 1982 enthüllte der preisgekrönte Biograph Robert A. Caro die pikante Geschichte von der Affäre, die LBJ dreißig Jahre lang mit Alice Glass, einer großen Texasschönheit mit funkelnden blauen Augen und rotblonden hüftlangen Haaren, aufrecht hielt.

LBJ begegnete Alice Glass zum ersten Mal 1937 in *Longlea,* einem Herrenhaus im Stil des 18. Jahrhunderts im Norden Virginias, wo sie mit ihrem Lebensgefährten Charles E. Marsh und ihren beiden Kindern lebte. Trotz ihrer Erziehung nach den Moralmaßstäben der Südstaaten hielt Alice nicht viel von der Ehe, nicht einmal von der Ehe mit Marsh, dem wohlhabenden Zeitungsmagnaten, der ihretwegen, als sie noch ein junges Mädchen war, seine Frau und seine Kinder verlassen hatte. In den 30er Jahren betrachtete man einen solchen Lebensstil als skandalös. Die Schwester von Alice, Mary Louise, beschrieb sie als „Freigeist – sehr unabhängig – zu einer Zeit, als die Frauen noch nicht so waren."

Longlea, wo LBJ bald regelmäßiger Gast wurde, galt als vornehmer Treffpunkt für führende Presseleute, Politiker und Akademiker, die dort auf der eleganten Terrasse saßen, Champagner schlürften und Gedanken austauschten. In vieler Hinsicht war LBJs Bemühen um Alice auf Longlea vergleichbar mit George Washingtons Beziehung zu Sally Fairfax in Belvoir.

LBJ und Alice Glass verband ein gemeinsamer Idealismus. Als sie sich kennenlernten, beschaffte Alice Geld und organisierte Hilfeleistungen für verfolgte Juden, um ihnen die Flucht vor Hitlers Terror zu ermöglichen. Johnson, damals ein junger Kongreßabgeordneter, half ihr bereitwillig bei ihren Aktionen. Viele der Flüchtlinge kamen auf direktem Weg von Europa nach Longlea. So auch ein 25jähriger Dirigent aus Wien, der durch sein Talent natürlich ein zeitlich begrenztes Visum erhielt. Als sich herausstellte, daß dieses Visum nicht verlängert werden konnte, wandte sich Alice an LBJ, der für den Dirigenten eine Kubareise arrangierte und ihm eine „ständige Aufenthaltserlaubnis" vermittelte. Alice war verblüfft. Hier war ein Mann, der nicht nur bereit war, die Welt mit Worten zu verändern, sondern seine Ideale auch in Taten umzusetzen suchte. Darüber hinaus stand er nicht nur der religiösen Verfolgung feindlich gegenüber, sondern zog auch gegen Armut, Rassendiskriminierung und andere gesellschaftliche Ungleichheiten zu Felde.

Ende 1938 oder Anfang 1939 erzählte Alice ihrer Schwester und ihrer Cousine, daß sie und LBJ ein Liebespaar geworden waren. Johnson sagte jedoch niemandem auch nur ein Wort davon. Und eben die Tatsache, daß Johnson niemals über den sexuellen Aspekt ihrer Beziehung gesprochen hatte, war für viele ein Beweis seiner großen Liebe zu ihr. Da LBJ sehr oft und sogar auf exaltierte Weise mit seinen Affären geprahlt hatte, war sein Schweigen über Alice schon sehr bemerkenswert.

Auch wenn Johnson sehr verliebt war, so standen ihm seine Gefühle doch niemals im Weg, sobald sich eine gute politische Aufstiegschance bot. Johnson wurde ein politischer Schützling von Alices Lebensgefährten. Marsh, der anscheinend nichts von der Affäre wußte, half Johnson sowohl politisch als auch finanziell. 1938 erschienen in seiner Zeitung *Austin American-Statesman* nur positive Johnson-Artikel – und zwar sehr viele. Im Jahr darauf, als Marsh feststellte, daß Johnson mit seinem $ 10 000 Gehalt nicht zurechtkam, verkaufte er ihm einen 19 Morgen großen Grundbesitz für nur $ 12 000, also weit unter dem Marktwert. Dieser Kauf, bezahlt von Lady Bird, ermöglichte den Johnsons eine sorgenfreie finanzielle Zukunft.

Vielleicht war Lady Bird der Ansicht, daß man ihr diese günstige Gelegenheit einfach schuldig war, denn es gilt als fast sicher, daß sie zu jeder Zeit von LBJs Affäre mit Alice wußte. Wenn Johnson sich an den vielen Wochenenden, die er mit Alice verbrachte, auf den Weg nach Longlea machte, wurde Lady Bird wegen irgendeiner verwandtschaftlichen Pflicht schnell nach Texas oder Washington geschickt. Aber am Ende behielt Lady Bird ihren Mann. Die Beziehung zwischen LBJ und Alice Glass endete genauso, wie sie angefangen hatte. Wieder ging es um soziale Gerechtigkeit, aber dieses Mal stand Vietnam im Brennpunkt. 1967 bestanden nicht einmal mehr die Grundvoraussetzungen einer Freundschaft. Aus Protest gegen Johnson hatte Alice seine Liebesbriefe an sie verbrannt. Offensichtlich wollte sie nicht, daß ihre Enkelin einmal von ihrer Beziehung zu dem Mann, den sie für den Vietnamkrieg verantwortlich machte, erfahren würde.

Angesichts der außerehelichen Affären LBJs ist es fast komisch, daß ihn ausgerechnet ein Sexskandal, mit dem er nicht das Geringste zu tun hatte, beinahe die Präsidentschaft gekostet hätte. Am 14. Oktober 1964, ein paar Wochen vor der Wahl, enthüllten die Medien, daß Walter Jenkins, Johnsons Stabschef im Weißen Haus, auf der Herrentoilette des YMCA (Christlicher Verein junger Männer) verhaftet worden war. Man hatte ihn dort bei homosexuellen Handlungen mit einem 60jährigen Bewohner ertappt. Schlimmer noch, die Medien fanden heraus, daß Jenkins wegen demselben Delikt auf derselben Toilette fünf Jahre zuvor schon einmal verhaftet worden war.

Damals betrachtete man Homosexualität als eine für einen Politiker sehr gefährliche Neigung. Wenig hatte sich seit 1950 verändert. Damals veröffentlichte der Kongreß einen Bericht mit dem Titel *„Employment of Homosexuals and Other Sex Perverts in Government“,* in dem stand, daß in erster Linie Homosexuelle Zielscheibe ausländischer Regierungen für die Rekrutierung von Spionen seien. In diesem Bericht definierte man Homosexualität als Perversion und behauptete, Homosexuellen mangele es an „moralischem Charakter“, sie „verletzen die Sittenregeln und Gesetze und verstoßen gegen allgemein akzeptiertes Verhalten“. In diesem moralischen Klima brach der *Jenkins-Skandal* aus.

Als die Presse eine Woche nach der tatsächlichen Verhaftung erstmals etwas über den Jenkins-Zwischenfall erfuhr, befand sich Johnson anläßlich seiner Wahlkampagne in New York. Da Jenkins zwischenzeitlich mit dem Präsidenten keinen telefonischen Kontakt herstellen konnte, wandte er sich an Abe Fortas, Johnsons obersten Rechtsberater. Fortas ließ Jenkins schnell in ein Krankenhaus einliefern. Als er Jenkins wohlverwahrt im Krankenhaus wußte, suchte Fortas die Chefredakteure der drei wichtigsten Zeitungen auf und bat sie, die Story zurückzuhalten, bis der Stabschef seine Familie informieren und sein Amt niederlegen könnte. Alle drei erklärten sich mit Fortas

Bitte einverstanden, aber *U*nited *P*ress *I*nternational veröffentlichte die Geschichte am späten Nachmittag. Zu dieser Zeit befand sich Jenkins unter ärztlicher Beobachtung im Krankenhaus und Johnson war schon darauf vorbereitet, sein Rücktrittsgesuch anzunehmen.

Um den Schaden in Grenzen zu halten, wandte sich Johnson an seinen alten Freund, J. Edgar Hoover. Hoover, der eine engere Beziehung zu LBJ hatte als früher zu den Kennedys, reagierte sofort und gab innerhalb einer Woche einen Bericht heraus, der allen versicherte, daß Jenkins in keiner Weise die nationale Sicherheit gefährdet hatte. Hoovers Bericht war zwar eine große Hilfe für Johnson, aber der Skandal schlug weiter gewaltige Wellen, bis er von einer schwerwiegenderen Nachricht aus den Schlagzeilen verdrängt wurde: China hatte seine erste Atombombe gezündet.

Immer wieder versuchte der republikanische Herausforderer Barry Goldwater während der Wahlkampagne den *Jenkins-Skandal* mit höhnischen Anspielungen auf Johnson und seine „seltsame Mannschaft" wiederaufzugreifen. Und die Gegner des Präsidenten änderten den Wahlslogan *„All the Way with LBJ"* (Die ganze Strecke mit LBJ) in *„Either Way with LBJ"* (Auf die eine oder andere Art mit LBJ). Aber mit gewitzten taktischen Maßnahmen konnte der Präsident den Schaden in Grenzen halten.

Einerseits brachte der Jenkins-Zwischenfall Johnson in beträchtliche Verlegenheit, andererseits zog er aber auch indirekt einen Vorteil daraus. Als Jenkins zur Zeugenvernehmung vor einen Untersuchungsausschuß des Senats geladen wurde, sagten seine Ärzte, er sei gesundheitlich nicht in der Lage, seine Aussage zu machen. Das muß LBJ gewaltig erleichtert haben, denn Jenkins war die Schlüsselfigur in der Verbindung von Johnson zu Bobby Baker, die für einige zur „bizarrsten Skandalfigur im Washington der 60er Jahre" wurde.

1955, Johnson war damals Führer der Senatsmehrheit, ernannte er Robert J. Baker zum Sekretär der Mehrheitsfraktion. Für die nächsten sechs Jahre war Baker Johnsons Protegé. Johnson sagte einmal: „Wenn ich einen Sohn hätte, dann sollte er so sein wie dieser Junge.“ Aber nach seinem Einzug ins Weiße Haus brachte ihn der Junge in beträchtliche Verlegenheit. 1963 wurde Baker wegen seiner massiven Einflußnahme auf die Vergabe von Rüstungsaufträgen zugunsten seiner Maschinenfabrik gerichtlich belangt. Als der Rechtsausschuß seine Darstellung des Sachverhalts überprüfte, fanden die Ausschußmitglieder weitere Unstimmigkeiten. Einige davon wiesen darauf hin, daß auch der Präsident darin verwickelt sein könnte.

Johnson hatte seine Lebensversicherungspolice bei Don B. Reynolds abgeschlossen, dem Eigentümer einer Versicherungsgesellschaft, deren Vizepräsident wiederum Bobby Baker war. Reynolds behauptete, kurz nach Abschluß der Versicherung hätte ihm Walter Jenkins vorgeschlagen, er sollte für eintausend Dollar Werbezeit bei einer Fernsehgesellschaft in Austin, Texas, kaufen, die Lady Bird gehörte. Anschließend hätte ihn Baker gedrängt, Mrs. Johnson eine Stereoanlage zu schenken, auf die sie kurz zuvor ein Auge geworfen hatte. Eigentlich hatte Reynolds keinen Grund dazu, aber er kaufte die Werbezeit und schickte den Johnsons die Stereoanlage im Wert von $ 600, mit Rechnung und allem. Als eine Zeitung in Washington die Geschichte aufgriff, die alle Anzeichen eines Provisionsgeschäfts zeigte, erhielt das Weiße Haus einen Vorabdruck. Abe Fortas versuchte wieder, die Veröffentlichung zu unterbinden, aber es klappte nicht.

Die umfassende Untersuchung des Senats über Bakers Aktivitäten führte letztlich zu neun Klagepunkten in Zusammenhang mit Betrug, Konspiration bis zur Steuerhinterziehung, aber es gelang nicht, den Präsidenten mit diesen Machenschaften in Verbindung zu bringen. Obwohl die gegnerische Partei in der für ein Wahljahr typischen Manier von „Mohrenwäsche“ sprach, wurden Johnson und Jenkins von allen Anschuldigungen bezüglich des Lebensversicherungsgeschäfts reingewaschen. Baker dagegen hatte nicht soviel Glück. Er wurde in sieben der neun Anklagepunkte für schuldig befunden.

Als Konsequenz aus dem *Baker-Skandal* rief der Senat 1964 einen ständigen Ausschuß für politische Ethik ins Leben. Das Repräsentantenhaus folgte 1967 diesem Beispiel, nachdem ein Untersuchungsausschuß, geleitet von Adam Clayton Powell, herausfand, daß der bombastische Demokrat aus Harlem seine privaten Flugreisen über Amtsspesen abgerechnet hatte. Zusätzlich bezog seine Frau ein Jahresgehalt von $ 20 000, das er auf eigene Rechnung ermöglicht und hinterlegt hatte. Die Macht der beiden politischen Ethikkommissionen wurde in den späten 70er Jahren in Reaktion auf die weitverbreiteten Amtsvergehen der Nixon-Administration noch erweitert.

KAPITEL 13

„Obszöne Angelegenheiten“

Skandale zu Lebzeiten von J. Edgar Hoover

J. Edgar Hoover hatte in den 48 Jahren seiner Tätigkeit als Direktor des „Federal Bureau of Investigation“, kurz FBI, vielleicht mehr Macht angesammelt als irgendeine andere Person in der amerikanischen Geschichte. In den 30er Jahren wurde er national bekannt, als es seinen FBI-Agenten gelang, die Quote von Banküberfällen und Entführungen in den Vereinigten Staaten drastisch zu senken. In den 40er Jahren wuchs seine Macht, weil er einen systematischen Krieg gegen Nazis und Spione führte. In den 50er Jahren machte er sich selbst unentbehrlich mit der Behauptung, er habe den Sieg über den Kommunismus in den Vereinigten Staaten ermöglicht, obwohl sich manche später fragten, ob nicht in erster Linie er selbst die rote Gefahr herbeigeredet hatte. Aber in den 60er Jahren beendete Hoover anscheinend seine erfolgreichen Kreuzzüge gegen das Verbrechen, auf denen er seinen Ruf aufgebaut hatte. Nur sehr zögernd nahm er den Kampf gegen das organisierte Verbrechen in Angriff, wahrscheinlich aus der Angst heraus, daß er diesen Krieg niemals wirklich gewinnen könnte. Statt dessen benutzte Hoover seine letzte Waffe zur lebenslangen Garantie seiner Macht – seine Akten.

Hoover besaß detaillierte Akten über das Privatleben der acht Präsidenten, denen er gedient hatte. Um ganz sicherzugehen, ließ er auch von jedem neuen Kongreßmitglied ein geheimes FBI-Dossier anlegen. In den 60er Jahren dehnte er seine Überwachungsoperationen aus, ließ im Schlafzimmer von Martin Luther King Wanzen anbringen und die Telefone eines Ministers abhören, der auf der Party in Chappaquiddick war, in der Nacht, als Mary Jo Kopechne starb. Aber nicht nur Persönlichkeiten des öffentlichen Lebens und ihre Mitarbeiter weckten sein Interesse. Seine 6,8 Millionen Akten und 55 Millionen Karteikarten enthielten auch Informationen über Normalbürger.

Nicht alle seine Untersuchungen standen in direktem Zusammenhang mit der nationalen Sicherheit. Als Hoover 1972 starb, wurden in seinem Büro Akten gefunden, die Informationen über das Verhältnis zu Frauen und die Trinkgewohnheiten einer Handvoll Präsidenten und mindestens siebzehn Senatoren und Kongreßabgeordneten enthielten. Man vermutet, daß zahlreiche weitere Akten in den Reißwolf wanderten oder an einen geheimen Ort geschafft wurden. Aber vielleicht noch bedeutender als ihr Inhalt ist ihre schiere Existenz, die von dem gewaltigen Mißbrauch seiner Macht Zeugnis ablegt. Seine Akten machten ihn zu einem der gefürchtetsten Männer in der amerikanischen Politik des 20. Jahrhunderts. Besonders beunruhigend war die Tatsache, daß er sich in seinem Amt niemals einer Wahl stellen mußte.

In vieler Hinsicht deuten seine Akten über das Sexualleben von Politikern darauf hin, daß Hoover sein Geschlechtsleben auslebte, indem er das der anderen ausspionierte. Seine Anhänger waren der Überzeugung, daß Hoover ein Puritaner reinsten Herzens war, der versuchte, das Banner des *American Way* hochzuhalten. Seine Gegner wiederum sind davon überzeugt, daß er die Akten entweder zu seinem eigenen Vergnügen oder, schlimmer noch, zu Erpressungszwecken gesammelt hatte. Senator Gail W. McGee sagte: „Offensichtlich wurden sie [die Sexakten] für irgendeinen erpresserischen Zweck in Reserve gehalten. Genauso arbeitete auch die Gestapo. Sie haben einfach Aufzeichnungen gesammelt."

Besonders eingehend beschäftigte sich Hoover mit dem Verdacht der Homosexualität bei Regierungsmitgliedern. John M. Goshko schrieb 1976 in der *Washington*

Post, daß „... sich Homosexualität wie ein roter Faden durch die Akten zieht. Anmerkung auf Anmerkung folgt auf Behauptungen, daß verschiedene Politiker, Regierungsbeamte und andere sehr bekannte Persönlichkeiten homosexuell waren." Eine Ironie in Hoovers Leben bleibt, daß er, der besessen Angaben über das Sexualleben anderer sammelte, aller Wahrscheinlichkeit nach selbst homosexuell war.

Niemand kann sagen, ob Hoover ein praktizierender Homosexueller war, oder ob seine sexuelle Neigung latent blieb. Wenn jemand sein Privatleben hermetisch abschirmen konnte, dann war das der Direktor des FBI. Aber es bleibt die Tatsache, daß J. Edgar Hoover eine lebenslange enge Freundschaft mit Clyde Tolson, seinem zweiten Mann im FBI verband. Keiner der beiden Männer war jemals verheiratet und sie arbeiteten tagtäglich zusammen, aßen jeden Abend zusammen und machten über mehr als vierzig Jahre gemeinsam Ferien. Sie hatten keine anderen engen persönlichen Freunde. Berichte über ihre Wohnsituation widersprechen sich. Manche sagen, daß Hoovers Chauffeur Tolson jeden Abend nach dem Essen heimgefahren und ihn am nächsten Morgen auf der Fahrt ins Büro wieder abgeholt hätte. Andere sagen, die beiden Männer hätten Hoovers Haus gemeinsam bewohnt. Die Argwöhnischen beriefen sich auf die Gerüchte und die Spitznamen, die der FBI-Direktor und sein Stellvertreter im Amt erhalten hatten, *J. Edna* und *Mutter Tolson.*

Als Hoover starb, hinterließ er Tolson den größten Teil seines Vermögens im Wert von einer halben Million Dollar. Nichts von seinem Besitz – dazu gehörten ein Haus im Wert von $ 100 000, Antiquitäten, Aktien und Wertpapiere, vierzig Kontrakte von Öl-, Erdgas- und sonstigem Gelände mit Bodenschätzen und Bargeld – hinterließ er seinen nächsten Angehörigen, vier Nichten und zwei Neffen. An Hoovers Todestag kündigte Tolson seine Arbeit beim FBI mit einer knappen, nur einen Satz umfassenden Erklärung. Er war emotional so verstört, daß der den Beileidsanruf von Hoovers vorläufigem Nachfolger nicht entgegennehmen konnte.

Gleich nach Hoovers Interesse an den homosexuellen Aktivitäten von Politikern kam seine Faszination am Sex zwischen Menschen verschiedener Rassen und/oder Gruppensex. Seine perverse Neugier trieb ihn auch zu seinem größten Amtsmißbrauch. Zwischen 1963 und 1966 baute das FBI in Martin Luther Kings Haus in Atlanta und in seinen Büroräumen Abhörwanzen ein und machte Tonbandaufnahmen. Auch in den Hotelzimmern, die er während seiner Reisen für die Bürgerrechtsbewegung quer durch das ganze Land bewohnte, wurde er abgehört. Ursprünglich hatte Justizminister Robert Kennedy die Abhöraktion genehmigt, nachdem Hoover ihm mit Erfolg eingeredet hatte, daß Kings wichtigster Berater Kommunist sei. Die Ergebnisse der Überwachung waren so skandalös, daß der Bundesgerichtshof in Washington anordnete, alle Aufnahmen, Aufzeichnungen, Notizen und Belege bis zum Jahr 2027 in den Nationalarchiven unter Verschluß zu halten. Aber, wie meist in solchen Fällen, sickerten schon viele Informationen vorab durch.

Am belastendsten sind die ersten Bandaufnahmen, aufgenommen im Willard Hotel in Washington, D.C., zwischen dem 5. und dem 7. Januar 1963, ein paar Wochen, nachdem Martin Luther King vom Magazin *Newsweek* zum Mann des Jahres erkoren worden war. Das FBI belauschte eine lebhafte Party, auf der viel getrunken wurde. Teilnehmer waren King, einige seiner Mitarbeiter und zwei schwarze Frauen, die in der Marinebehörde in Philadelphia beschäftigt waren. Die Aufnahmen waren verstümmelt, aber die Geräusche unmißverständlich. Am nächsten Morgen schrieb der Sicherheitsbeauftragte des Hotels eine lange Aktennotiz an Hoovers dritten Mann, in der es hieß: „Es muß ein günstiger Moment in der Zukunft abgepaßt werden, damit man King den Bürgern dieses Landes und seinen Negergefolgsleuten als das offenbaren kann, was er tatsächlich ist – ein betrügerischer, demagogischer und unsittlicher Schuft.“ Es wird berichtet, daß Hoover, als ihm die Höhepunkte der Aufnahme vorgespielt wurden, freudig gesagt hat: „Sie [die Bänder] werden dem Querkopf das Genick brechen.“ Von nun an ließ Hoover die Überwachung intensivieren, denn er war bestrebt, den Mann zu vernichten, den er unter anderem als „‚Kater‘ mit besessenem, entartetem Geschlechtstrieb“ bezeichnete.

In der Folge wurde King in Hotelzimmern in Hawaii, Los Angeles, Sacramento und Las Vegas abgehört. In Las Vegas lieferten örtliche FBI-Beamte einen detaillierten Bericht über ein Zusammentreffen von King mit einer Prostituierten, die als Polizeispitzel arbeitete. Das FBI wiederum gab den Bericht an Lyndon Johnson weiter, der immer sehr begierig Hoovers neuesten Sexklatsch hörte.

Während es Kennedy fast gelungen wäre, Hoover als FBI Direktor abzuschieben, brachte ihn Johnson wieder an die Macht. Hoover berichtete nun wieder direkt dem Präsidenten, und im Mai 1964 verzichtete Johnson auf die Vorschrift zur Pensionierung des siebzigjährigen Hoover. Ein Grund für diese Bevorzugung könnte Johnsons Dankbarkeit Hoover gegenüber gewesen sein, der ihm 1 200 Akten über seine politischen Feinde übergeben hatte. Es gibt keinen Beweis, daß Johnson, der 1964 Bürgerrechtsgesetze unterzeichnete, jemals stillschweigend die Überwachung von King geduldet hat. Andererseits gibt es auch keinen Beweis, daß er je den Versuch unternommen hat, sie zu unterbinden.

Ende 1964 dienten die Abhöraktionen bei Martin Luther King nicht länger nur zu Hoovers Vergnügen. Kopien der Aufzeichnungen und Fotos aus dem Willard Hotel wurden an Reporter von *Newsweek, Los Angeles Times, New York Times, Atlanta Constitution, Augusta Chronicle* und andere Zeitungen gegeben. Als offensichtlich wurde, daß niemand Gebrauch von diesem Material machte, wurde ein Band an Martin Luther Kings Ehefrau, Coretta, geschickt. Das Band war verstümmelt, aber es waren eindeutig Leute zu hören, die miteinander Geschlechtsverkehr tig Leute zu hören, die miteinander Geschlechtsverkehr hatten. Im Begriff zu lernen, was Erpressung bedeutet, sagte King: „Sie [das FBI] ziehen gegen mich zu Felde, um mich kaputtzumachen."

Martin Luther King ließ sich jedoch, obwohl erschüttert von den Erpressungsversuchen, niemals von seinen Aktivitäten abhalten. Er war jeden Monat 25 Tage unterwegs und für ihn bedeutete Sex eine Möglichkeit, „die Angst zu verringern". Seine Berater warnten ihn, daß das Bekanntwerden seiner Affären ihn ruinieren könnte, aber er hatte weiterhin außereheliche Beziehungen.

Edgar Hoover und seine „rechte Hand" Clyde Tolson während eines gemeinsamen Urlaubs.

Während sich viele seiner Mitarbeiter damals darauf konzentrierten, Dr. King aus Unannehmlichkeiten herauszuhalten, gingen andere, darunter Jesse Jackson, in die Offensive und prangerten öffentlich die besessene Verfolgung des schwarzen Führers durch Hoover an. Jackson bezeichnete Hoovers Aktivitäten als das „krankhafte Interesse eines weißen Voyeurs im Hinblick auf die Sexualität der Schwarzen, besonders, wenn es um die intimen Schlafzimmeraktivitäten des schwarzen Mannes geht". Einmal forderte Jackson, der FBI-Direktor solle sich einer psychiatrischen Untersuchung unterziehen.

Hoover war zweifellos ein Rassist, wie die Personallisten des FBI anschaulich bestätigen. 1964 waren von 6 014 Spezialagenten, die für das Amt arbeiteten, nur 28 schwarz. Und von diesen 28 gehörten die meisten zu Hoovers Privatchauffeuren und zu seinem Hauspersonal, das er auf den öffentlichen Gehaltslisten geführt hatte. Darüber hinaus gelang es nie, irgendeine seiner rassistischen Ungerechtigkeiten zu berichtigen. Während seiner ganzen Amtszeit antwortete J. Edgar Hoover auf keine einzige Beschwerde in dieser Hinsicht.

Hoovers finanzieller Mißbrauch wurde ebensowenig kontrolliert wie die Ausbeutung seiner Mitarbeiter. Er nahm wie selbstverständlich freiwillige Leistungen und freie Verköstigung in den besten Hotels im ganzen Land in Anspruch und seine Mitarbeiter wurden ständig von Tolson gedrängt, Hoover teuere Geschenke zu kaufen. Wenn Hoover eine Anschaffung für sein Haus in Erwägung zog, wurde unter den Agenten eine Sammlung veranstaltet. Das Geld wurde sorgfältig gezählt, um sicherzugehen, daß alle ihren Beitrag geleistet hatten. Das geschah nicht nur zu jedem Weihnachtsfest und Geburtstag, sondern auch zu eher unbedeutenden Anlässen, wie Hoovers Jahrestag im Amt. Da niemand es je wagte, ihn herauszufordern, vielleicht wegen seiner erpresserischen Akten, hielt sich Hoovers Stern bis zu seinem Tod 1972, während der zweiten Amtszeit von Richard M. Nixon.

KAPITEL 14

„Ich bin kein Gauner“

Skandale im Leben von Richard M. Nixon

Richard M. Nixon war in die beiden Skandale der amerikanischen Geschichte verwickelt, die in der Presse den meisten Staub aufwirbelten. Den ersten überstand er in unvergleichlicher Manier. Der zweite führte zu seinem politischen Untergang. Aber zwischen der *Checkers-Rede* und *Watergate* war Nixon noch in einen anderen interessanten Skandal verwickelt, der allen Beobachtern entgangen war – nur nicht den FBI-Agenten. Erst als die *New York Times* 1976 den Fall publik machte, erfuhr die Öffentlichkeit die Geschichte von Marianna Liu, einer schönen chinesischen Hotelangestellten, deren Beziehung zu Richard Nixon Eingang in J. Edgar Hoovers „Akten“ gefunden hatte.

Die Geschichte handelt von internationalen Machenschaften und exotischen Begegnungsstätten in Hongkong und Saigon, von Blumen und Parfums, und schließlich von Mariannas amerikanischer Staatsbürgerschaft. Nach ihrer Emigration aus Hongkong in die Vereinigten Staaten ließ sie sich 1969 in Richard M. Nixons Heimatstadt Whittier, Kalifornien, nieder. Ein Jahr später besuchte sie den Präsidenten zweimal aus unterschiedlichen Anlässen im Weißen Haus. Das FBI hätte dem ganzen vielleicht keine besondere Aufmerksamkeit geschenkt, wäre da nicht eine besondere Auffälligkeit gewesen. Marianna Liu war früher einmal wegen des Verdachts, eine kommunistische Spionin zu sein, überprüft worden. Zwar wurde sie schließlich von jedem Verdacht befreit, aber Nixon hatte zu der Zeit mit ihr in Kontakt gestanden, als die Ermittlungen des FBI noch auf Hochtouren liefen.

Nixon und Marianna hatten sich 1958 in einem buddhistischen Tempel in der Nähe von Shatin (außerhalb Hongkongs) kennengelernt. Damals war er Vizepräsident unter Eisenhower, und sie arbeitete zeitweise als Reiseleiterin für ein Reisebüro in Hongkong. Da der Vizepräsident die ganze Zeit unter Beobachtung des Geheimdienstes stand, konnte dieser zweifelsfrei bestätigen, daß es zu diesem Zeitpunkt kein „Techtelmechtel" zwischen den beiden gab.

Später berichtete Marianna der Presse, daß sie sich eventuell 1964 und 1965 wiedergesehen hätten, als der Privatmann Nixon in seiner Eigenschaft als Anwalt in Angelegenheiten seiner Kanzlei *Nixon, Mudge, Rose, Guthrie, Alexander & Mitchell* nach Hongkong zurückkehrte. Und ganz sicher erneuerten sie ihre Bekanntschaft 1966 bei einem weiteren Besuch Nixons in Hongkong. Ohne ihr Wissen wurden sie bei ihren Verabredungen von der Hongkonger Polizei überwacht. Die polizeilichen Ermittlungen lagen in Mariannas Verbindungen zu Rotchina begründet.

Insgesamt gab Marianna vor der Presse nur sehr vage Erklärungen über die Einzelheiten ihrer ersten Begegnungen ab, aber an eine bestimmte Nacht im Jahr 1966 erinnerte sie sich genauer. Nixon war in die Bar des Hilton Hotels gekommen, wo sie als Empfangsdame arbeitete. Sie berichtete, daß sie zusammen mit einer befreundeten Kellnerin Nixon und seinen Freund Bebe Rebozo in einer Suite im Mandarin Hotel besucht hatte. Die vier nahmen gemeinsam einige Drinks und aßen Obst. Ein paar Monate später, als Nixon wieder in Hongkong zu tun hatte, wollte er sich mit Marianna verabreden und erfuhr, daß sie im Krankenhaus lag. Als sie aus der Narkose erwachte, fand sie einen Blumenstrauß, eine Flasche ihres Lieblingsparfums und eine Visitenkarte mit Nixons New Yorker Adresse vor. Sie behauptete jedoch, daß es bis dahin nie zu Intimitäten zwischen ihnen gekommen sei.

Zwar hatte die Spionageabwehr in Hongkong Marianna streng im Visier, das FBI ignorierte aber die ersten Meldungen seines Hongkonger Agenten. Eine FBI-Quelle gab an, daß es sich dabei um einen detaillierten Bericht über Nixons sexuelle Aktivitäten gehandelt habe. Das amerikanische Bundeskriminalamt stufte dagegen die Berichte aus Hongkong als wichtig ein, wurde aber erst 1968 offiziell eingeschaltet, nachdem Nixon seine Kandidatur für die Präsidentschaft bekanntgegeben hatte.

„Das FBI ermittelte, weil die geheimen Verabredungen von Nixon und Marianna sich exakt zu der Art von Erpressung geeignet [hätten], auf die Marianna, wäre sie eine Spionin gewesen, zurückgegriffen hätte", sagte die FBI-Quelle und fügte hinzu: „Der Hauptgrund, warum das FBI der Ansicht war, Marianna Liu könnte möglicherweise eine Spionin sein, manifestierte sich nicht in irgendeiner ihrer direkten Handlungen. Verdacht erregte vielmehr ihr Umgang."

Besonders verdächtig erschien dem FBI die Verbindung Mariannas zu ihrer Tochter Lily, die in einem Waisenhaus aufgewachsen war. Im Alter von vierzehn Jahren wurde Lily von einer kommunistischen Familie aufgenommen. Jahre später waren Marianna und Lily wieder vereint. Allerdings fehlte jeder schlüssige Beweis, daß Lily tatsächlich ihre Tochter war.

Marianna war während der chinesischen Revolution vom Festland geflohen und besaß weder eine Geburtsurkunde noch irgendwelche anderen offiziellen Papiere. Sie war wohl verheiratet (ihr Ehemann emigrierte einige Jahre nach ihr in die Vereinigten Staaten), aber keiner wußte, ob sie geschieden war oder nicht. Das Mißtrauen des FBI wurde auch geweckt, weil der Vater einer ihrer engsten Freundinnen General der Roten Armee Chinas war. Erwähnt wurde ferner, daß Marianna über Grundbesitz in Hongkong verfügte, den sie kaum von ihrem Gehalt als Hotelangestellte hätte erwerben können.

1969 beendete das FBI die Ermittlungen hinsichtlich

Mariannas möglicher kommunistischer Verbindungen. Wie aus dem FBI verlautete, erfuhr Präsident Nixon damals von der Untersuchung und unterband sie augenblicklich. Laut der bereits erwähnten FBI-Quelle gab es zu dieser Zeit auch praktisch keinen Anlaß mehr, die Ermittlungen weiterzuführen. „Wir waren zufrieden, daß die Behauptungen, sie habe eine kommunistische Verbindung, jeglicher Grundlage entbehrten", sagte der Informant.

Im Jahr 1969 erhielt Marianna die ständige Aufenthaltserlaubnis für die Vereinigten Staaten. Amtlicherseits wurde als einer ihrer Bürgen William Allman aufgeführt, ein Mann, in dessen luxuriösem Haus in Hongkong Nixon sich als ständiger Gast aufhielt. Ein weiterer Bürge war Raymond Warren, ein pensionierter Beamter der Einwanderungsbehörde aus der Nixon-Administration, der in Nixons Heimatstadt Whittier, Kalifornien, ansässig war. Die amerikanische Staatsbürgerschaft erhielt Marianna 1975.

1970 besuchte Marianna Nixon zweimal im Weißen Haus. Damals nahm der Geheimdienst zusammen mit dem FBI eine Routineüberprüfung vor, und es wurde beschlossen, die Situation aufmerksam im Auge zu behalten. Aber Nixon setzte der Beziehung zu Marianna bald ein Ende. Nach Meinung des FBI-Informanten lag dies nicht am FBI, sondern Nixons Frau Pat war wohl „dahintergekommen". „Das FBI [war] sich nicht sicher, ob Pat wußte, mit wem er sich traf, aber wie viele Ehefrauen wußte sie, daß es eine andere gab."

Die Akte Marianna Liu hat Nixon möglicherweise 1971 dabei beeinflußt, J. Edgar Hoover als Direktor des FBI im Amt zu behalten. Damals hatte der Präsident mit dem FBI-Direktor Differenzen über seine neue Chinapolitik. Aber einer von Nixons größten Verdiensten blieb die Beendigung der langen Feindschaft mit China und die Aufnahme diplomatischer Beziehungen zwischen den beiden Ländern. Im Jahr 1972 reiste er als erster US-Präsident nach China, wo er mit dem Vorsitzenden Mao Tse-tung und Premierminister Tschou En-Lai zusammentraf. Nach seiner Rückkehr forderte Nixon die Aufnahme der Volksrepublik China in die Vereinten Nationen.

Als Hoover davon erfuhr, reagierte er empört und sagte vor einer Bewilligungskommission im Repräsentantenhaus: „Die potentielle Bedrohung unserer nationalen Sicherheit durch Rotchina besteht nach wie vor ... die Vereinigten Staaten sind der Feind Nummer eins des kommunistischen Chinas." Nixon wollte Hoover unbedingt loswerden und spielte sogar die Möglichkeit seiner Entlassung durch. Aber aus irgendeinem Grund, vielleicht wegen Hoovers Akte über Marianna Liu, behielt Nixon den Direktor des FBI im Amt, bis dieser am 2. Mai 1972 im Alter von 77 Jahren starb. Als die Geschichte zum erstenmal publik wurde, dementierte Marianna, daß es jemals intime Beziehungen zwischen ihr und Nixon gegeben habe. Nixon enthielt sich jeden Kommentars.

Die Presse hatte zwar den Skandal mit Marianna Liu verschlafen, aber dieses Versäumnis machte sie mit der umfassenden Aufdeckung von Nixons nächstem Skandal, *Watergate,* mehr als wett. Allgemein wird Watergate als der schlimmste Skandal der amerikanischen Geschichte betrachtet. Erstmals wurde ein amtierender Präsident zum Rücktritt gezwungen. Auf dramatische Weise veränderte Watergate auch die Rolle der Presse im politischen System der USA.

Die Affäre begann am 17. Juni 1972, als ein Wachmann namens Frank Wills ein Stück Bandmaterial auf dem Flur im Gebäudekomplex Watergate in Washington, D.C., entdeckte. Er rief die Polizei, die fünf Bevollmächtigte des Komitees zur Wiederwahl des Präsidenten (CREEP) beim Einbruch in das Hauptquartier der Demokratischen Partei ertappte. 784 Tage lang mußte die amerikanische Öffentlichkeit die verheerendsten politischen Enthüllungen aller Zeiten über sich ergehen lassen. Die Reporter Bob Woodward und Carl Bernstein von der *Washington Post* enträtselten das Verwirrspiel. Auch ein Senatsausschuß unter

Vorsitz von Sam Ervin (Demokrat, North Carolina) trug viel zur Aufklärung bei. Aber selbst heute sind noch viele Fragen unbeantwortet, und es existieren eine Unmenge von Verschwörungstheorien, dabei sind die grundlegenden Tatsachen schockierend genug:

– Nixons Wahlkampfmitarbeiter ordneten den Einbruch und die Installation von Abhörgeräten für Lauschaktionen im Hauptquartier der Demokratischen Partei an.

– Beamte des Weißen Hauses und der Präsident selbst trugen maßgeblich zur Vertuschung krimineller Handlungen bei und bewilligten die Zahlung von Schweigegeld an Beschuldigte der Watergate-Affäre.

– Eine Gruppe *„Dirty Tricksters“* (gemeiner Gauner), die der Republikanischen Partei angehörten und zu denen auch Donald Segretti zählte, störten verschiedentlich die Wahlkampagne der Demokraten auf übelste Weise. Einige ihrer Missetaten waren schlicht albern, etwa die Lieferung nicht bestellter Pizzen an das Hauptquartier von Muskie. Andere Störmanöver, wie die böswilligen Briefe, die Segretti verteilen ließ und in denen behauptet wurde, Henry *Scoop* Jackson sei ein Homosexueller und Hubert Humphrey habe ein Verhältnis mit einem Callgirl, waren weniger komisch und besonders widerwärtig.

– Das Weiße Haus stellte eine Gruppe von „Klempnern“ zusammen, die undichte Stellen in den offiziellen Presseerklärungen stopfen sollte. Am 3. September 1971, dem Tag, den viele als den eigentlichen Beginn des *Watergate-Skandals* betrachten, brachen die „Klempner“ in Los Angeles in das Büro des Psychiaters Dr. Lewis J. Fielding ein, zu dessen Patienten Daniel Ellsberg gehörte. Sie sollten Informationen beschaffen, die den Regierungsbeamten Ellsberg, der sich zum aktiven Kriegsgegner gewandelt und die Pentagon-Papiere, eine Studie höchster Geheimhaltungsstufe über die Entstehung des Vietnam-Krieges an die Öffentlichkeit gebracht hatte, diskreditieren sollten.

– Nixon führte eine Liste seiner „Feinde“. Ihr Zweck war es gemäß einer Aktennotiz des Weißen Hauses, „die verfügbare Regierungsmaschinerie zu benutzen, um unsere politischen Feinde auszuschalten“. Auf dieser Liste standen unter anderem Carol Channing, Bill Crosby, Jane Fonda, Paul Newman und Tony Randall sowie der Journalist Daniel Schorr von den CBS-Nachrichten und der schwarze Kongreßabgeordnete John Conyers aus Michigan, dessen Name mit der Anmerkung „Hat bekannte Schwäche für weiße Frauen“ aufgeführt wurde.

Mittels der modernen Technik wurde die Öffentlichkeit aus erster Hand umfassend über Nixons Politikverständnis unterrichtet – durch Tonbänder, die der Präsident hatte aufnehmen lassen und, merkwürdig genug, niemals vernichtete. Die Präsidenten Kennedy und Johnson hatten ebenso wie Franklich D. Roosevelt ihre Besucher heimlich abhören lassen, aber von dieser Praxis wußten nur Eingeweihte, bis Alexander Butterfield vor einem Untersuchungsausschuß des Senats im Verlauf der Watergate-Verhöre darüber aussagte. Zuerst hatte sich Nixon geweigert, die Tonbänder auszuhändigen. Der Oberste Gerichtshof beschloß jedoch einmütig, daß er die Bänder zu übergeben habe, und so gab er widerwillig nach.

Bald wurde festgestellt, daß auf einem Band eine geheimnisvolle Lücke von 18½ Minuten enthalten war. Nach Meinung der Experten war diese Stelle vorsätzlich gelöscht worden. Durch diese Bänder wurde Nixon nur noch mehr diskreditiert, denn sie belegten die Kette von Ereignissen, zu denen der Hauptbelastungszeuge des Senats, Nixons Rechtsberater John Dean, aussagte, nachdem er sich entschlossen hatte, sich über Nixons Vertuschungsaktionen zu äußern. Auf einem Band hörte man den Präsidenten sagen: „Es ist mir scheißegal, was passiert, ich möchte, daß ihr alle mauert. Sollen sie doch das Fifth Amendment (5. Zusatzartikel der Verfassung) anführen, Vertuschung oder irgendetwas anderes. Geschenkt, bleibt dabei.“

Läßt man einmal die Frage der Ethik außer acht und fragt nach dem politischen Zweck, mutet es komisch an, weil der Watergate-Einbruch einfach völlig überflüssig war. Selbst die Verbreitung der Ereignisse von Watergate in den Zeitungen hätte Nixons überwältigenden Wahlsieg über seinen demokratischen Herausforderer George McGovern nicht verhindert. McGoverns Wahlkampf lief ohnehin wegen der „Eagleton-Affäre" aus dem Ruder, dem ersten Skandal in der Geschichte der Vereinigten Staaten, der einen nominierten Vizepräsidentschaftskandidaten zu Fall brachte.

Am Dienstag, den 25. Juli 1972, hielt der Senator von Missouri, Thomas Eagleton, McGoverns Vizepräsidentschaftskandidat, in einem Erholungsort in den Black Hills von South Dakota eine Pressekonferenz ab. Er gab zu, dreimal wegen seelischer Störungen in stationärer Behandlung gewesen zu sein. Zwei Zeitungsreporter waren hinter die Story gekommen und Eagleton hatte beschlossen, ihnen mit seiner Erstmeldung einen Strich durch die Rechnung zu machen. Nun hatten die Amerikaner zwar Warren G. Harding trotz seines Nervenzusammenbruchs im Alter von 24 Jahren zum Präsidenten gewählt, in Eagletons Fall jedoch erwies sich die Enthüllung als verheerend. Obwohl er sich inzwischen völlig erholt hatte, war sein Eingeständnis, daß er sich zweimal einer Elektroschockbehandlung hatte unterziehen müssen, für die Öffentlichkeit zuviel. Gleichgültig, wie sehr er sich bemühte, seine damaligen Schwierigkeiten als „nervöse Erschöpfung" zu bagatellisieren, war es doch mehr als zweifelhaft, ob die Amerikaner bereit waren, einen Mann, der mit einer solchen Krankheitsgeschichte belastet war, „einen Herzschlag von der Macht entfernt" zu etablieren.

Das Verhalten der Presse wurde zu einem eigenen Skandal. Ein Beobachter schrieb, die Medienvertreter hätten sich benommen „wie der Mob in einer Szene aus einem Stück von Shakespeare ... und die tyrannische Macht [an den Tag gelegt], deren Verleihung an die Regierung unser

Land traditionell immer gefürchtet hat". Ein anderer meinte: „In der Eagleton-Affäre bekam die Nation eine Kostprobe, mehr als den gewünschten Vorgeschmack, von der Fähigkeit der Medien zur Grausamkeit gegenüber einem Menschen."

Am eifrigsten bemühte sich der für mehrere Zeitungen schreibende Kolumnist Jack Anderson die Eagleton-Story in die Schlagzeilen zu bringen. Für Anderson, seit Jahrzehnten einflußreicher Wachhund der Regierung, bot sich dieser Vorfall geradezu an, um einen Politiker in große öffentliche Verlegenheit zu bringen.

Am Nachmittag nach der Pressekonferenz kam Anderson zu Ohren, Eagleton sei in Missouri elfmal wegen Trunkenheit am Steuer verhaftet worden. Sein Informant, der ehemalige amerikanische Botschafter in der Schweiz, True Davis, war unter Präsident Johnson im Schatzamt tätig gewesen. Brit Hume, Andersons Rechercheur, konnte jedoch nichts finden, was diese Information untermauert hätte. Trotzdem berichtete Anderson darüber in nationalen Radiosendungen.

Eagleton, der sich zu dieser Zeit in Honolulu aufhielt, berief daraufhin sofort eine weitere Pressekonferenz ein und verurteilte die Anderson-Geschichte öffentlich als „abscheuliche Lüge". Als sich diese Version bestätigte, sagte True Davis, er habe die Information auf einer politischen Versammlung von einem Staatspolizisten in Zivil erhalten. Genaugenommen war er sich nicht einmal ganz sicher, ob es sich wirklich um einen Polizisten gehandelt hatte. Noch unangenehmer wurde es für ihn als sich herausstellte, daß auch die *Washington Post* einen ähnlichen Tip von einem angeblichen Streifenpolizisten erhalten hatte, diesen aber ignorierte, als „wiederholte Nachfragen bei den zuständigen Behörden in Missouri diese Behauptung nicht bestätigten".

Am darauffolgenden Sonntag unterzogen Anderson und Eagleton in einer Fernsehsendung ihre voneinander abweichenden Darstellungen einer Überprüfung. Am nächsten Tag erschien Anderson in der *„Today Show“* und gab einen dreißigminütigen Widerruf und eine Entschuldigung ab. Andersons Eingeständnis von seiner dummen Pressekampagne schuf anfänglich eine neue Welle der Sympathie für Eagleton, aber der Langzeiteffekt war minimal. Am 1. August 1972 zog Thomas Eagleton seine Bewerbung zurück. In seinem Kielwasser hinterließ er die ramponierte Glaubwürdigkeit Jack Andersons und die empfindlich getroffene, ja zunichte gemachte Präsidentschaftskampagne von George McGovern. Vermutlich wollte Eagleton diese persönliche Zerreißprobe nicht so schnell vergessen, denn nach seinem Rücktritt kaufte er 5 000 Buttons, 2 000 Autoaufkleber und 2 000 Anstecknadeln der McGovern-Eagleton-Kampagne.

Was wußte Nixon nun exakt über Watergate, und wann wußte er es? In der Schlußanalyse konnte niemand – weder der Ervin-Ausschuß, noch der Justizausschuß des Repräsentantenhauses (Vorsitzender war der Abgeordnete Peter Rodino, Demokrat aus New Jersey), noch das Büro des Sonderanklägers noch die versammelten, von Woodward und Bernstein angeführten Reporter – beweisen, daß Richard Nixon vorab von dem Watergate-Einbruch Kenntnis hatte. Aber das spielte zu diesem Zeitpunkt keine entscheidende Rolle mehr. Sein Befehl zur Vertuschung wurde als weit schlimmeres Vergehen angesehen als der ursprüngliche Watergate-Skandal. In vom Fernsehen übertragenen Verhandlungen im Juli 1974 billigte der Rodino-Ausschuß in drei Punkten ein Impeachment-Verfahren, und zwar wegen Behinderung der Justiz, Amtsmißbrauch und Nichterscheinens auf eine Vorladung des Kongresses. „In diesen Fällen“, schloß der Ausschuß, „handelte Richard M. Nixon in einer Art und Weise, die im Widerspruch steht zu seiner Verantwortung als Präsident. Seine Handlungsweise hatte subversive Auswirkungen auf eine konstitutionelle Regierung, war zum großen Nachteil von Recht und Gesetz und zum offenkundigen Schaden des amerikanischen Volkes. Richard M. Nixons Verhalten berechtigt ein Impeachment-Verfahren und eine Anklage und Enthebung aus dem Amt."

Angesichts eines fast sicheren Impeachment zog sich Präsident Nixon mit seinen Redenschreibern nach Camp Davis zurück. Aber diesmal gab es keine Kaninchen oder „Checkers", die man hätte aus dem Hut zaubern können. Am 9. August 1974 trat Präsident Richard M. Nixon von seinem Amt zurück. Er räumte lediglich ein, einige „Ermessensfehler" begangen zu haben. In einem Fernsehinterview mit David Frost offenbarte er einige Jahre später, in welchem Punkt er wohl einen Ermessensfehler begangen hatte, er erklärte nämlich: „Was der Präsident macht, kann nicht illegal sein."

Nixons Nachfolger wurde Gerald R. Ford, der seit 1973 Vizepräsident war, nachdem Spiro T. Agnew aufgrund eines politischen Skandals von diesem Amt zurücktreten mußte. Agnew war von Ermittlungen der Staatsanwaltschaft in Baltimore, Maryland, in Kenntnis gesetzt worden. Es ging um nicht weniger als fünfzig mögliche Gesetzesübertretungen. Die Skala reichte von Bestechung, Erpressung, Vertuschung von Straftaten bis zur Steuerhinterziehung. Angeblich fielen seine gesetzwidrigen Handlungen in seine Amtszeit als Bezirksbeamter in Baltimore von 1962 bis 1967 und als Gouverneur von Maryland von 1967 bis 1969. Agnew wurde verdächtigt, insgesamt $ 250 000 Schmiergeld von Bauunternehmern angenommen zu haben. Vermutlich erhielt Agnew auch als Vizepräsident weitere Zahlungen. Er geriet auch in Verdacht, 1969 $ 2 500 angenommen zu haben, um für eine hochrangige Beförderung Sorge zu tragen. Weitere Zahlungen wurden als Geschenke tituliert, etwa $ 15 000 von einem Werkzeugfabrikanten im Ruhestand, der Agnew nur helfen wollte, mit seinem beileibe nicht geringen Einkommen auszukommen. Außer seinem Gehalt von $ 62 500 verfügte Agnew noch über ein Spesenkonto von $ 10 000.

Die Liste der Vergünstigungen, die Agnew in Anspruch genommen hatte, war nicht weniger skandalös. Der Vizepräsident hatte für seine Wohnung eine Vorzugsmiete bezahlt. Im Ausgleich dazu bemühte er sich, der Gesellschaft, die Eigentümerin des Gebäudes war, in Ausübung seines Amtes Vorteile zukommen zu lassen. Ferner belieferte ihn eine Supermarktkette regelmäßig unentgeltlich mit Lebensmitteln und alkoholischen Getränken.

Konfrontiert mit einer möglichen Anklage oder einem Impeachement-Verfahren, im schlimmsten Fall mit beidem, richtete sich Agnew an den Erfahrungen des früheren Vizepräsidenten John C. Calhoun aus, der 146 Jahre zuvor angeklagt worden war – und freigesprochen –, weil er als Kriegsminister persönlichen Profit aus Rüstungsaufträgen gezogen haben soll. Wie damals Calhoun, so behauptete auch Agnew, er wäre das Opfer eines „ständig breiter werdenden Stroms von Gerüchten". Aber zwischen den beiden Fällen gab es einen entscheidenden Unterschied: Calhoun wurde entlastet und freigesprochen, Agnew nicht. Agnew erhielt wegen Steuerhinterziehung eine Geldstrafe von $ 10 000 und eine Bewährungsfrist von drei Jahren. Später wurde er aufgefordert, dem Staat Maryland an die $ 250 000 zurückzuzahlen, die er von staatlichen Unternehmen als Provision kassiert hatte.

Im September 1974 bewilligte Präsident Ford seinem Vorgänger Nixon eine sehr umstrittene Begnadigung für „alle Vergehen gegen die Vereinigten Staaten, die er ... während seiner Amtszeit verübte oder möglicherweise begehen ließ oder an denen er beteiligt war".

Von den anderen, an Watergate Beteiligten wanderten 25 ins Gefängnis. Alle sind heute wieder frei. Keiner verbüßte mehr als 52 Monate. Einige machten ein Vermögen mit der Veröffentlichung von Büchern über Watergate und einschlägigen Vortragsreisen. Andere hatten unterhaltsame Fernsehauftritte – Senator Sam Ervin in einem Werbespot für American Express, John Ehrlichman in der Sendung *„Divorce Court"* und G. Gordon Liddy in *„Miami Vice"*. Im wirklichen Leben brachte sich Liddy, der ehemalige FBI-Agent, der den Watergate-Einbruch geplant hatte, freiwillig in die Schußlinie. Seine Weigerung, mit den Anklägern zusammenzuarbeitem, verhalf ihm zur längsten Haftstrafe aller Beteiligten. Sein Buch *„Will“* wurde zu einem Fernsehspiel verarbeitet. E. Howard Hunt, der gemeinsam mit Liddy den Einbruch geplant hatte, bekannte sich schuldig und saß 33 Monate ab. Bis heute hat er 56 Romane und Sachbücher geschrieben. 1981 gewann er gegen die Liberty Lobby einen Verleumdungsprozeß, die ihn fälschlicherweise mit der Ermordnung von John Kennedy in Verbindung gebracht hatte.

Zwei Schlüsselfiguren der Watergate-Affäre fanden zu Gott. Der ehemalige stellvertretende Chef von CREEP, Jeb Stuart Magruder, wurde Hilfspfarrer der First Presbyterian Church in Burlingame, Kalifornien. Zuvor verbrachte er sieben Monate im Gefängnis, weil er sich der Behinderung der Justiz schuldig bekannte. Der Mitarbeiter des Weißen Hauses Charles W. Colson, bekannt als Nixons „Scharfmacher“, lehnte erst kürzlich die Übernahme der Führung der geistlichen Ämter der PTL ab. Colson entdeckte 1973 die Religion. Da er Falschinformationen über Daniel Ellsberg zusammengestellt hatte, bekannte er sich im Sinne der Anklage der Justizbehinderung für schuldig. Nachdem er sieben Monate im Gefängnis verbüßt hatte, schrieb er die beiden Bücher *„Born Again“* und *„Life Sentence“*. Heute arbeitet er unentgeltlich als Vorsitzender und Gründer der *Prison Fellowship,* einer ehrenamtlichen Organisation, die sich der Resozialisierung von Gefangenen und ehemaligen Sträflingen widmet.

Die fünf Watergate-Einbrecher, die im Hauptquartier der Demokratischen Partei verhaftet worden waren, verbüßten Gefängnisstrafen von 13 bis 15 Monaten. Bernard Baker trat 1982 vorzeitig in den Ruhestand. Es war entdeckt worden, daß er in seinem Amt in der Bauaufsicht in Miami mehr Stunden abgerechnet, als er tatsächlich gearbeitet hatte. Virgilio Gonzalez, der Schlossermeister, eröffnete einen Discountladen. Eugenio Martinez wurde Geschäftsführer einer Chevroletvertretung in Miami.

Frank Sturgis wurde Teilhaber eines Video-Elektronik-Geschäfts und arbeitete weiterhin mit aktiven Exilkubanern und Exilnicaraguanern zusammen. 1981 entwarf er den bizarren Plan eines Überfalls auf den US-Marinestützpunkt in Guantanamo Bay. James McCord, der Elektronikexperte, leitet eine kleine Firma in Fort Collins, Colorado, die sich mit Sonnenenergie beschäftigt.

Den ehemaligen Justizminister John Mitchell, der 1969 von seinem Kabinettsposten zurückgetreten und Direktor der CREEP geworden war, erklärte man der Verschwörung, Behinderung der Justiz und des Meineids zur Vertuschung der Verbindung der Nixon-Administration zu Watergate für schuldig. Er verbüßte eine Strafe von 19 Monaten bis zu seiner bedingten Haftentlassung am 19. Januar 1979. Er war der letzte der Verschwörer, der aus dem Gefängnis herauskam.

Er durfte zwar seinen Beruf als Anwalt nicht mehr ausüben, wodurch er schließlich als Unternehmensberater weiterarbeitete. Mitchell gehörte zu den wenigen in Watergate verwickelten Personen, die niemals ein Buch veröffentlicht haben. Zwar hat er es versucht, aber weil er kein geeignetes Manuskript abgeliefert hat, forderte der Verlag Simon & Schuster den Vorschuß von $ 50 000 zurück. Wie sich die Vertragspartner letztendlich geeinigt haben, wurde nie bekannt. Mitchells Frau Martha, die behauptet hatte, man habe sie während der Watergate-Affäre unter Drogen gesetzt und als politische Gefangene gehalten, starb 1976.

H.R. Haldeman, Nixons Stabschef, saß wegen Verschwörung, Meineid und Behinderung der Justiz achtzehn Monate im Gefängnis. Verbittert, weil Nixon einen Straferlaß für seine Person ablehnte, schrieb Haldeman *„The Ends of Power“*. Darin beschuldigte er den Präsidenten, „vom ersten Tag an“ hinter der Vertuschung hinsichtlich Watergate gestanden zu haben. Seine Einnahmen aus diesem Buch werden auf $ 500 000 geschätzt.

John D. Ehrlichman, Nixons zweiter Mann im Weißen

Haus, wurde wegen Verschwörung, Behinderung der Justiz und Meineids verurteilt und aus der Anwaltskammer ausgeschlossen. Darüber hinaus wurde er wegen des 1971 ausgeführten Einbruchs in das Büro von Daniel Ellsbergs Psychiater der Verschwörung für schuldig befunden. Auch er verbrachte achtzehn Monate im Gefängnis und hat drei Bücher verfaßt: *„Witness to Power"*, das von seinen Tagen im Weißen Haus handelt, sowie zwei Romane.

John W. Dean III., Nixons Rechtsberater, bekannte sich schuldig im Sinne der Verschwörung zur Behinderung der Justiz und erhielt eine Gefängnisstrafe von vier Monaten. Diese geringe Strafe verdankte er seiner umfassenden Zusammenarbeit mit den Angeklagevertretern. Auch Dean wurde aus der Anwaltskammer ausgeschlossen. Er verdiente ein kleines Vermögen mit Berichten und Vorträgen zum Thema Watergate. *„Blind Ambition"*, seine Memoiren, wurden ein Bestseller und als Fernsehserie verfilmt.

Der *„Dirty Trickster" Donald H. Segretti* verbüßte fast fünf Monate wegen der Verteilung illegaler Wahlkampfdruckschriften. Anschließend nahm er seine Tätigkeit in seiner Anwaltskanzlei in Newport Beach, Kalifornien, wieder auf. George A. Hearing bekannte sich desselben Delikts für schuldig und saß neun Monate im Gefängnis.

Dwight L. Chapin, ein Sekretär Nixons, verbüßte fast acht Monate. Er hatte das Gericht über seine Kenntnisse von den Winkelzügen im Wahlkampf belogen. Nach seiner Zeit im Gefängnis wurde er Verleger der Zeitschrift *Success Unlimited* mit Sitz in Chicago.

Herbert L. Porter verbüßte eine Haftstrafe von 27 Tagen, weil er das FBI hinsichtlich der Wahlkampfgelder belogen hatte. *Frederick C. LaRue*, ein Mitarbeiter von John Mitchell, saß viereinhalb Monate wegen Verschwörung zur Behinderung der Justiz. *Herbert W. Kalmbach*, Nixons privater Anwalt, bekannte sich der Sammlung von Wahlspenden für einen gesetzwidrig gebildeten Wahlkampfausschuß für schuldig. Ferner hatte er im Tausch gegen politische Unterstützung ein Angebot für einen Botschafterposten abgegeben. Er verbrachte sechs Monate im Gefängnis. Der ehemalige stellvertretende Justizminister *Robert C. Mardian*, der zu CREEP ging, wurde wegen Verschwörung im Zusammenhang mit der Watergate-Vertuschung verurteilt. Dieses Urteil wurde in der Berufung aufgehoben.

Egil (Bud) Krogh Jr., ein Mitarbeiter Ehrlichmans, dem die „Klempner" des Weißen Hauses unterstanden hatten, wurde aus der Anwaltskammer ausgeschlossen und verbüßte eine Haftstrafe von vier Monaten, weil er in Verbindung mit dem Ellsberg-Einbruch stand. 1982 wurde er wieder als Anwalt zugelassen.

Maurice Stans, der Finanzchef von CREEP, erhielt eine Geldstrafe von $ 5 000, da er in fünf Fällen der Störung einer Wahlveranstaltung für schuldig befunden wurde.

Der 75jährige ehemalige Präsident Richard M. Nixon wohnt mit seiner Frau Pat in Saddle River, New Jersey. Er wurde auf Lebenszeit aus der Anwaltskammer ausgeschlossen. Schätzungsweise hat er mit seinen Büchern und Fernsehauftritten mehr als $ 3 000 000 verdient. Zusätzlich bezieht er eine jährliche Pension von $ 85 000 und bekommt die Kosten für seine Büros und für Sekretariatskräfte ersetzt sowie den kostenlosen Schutz des Geheimdienstes. Wie hoch auch immer sein reines Vermögen heute sein mag, es ist in jedem Fall um vieles größer als zu der Zeit seiner unterwürfigen *„Checkers-Rede"*. Zum einen bezahlte die amerikanische Bundesregierung für Sicherheitseinrichtungen in seinen Häusern in Florida und Kalifornien $ 17 Millionen, nach den Schätzungen eines Ausschusses des Repräsentantenhauses. Als er seine Anwesen, die ja dadurch einen gestiegenen Wert besaßen, verkaufte, behielt er die Differenzsumme. Der *Internal Revenue Service IRS* ging dagegen nicht so großzügig mit dem Expräsidenten um. Am 3. April 1974 stellte die Dienststelle fest, Nixon schulde dem Finanzamt noch fast $ 500 000 an Steuern und Zinsgewinnen, sowie eine Geldbuße für eine vorgetäuschte Schenkung. Aber wieder einmal steckte Nixon nicht persönlich in der Klemme, sondern Frank De Marco, sein Steuerberater, und Ralph G. Newman, sein Taxator, wurden vor Gericht beschuldigt und angeklagt, weil sie ihm bei der Fälschung seiner Steuererklärung geholfen und die Schenkung vordatiert hatten. Die Anklage gegen De Marco wurde mit der Begründung aufgehoben, er habe keine faire Gerichtsverhandlung gehabt. Newman wurde für schuldig befunden, eine gefälschte, beeidigte Erklärung vorbereitet und dem *Internal Revenue Service* falsche Informationen gegeben zu haben.

Watergate erforderte mehr als jeder andere Skandal eine Neudefinierung der amerikanischen Politikmoral. Die Präsidentschaft erlebte ihr dunkelste Stunde. Aber in der Finsternis dieses Augenblicks bewährte sich das System. Eine Post-Watergate-Moral entwickelte sich und neue Gesetze wurden verabschiedet. Das *Campaign Reform Law* von 1974 setzte strikte Grenzen für Wahlspenden und individuelle Wahlgeschenke; von nun an konnten die Steuerzahler freiwillig eine Wahlspende in Höhe von mindestens einem Dollar zur Verfügung stellen und auf ihrer Steuererklärung geltend machen. Im direkten Zusammenhang mit dem Kampf um Nixons Tonbänder stand die Kongreßerklärung, daß Bandaufnahmen des Präsidenten Bundeseigentum sind. Diese Gesetzesinitiative bildete die Grundlage zum *Presidential Records Act* von 1978. Ein weiteres Ergebnis von Watergate war der Erlaß des *Freedom of Information Act* durch den Kongreß, der jedermann den Zugang zu den Akten der Regierung gestattet – auch zu seinen eigenen. Sowohl der Senat als auch das Repräsentantenhaus verstärkten jeweils ihre Ethik-Kommissionen. 1978 verabschiedete der Kongreß den strikten *Ethics in Government Act*. Zumindest für eine gewisse Zeit wurden FBI und CIA unter genauere Kontrolle gebracht. Langsam setzte sich die neue Moral auch auf Bundesebene durch. Mindestens vierfünftel der Mitglieder der Legislative beschlossen Gesetze, die der Bekanntgabe der Finanzen und der Interessenkonflikte dienten.

Schließlich verlangte Watergate eine neue Definition der Eigenschaften, die die Wähler von ihrem Präsidenten erwarteten. So wie Lincoln als Reaktion auf die korrupte Administration von James Buchanan gewählt worden war, war die Wahl Jimmy Carters die Antwort der reformfreudigen Amerikaner auf Nixon. Mit seinem Versprechen „Ich werde Sie niemals belügen" gewann der bescheidene Erdnußfarmer die erste Präsidentschaftswahl nach Watergate.

Richard Nixon und Marianna Liu in Hongkong 1966.

KAPITEL 15

„Die Moral nach Watergate“

Skandale im Leben von Gerald R. Ford

Mark Twain sagte einmal: „Es gibt keine unverkennbar kriminelle Gruppe in den Vereinigten Staaten, abgesehen vom Kongreß.“ Angesichts der steigenden Zahl von Abgeordneten, gegen die nach Watergate aufgrund krimineller oder unmoralischer Verfehlungen ermittelt wurde, war dies von der Wahrheit gar nicht so weit entfernt.

Das Repräsentantenhaus erklärte Andrew Hinshaw (Republikaner aus Kalifornien) der Bestechlichkeit, der Unterschlagung öffentlicher Gelder und des leichten Diebstahls für schuldig. James Hastings (Republikaner aus New York) wurde in 28 Fällen der Korruption einschließlich der Annahme von Schmiergeldern von seinen Stabsmitgliedern für schuldig befunden. Wendell Wyatt (Republikaner aus Oregon) wurde verurteilt, weil er die Gesetze über die Annahme von Wahlspenden verletzt hatte. Allan T. Howe (Demokrat aus Utah) wurde in Salt Lake City verhaftet, weil er zwei Geheimpolizistinnen, die sich als Prostituierte ausgaben, belästigt hatte. Die Liste ließe sich noch weiter verlängern und bestätigte die allgemeine Auffassung: Handelt es sich um einen Sexskandal, dann ist wahrscheinlich ein Angehöriger der Demokratischen Partei darin verwikkelt; wenn es sich um einen Finanzskandal handelt, wird man wahrscheinlich als Beschuldigten einen Republikaner finden. Aber dann zeigte sich, daß auch diese Faustregel durch Ausnahmen bestätigt wird.

Mit der Amtsübernahme von Präsident Gerald R. Ford hofften die Amerikaner, die Nixon-Ära der Skandale und

Korruption hinter sich gelassen zu haben. Aber leider kamen immer noch Geschichten über politische Vergehen ans Tageslicht, denn das Klima der politischen Säuberungsaktionen dauerte an. Die Reporter waren eifriger denn je und eine Menge zukünftiger Woodwards und Bernsteins überflutete die Journalistenschulen. Selbst die Politiker kontrollierten sich nun gegenseitig. Manchen der eingeleiteten Untersuchungen lagen sehr edle Beweggründe zugrunde und sie waren tatsächlich sehr reformbewußt, andere wiederum erwiesen sich nur als kostspielig und blieben reiner Selbstzweck. Aber alle hatten etwas gemeinsam: Die Moral nach Watergate.

Die Zeiten hatten sich völlig verändert. Über alles wurde berichtet, alles wurde analysiert und allem wurde entschiedener nachgegangen als jemals zuvor. 1968 hatte Spiro T. Agnew nur wenig Aufsehen erregt, als er fragte: „Was ist eigentlich mit dem fetten Japsen los?" Damit bezog er sich auf einen Journalisten japanisch-amerikanischer Herkunft, der während eines Pressetermins einschlief. Als aber 1976 der Landwirtschaftsminister Earl Butz die folgende rassistische Bemerkung von sich gab: „Ich sage Ihnen, was die Farbigen wollen. Es sind drei Dinge: Zuerst eine enge Muschi; zweitens bequeme Schuhe und drittens einen warmen Platz zum Scheißen", zwang der daraus resultierende Aufruhr den Minister zum Rücktritt.

Präsident Gerald Ford setzte für sich einen höheren moralischen und ethischen Standard ein als frühere führende Regierungsmitglieder und als seine Frau. Die First Lady Betty Ford sorgte bald für eine erfrischende offene Atmosphäre im Weißen Haus. Bei einem Interview sagte sie, sie vermute, ihre vier Kinder hätten möglicherweise schon einmal mit Rauschgift experimentiert, und zeigte sich nicht weiter überrascht, wenn ihre achtzehnjährige Tochter Susan ihr erzählen würde, daß sie eine Liebesaffäre hätte. Diese Äußerungen lösten einen kleinen Skandal aus, aber letzten Endes trug die Offenheit von Betty Ford in Wahrheit dazu bei, Verlautbarungen aus dem Weißen Haus wieder glaubwürdig zu machen. Die Exekutive nahm also schließlich wieder Form an, die Legislative hingegen mußte einige Tiefschläge einstecken – zuerst mit dem als Koreagate bekannt gewordenen Skandal.

Koreagate wurde durch eine Untersuchung des Justizministeriums ausgelöst. Es bestand der Verdacht der Bestechung und der bezahlten Einflußnahme durch den südkoreanischen Reismakler Tongsun Park. An die hundert Mitglieder der Demokratischen Partei schienen darin verwickelt zu sein und die Watergate überdrüssigen Republikaner drangen vehement auf die Einberufung eines Untersuchungsausschusses.

Seit 1967 hatte sich Park um die Demokraten bemüht. Nach seiner eigenen Schätzung hatte er an 31 Kongreßabgeordnete ungefähr $ 850 000 in Form von Geschenken und Bargeld gespendet. Am 26. August 1978 klagte ihn die Anklagekammer in 36 Punkten der Verschwörung, Bestechung, des Betrugs, der erpresserischen Handlungen, der Unterlassung der Registrierung als ausländischer Handelsvertreter und der politischen Einflußnahme als ausländischer Geschäftsmann an. Da Park sich jedoch bereit erklärte, als Zeuge auszusagen, wurden alle Anklagepunkte vorläufig fallengelassen. Aber auch der Kronzeuge Park machte aus Koreagate nicht den von den Republikanern erhofften Finanz-Skandal. Wie sich herausstellte, hatten die meisten der unter Verdacht stehenden Mitglieder der Demokratischen Partei anläßlich eines Koreabesuches lediglich einen flotten Abend spendiert bekommen.

Das vom moralischen Geist nach Watergate beeinflußte Repräsentantenhaus erwog Disziplinarmaßnahmen gegen elf Mitglieder. Eine offizielle Rüge erhielten jedoch nur drei Demokraten, alle aus Kalifornien: John McFall, weil er den Erhalt von $ 4 000 verschwiegen und das Geld für seinen persönlichen Bedarf verwendet hatte; Charles Wilson, weil er die Ethikkommission belogen hatte mit seiner Behauptung, er habe von Park nur $ 100 im Jahr 1970 erhalten, obwohl er 1975 nochmals $ 1 000 von ihm bekommen hatte. Edward Roybal verschwieg den Erhalt von $ 1 000 in bar, die er für seinen persönlichen Bedarf ausgegeben, und darüber hinaus in diesem Punkt gelogen hatte. Das Repräsentantenhaus sprach die übrigen acht Abgeordneten von den Anklagepunkten eventueller Amtsvergehen frei, darunter den Sprecher des Repräsentantenhauses, Tip O'Neill, für den Park zwei Geburtstagsparties veranstaltete, die insgesamt $ 7 000 gekostet hatten. Am Ende wanderte nur ein Kongreßabgeordneter wegen Koreagate hinter Gitter: Richard T. Hanna (Demokrat aus Kalifornien) wurde in einem Anklagepunkt für schuldig befunden, und zwar der Verschwörung zum Betrug an der Regierung. Ein Jahr seiner 30monatigen Haftstrafe saß er ab.

Den Finanzskandal *Koreagate* überstanden die Demokraten relativ glimpflich. Zwei sehr mächtigen Mitgliedern der Partei wurden jedoch Sexskandale zum Verhängnis. Zuerst traf es den Abgeordneten des Repräsentantenhauses Wilbur Mills (Demokrat aus Arkansas), sechzehn Jahre lang Vorsitzender des Haushaltsausschusses und damit einer der einflußreichsten und wichtigsten Männer im Gesetzgebungsverfahren. Seit Ende der 60er Jahre war Mills' Macht unbestritten. Seine Fähigkeit, die Gesetzgebung zu steuern und Gefolgsleute unter den Abgeordneten zu beeinflussen, brachte ihm den Respekt seiner Kollegen und sogar der Medien cin. Er wurde oft als aussichtsreicher Anwärter auf die Präsidentschaft gehandelt – bis zu dem Zwischenfall am 7. Oktober 1974 um zwei Uhr in der Nacht. Mills war mit seinem schwarz- und silberfarbenen Lincoln angehalten worden, weil er zu schnell und ohne Licht gefahren war. Zur großen Überraschung der Polizei war seine Beifahrerin die 38jährige Stripteasetänzerin Fanne Foxe. Noch überraschender war, daß sie danach, anscheinend in Selbstmordabsicht, von der Kutz-Brücke in das Tidalbecken sprang. Ein Beamter sprang hinter ihr her und der andere warf einen Ersatzreifen in das Wasser, um ihnen ans Ufer zu helfen. Verhaftet wurde niemand, aber im Polizeibericht stand, daß sowohl der Kongreßabgeordnete als auch die Stripperin, unter anderem bekannt als „Argentinischer Feuerwerkskörper", betrunken waren und einige merkwürdige Verletzungen aufwiesen. Mills hatte eine blutige Nase und einige Kratzer im Gesicht und Fanne hatte zwei „Veilchen".

Die Polizei beschloß, die Angelegenheit nicht weiter zu verfolgen. Aber der Zwischenfall fand nicht nur nach Watergate statt, sondern war darüber hinaus auch der erste Sexskandal nach *Chappaquiddick,* und deshalb nahm ihn die Presse energisch unter die Lupe. Im Handumdrehen förderten die Reporter belastende Fakten zutage, u. a. daß Fanne, die eigentlich Anabell Battistella heißt, zusammen mit ihrem Mann im gleichen luxuriösen Apartementhaus wohnte wie Mills und seine Frau. In der Nacht, als Fanne ins Tidalbecken sprang, hatten sie und der 65jährige Kongreßabgeordnete ein paar Stunden mit Freunden, aber ohne ihre Ehepartner, in einem Nachtklub verbracht.

Nach dem Zwischenfall erschien Mills einige Tage nicht im Kongreß, vermutlich wollte er erst die Kratzer in seinem Gesicht verheilen lassen. Aber niemand maß dem Vorfall besondere Bedeutung bei.

Im November wurde er für sein Amt wiedergewählt, nachdem er seine Wähler in Arkansas eindringlich vor dem „Champagnertrinken mit Ausländern" gewarnt hatte.

Am 2. Dezember kam jedoch die Wahrheit ans Licht. Mills erschien mit Fanne im *Boston Burlesque Theater* auf und hinter der Bühne, in der Hoffnung, wie er sagte, daß sein Besuch im Theater die „anzüglichen Bemerkungen" über seine Beziehung zu ihr beenden würde. Aber die Zeugen seines Auftritts entdeckten etwas Neues – Wilbur Mills war Alkoholiker.

Glücklicherweise erkannte Mills schließlich sein Problem selbst. Am nächsten Tag, als die Demokraten im Repräsentantenhaus wesentliche Grundlagen seiner Macht im Haushaltsausschuß beschnitten, begab er sich in das *Bethesda Naval Medical Center* und sagte zu Freunden: „Ich bin furchtbar müde.“ Das muß er in der Tat gewesen sein. Die Hälfte seiner Zeit im Kongreß hatte Mills in einer alkoholgeschwängerten Benommenheit verbracht. An zahlreiche Besprechungen im Weißen Haus und auch an viele Tagungen seines Ausschusses hatte er keine Erinnerung mehr. Oft las er erst am anderen Tag in den Zeitungen, welche politischen Beiträge er geleistet hatte. Und da ihm in Washingtoner Kreisen der Ruf vorauseilte, er sei ein Problemtrinker, hatten weder seine Kollegen noch die Presseleute dieser Angelegenheit besondere Aufmerksamkeit gewidmet.

Als er sich jedoch in Behandlung begab, wurde ihm mehr öffentliche Aufmerksamkeit zuteil, als ihm guttat. Mills Entziehung glich einer Berg- und Talfahrt. Nach seiner Entlassung aus dem Bethesda Krankenhaus Ende Januar rührte er zwei Wochen lang keinen Tropfen Alkohol an. Aber am 13. Februar kaufte er zwei Flaschen Wodka, trank sie aus und landete innerhalb von 24 Stunden wieder im Krankenhaus. Im Anschluß an seinen zweiten Aufenthalt in Bethesda ging er ins Palm Beach Institute in Florida, einer privaten Entziehungsanstalt für Alkoholiker. Die Kur dort hatte mehr Erfolg. Als er im Mai wieder in den Kongreß zurückkehrte, hatte er jedoch seinen Vorsitz im Haushaltsausschuß verloren. Nach vier Jahrzehnten in der amerikanischen Bundeshauptstadt blieb er noch für den Rest seiner Amtszeit in Washington und zog sich dann aus dem öffentlichen Leben zurück.

Nach Beendigung seiner politischen Karriere wurde er Steuerberater bei *Shea Gould Climenko & Casey.* Fanne Foxe wollte mit *„Poose from Heaven“,* einem 17 000-$-Film, in dem sie die Hauptrolle spielte, zum Filmstar aufsteigen. Aber in Washington wurde der Film schon einen Tag nach seiner Premiere wieder aus dem Kino genommen. Und als auch in Jacksonville, Florida, keine Zuschauer zur Premiere erschienen, wurde der Film auch dort vom Programm gestrichen.

Zwar reichte die schlagzeilenträchtige Fanne Foxe-Affäre nicht aus, um auf dem Hügel des Kapitols umfassende Reformen zu veranlassen, aber mit Sicherheit machte sie einige Abgeordnete ein wenig nervös. Am Höhepunkt des Skandals zeigte ein Mitglied der Demokratischen Partei aus seinem Bürofenster auf den Potomac River und warnte seine Geliebte mit den Worten, wenn eine seiner Frauen „jemals so etwas mit mir macht, dann liegt sie da unten – dort unten, sechs Fuß unter Wasser“. Das sollte sich als leere Drohung herausstellen. Zwei Jahre später, als Elizabeth Ray ihre Affäre mit Wayne Hays aus Ohio publik machte, war das einzige, was auf den Grund des Potomacs sank, seine dreißigjährige Karriere. Und nur wenige Menschen sahen das mit Bedauern.

Die Geschichten über Wayne Hays zielten vor allem auf seine Arroganz und seinen Machtmißbrauch. Die Friseure im Repräsentantenhaus haßten ihn, weil er in seiner Eigenschaft als Vorsitzender des Verwaltungsausschusses des Repräsentantenhauses das Trinkgeld abgeschafft hatte. Die Fahrstuhlführer haßten ihn, weil er ihre Hocker hatte entfernen lassen. Als er eines Tages mit einem Hamburger im Speisesaal des Repräsentantenhauses nicht zufrieden war, marschierte er in die Küche und warf den Küchenchef auf der Stelle hinaus. Auch seine Kollegen Abgeordneten behandelte er nicht besser. Don Riegle (Demokrat aus Michigan) nannte er einmal einen „Kartoffelkopf“. Einer seiner Kollegen erläuterte einmal: „[Carl] Albert mag der Sprecher sein, aber Wayne Hays ist der Zar.“ Fast überflüssig zu sagen, als Hays erwischt wurde, die Schadenfreude allerortens groß war. Am 25. Mai 1976 veröffentlichte die *Washington Post,* der 65jährige Wayne Hays habe eine dreißig Jahre alte blonde Geliebte namens Elizabeth Ray, die er zu allem Überfluß seit nahezu zwei Jahren auch noch auf der Gehaltsliste der Regierung als Sekretärin führt. Trotz ihrer Beteuerungen, sie könne nicht

Schreibmaschineschreiben, verstehe nichts von der Ablage und könne noch nicht einmal das Telefon bedienen, konnte ihr niemand helfen.

Auf den ersten Blick erschien es überraschend, daß Hays knapp fünf Wochen vor Bekanntwerden des Skandals Pat Peak, eine Mitarbeiterin in seinem Büro in Ohio, geheiratet hatte. Aber tatsächlich hat diese zweite Ehe die Ereignisse erst richtig ins Rollen gebracht. Als Elizabeth Hays fragte, was nach der Hochzeit nun aus ihr werden sollte, erwiderte er: „Vermutlich wirst du jetzt die Geliebte Nummer Eins werden." Darauf machte die Ray eine heftige Szene in seinem Büro, so daß Hays die Polizei rufen mußte, um sie in Polizeigewahrsam vom Kapitol eskortieren zu lassen. Sofort anschließend telefonierte sie mit Marion Clark von der *Washington Post* und die Geschichte stand kurz darauf in der Zeitung.

Als der Skandal in die Schlagzeilen geriet, bezeichnete Hays den Bericht postwendend als die Ausgeburt der Phantasie „einer sehr kranken jungen Frau". Es schien leicht, ihre Glaubwürdigkeit zu erschüttern. Elizabeth Ray behauptete, schon vor der Affäre mit Hays in viele Liebesbeziehungen mit anderen Abgeordneten verwickelt gewesen zu sein – sogar mit dem früheren Vizepräsidenten Hubert Humphrey. Leider hatte sie auch keiner der anderen viel besser behandelt als Hays. Der Vizepräsident arrangierte das Verhältnis so, daß sie zuerst mit einem seiner Freunde, einem Arzt, ins Bett gehen mußte. Ein Kongreßabgeordneter machte den Vorschlag zu einem intimen Abendessen zu zweit in ihrer Wohnung in Arlington, Virginia. Obgleich er versprochen hatte, für das Essen zu sorgen, erschien er mit einer angebrochenen Flasche Wein und einem fast zerlaufenen, in eine Serviette eingewickelten Stück Käse. Diese Gaben hatte er bei einem Bankett mitgehen lassen, das er auf dem Weg zu ihr noch schnell besucht hatte. Dafür hatte sie den Tisch feierlich mit Kerzenleuchtern geschmückt.

Ein paar Stunden nach der Veröffentlichung des Berichts in der *Post,* begann das FBI aufgrund der Behauptung, Hays habe Elizabeth im Austausch gegen sexuelle Gefälligkeiten zu seiner Mitarbeiterin gemacht, zu ermitteln. Mehr als zwei Dutzend Abgeordnete des Repräsentantenhauses, sowohl Demokraten als auch Republikaner, reichten bei der Ethikkommission ein Gesuch ein und forderten eine Untersuchung wegen möglicher Verletzungen des neuen Kodex des Repräsentantenhauses, der nach Watergate verabschiedet worden war. Zwei Klauseln schienen verletzt worden zu sein: Erstens, daß sich ein Mitglied jederzeit in einer Art und Weise zu verhalten habe, die der „Glaubwürdigkeit" des Repräsentantenhauses entspricht, und zweitens war es Mitgliedern verboten, Angestellte einzustellen, die nicht „die Pflichten ausführen, die sie, gemessen an ihrem Gehalt, auszuführen haben".

Zwei Tage lang beteuerte Wayne Hays, daß Elizabeths Geschichte schlichtweg erfunden sei. Dann gab er schließlich zu, tatsächlich eine „persönliche Beziehung" zu ihr unterhalten zu haben. Er bestritt jedoch noch immer, daß sie ihr Gehalt von $ 14 000 im Jahr nur deshalb erhalten habe, weil sie seine Geliebte war. In einer Rede vor dem Repräsentantenhaus sagte er:

„Ich bestreite nach wie vor Miss Rays' Behauptung, daß sie angestellt wurde, weil sie meine Geliebte war. Ferner bleibe ich bei meiner Aussage, daß Miss Ray eine ernsthaft gestörte junge Dame ist, und ich bedauere es außerordentlich, daß unsere Beziehung und die Beendigung dieser Beziehung offenbar ihre emotionalen und psychischen Probleme stark verschlimmert haben. Ich bin jetzt 65 Jahre alt und ich durfte diesem Haus 28 Jahre dienen. Ich weiß, daß meine Tage auf dieser Welt gezählt sind und das könnte auch meinen Dienst in diesem Amt betreffen ... aber ich stehe heute hier vor Ihnen ... mit einem völlig reinen Gewissen.

Allen Stabsmitgliedern, meinen Kollegen hier im Haus und den Menschen in Ohio, die mir in dieser Stunde der Not beigestanden haben, bin ich unendlich dankbar. Nur die Zeit wird zeigen, ob es Miss Ray gelingt, meine Ehe zu zerstören.

Ich hoffe, wenn die Zeit gekommen ist, dieses Haus, das ich liebe, zu verlassen, daß man sich dann an Wayne Hays erinnert als an einen bissigen, anmaßenden, rechthaberischen und reizbaren Mann, aber ich hoffe, daß man niemals von Wayne Hays sagt, er wäre ein unehrlicher Mann gewesen."

Ein paar Wochen später nahm Hays eine Überdosis Schlaftabletten. Obgleich er sich von seinem Selbstmordversuch erholte, kam er zu der Überzeugung, daß er seine politische Karriere wohl nicht würde retten können und schied freiwillig aus dem Repräsentantenhaus aus. Elizabeth Ray schrieb einen Bericht in Romanform über ihre Erfahrungen in Washington mit dem Titel *„The Washington Fringe Benefit"*. Sie strebt noch immer eine Karriere als Schauspielerin in New York an.

Während das Repräsentantenhaus eifrig mit sich selbst beschäftigt war, hatte der Senat alle Hände voll zu tun mit einer gründlichen Untersuchung der CIA-Aktivitäten. 1975 war die CIA Gegenstand eines Untersuchungsausschusses unter dem Vorsitz von Frank Church (Demokrat aus Idaho). Nachdem er mehr als 10 000 Seiten mit vereidigten Zeugenaussagen von über 100 Zeugen zusammengetragen hatte, veröffentlichte Church einen Bericht, der mit Angaben über illegale und unethische Machenschaften gespickt war. Diese reichten von Mordversuchen an ausländischen Staatsoberhäuptern bis zu Experimenten mit Drogen an ahnungslosen Bürgern. Bei mindestens einem dieser Versuche brachte sich ein Mann unter dem Einfluß von LSD um.

Die CIA hatte systematisch die Bürgerrechte mißachtet und von 10 000 amerikanischen „Dissidenten" Akten angelegt. Bürgerinitiativen wurden infiltriert und deren Post überwacht. Durchschnittsbürger wurden zur Zielscheibe von Überwachungseinheiten mit Namen wie *„Cable Splicer"*, *„Garden Plot"*, *„Leprechaun"* und *„Chaos"*. Auf dem Höhepunkt ihrer Tätigkeit verfügte die Operation

Chaos über 50 Angestellte, die schätzungsweise 7 200 „persönliche“ Akten zusammentrugen und über 11 000 Aktennotizen, Berichte und Briefe vom FBI, über 3 000 Mitteilungen an das FBI und beinahe 3 500 Schriftstücke zum ausschließlich internen Gebrauch archivierten. Zusätzlich wurden 12 000 Leitungen zu hochrangigen Regierungsbeamten eingerichtet. Der Chaos-Computer speicherte 300 000 Namen von Mitgliedern von Organisationen, die nicht das Geringste mit Spionage zu tun hatten. Schließlich wurden acht Studien durchgeführt, um festzustellen, ob die Friedensbewegung von einer ausländischen Macht beeinflußt werde oder nicht. Obwohl es niemals einen Beweis zur Erhärtung dieser Behauptung gab, wurden Privatbriefe geöffnet, Telefone abgehört und Menschen heimlich fotografiert.

Auf internationaler Ebene waren die Aktivitäten der CIA nicht weniger beunruhigend. Schon 1953 hatte die CIA ihre erste Geheimoperation zum Sturz einer ausländischen Regierung inszeniert. Zielscheibe war der Premierminister des Iran, Mohammed Mossadegh. Mossadegh war ein populärer und vom Volk gewählter Staatsmann, hatte aber die Beziehungen zu den USA belastet, als er die Ölfelder seines Landes verstaatlichte. Obwohl er die volle Unterstützung seines Volkes hatte, bezahlte die CIA (mit Genehmigung von Präsident Eisenhower) Straßenbanden, Polizeikräfte und Soldaten, um ihn zugunsten des Schahs zu stürzen. Der Schah hatte sich bereit erklärt, fast die Hälfte der iranischen Ölproduktion den amerikanischen Ölgesellschaften zu überlassen.

Wie Churchs Bericht desweiteren in groben Zügen ausführte, machte die CIA zumindest noch fünf weitere Versuche zum Sturz und/oder zur Ermordung ausländischer Staatsoberhäupter. Dazu zählten der kubanische Führer Fidel Castro, der Diktator der Dominikanischen Republik Raphael Trujillo, der Führer der kongolesischen Nationalisten Patrice Lumumba, Salvador Allende in Chile und der südvietnamesische Präsident Ngo Dinh Diem.

Trujillo: Nach 31jähriger korrupter und diktatorischer Herrschaft über die Dominikanische Republik wurde General Trujillo am 30. Mai 1961 ermordet. Die CIA wird verdächtigt, die Mörder mit Gewehren versorgt zu haben, denn aus den schwer bewachten Militärlagern ihres Landes hätten sie schwerlich Waffen stehlen können.

Lumumba: Im Februar 1961 wurde Lumumba von Stammesangehörigen der Katanga entführt und ermordet. Die CIA wird verdächtigt, Präsident Moise Tschombe von den Katanga unterstützt zu haben, weil sie Lumumba Sympathien für die Sowjets unterstellte.

Diem: Am 1. November 1963 wurde Diem nach einem Militärputsch getötet, der vermutlich mit Wissen von Dean Rusk und Averell Harriman vom US-Außenministerium, Robert S. McNamara und Roswell Gilpatric vom US-Verteidigungsministerium und Edward R. Murrow vom US-Nachrichtendienst geplant worden war.

Allende: Am 11. September 1973 beging Allende, wie berichtet wurde, nach einem von der CIA finanzierten Militärputsch Selbstmord.

Castro: Mindestens acht Anschläge gegen Castro wurden gegen Ende Frühjahr oder Anfang Sommer 1960 ausgeheckt. Die Liste reichte von vergifteten Zigarren und einem mit tödlichem Pulver bestäubten Taucheranzug bis zu mit Sprengstoff gefüllten Muscheln und einer speziell entwickelten Substanz, die Castros Markenzeichen, seinen Bart, ausfallen lassen sollte. Ein Mordversuch mit Hilfe einer alten Freundin Castros scheiterte, weil die Giftpillen, die sie in ihrer Cremedose versteckt hatten, geschmolzen waren. Gangsterboß Sam Giancana wurde zur Vermittlung von Mafiakontakten eingeschaltet. Für einen erfolgreichen Schlag gegen den kubanischen Führer wurden der Mafia $ 150 000 geboten. Dennoch, mehr als ein Vierteljahrhundert später ist Castro noch immer wohlauf und hat beinahe jeden überlebt, der versucht hat, ihn zu töten.

Lange nachdem die Ford-Administration das Weiße Haus verlassen hatte, gelangten noch zwei Skandale an die

Öffentlichkeit, beide sehr persönlicher und weniger politischer Natur. Der erste betrifft Nelson Rockefeller, der nach Nixons Rücktritt 1974 und Fords Aufstieg zum Präsidenten den freien Platz als Vizepräsident übernommen hatte. Während seiner ganzen Jahre im Dienst der Öffentlichkeit gab es im Zusammenhang mit Rockefeller nicht den kleinsten Anflug eines Skandals, weder als er Gouverneur von New York war, noch in seiner Zeit als Abgeordneter im Repräsentantenhaus und ebensowenig als Vizepräsident. Nach seiner Nominierung wurden sein Leumund und seine persönlichen Vermögensverhältnise bei Anhörungen vor dem Justizausschuß des Repräsentantenhauses streng überprüft. Ein Finanzberater bestätigte, daß die Familie Rockefeller über ein milliardenschweres Gesamtvermögen verfügt, Skandale aber wurden keine entdeckt. Bis zu seinem Tod am 26. Januar 1979 behielt er seinen guten Ruf. In dieser Nacht, die er in Gesellschaft seiner 25jährigen blonden Mitarbeiterin Megan verbracht hatte, erlag er einem tödlichen Herzanfall.

Megan Marshak hatte seit 1976 im Stab des Vizepräsidenten als Sekretärin und Assistentin in der Abteilung für Öffentlichkeitsarbeit für Rockefeller gearbeitet. Nach Beendigung seiner Amtszeit als Vizepräsident im Januar 1977 blieb Megan als Assistentin für besondere Aufgaben in seinem Mitarbeiterstab. Sie bezog ein Jahresgehalt von $ 60 000 und arbeitete für seine umfangreiche Kunstsammlung. Als Rockefeller um 22.15 Uhr seinen Herzanfall erlitt, arbeiteten Marshak und der verheiratete Vater von sechs Kindern (vier stammten aus seiner ersten Ehe), wie behauptet wurde, zusammen an einem Kunstbuch.

Hier hätte die Geschichte zu Ende sein können, wenn nicht ein Pressesprecher der Familie Rockefeller gesagt hätte, daß der 70jährige ehemalige Vizepräsident „sich gut unterhalten“ hätte, als er starb (er gebrauchte dabei eine Bezeichnung, die im amerikanischen Slang gleichbedeutend mit „bumsen“ ist). Kein Zweifel, es war eine unglückliche Wortwahl. Die Presse nahm die Bemerkung amüsiert auf, ihre Nachforschungen nahm sie dafür um so ernster. In den nächsten zwei Wochen versuchten die Reporter, den vielen mysteriösen und widersprüchlichen Berichten, die Rockefellers Tod umgaben, intensiv auf den Grund zu gehen. Ihre Anstrengungen waren nicht vergeblich. Nach Abschluß der Recherchen unterschieden sich das Wer, Was, Wann, Wo und Warum völlig von dem ursprünglichen Bericht.

Der Kolumnist Jimmy Breslin von den *Daily News* war der erste, der zu fragen wagte, welche gemeinsame Arbeit die beiden eigentlich ausführten. Nach seinem Bericht standen auf einem Tisch im Zimmer Essen und Wein, aber es waren keinerlei Bücher oder Dokumente zu sehen. Am 4. Februar folgte die *Sunday New York Times* mit einem Bericht über die Bekleidung der beiden. Demzufolge trug Megan „ein langes schwarzes Abendkleid" und Rockefeller „lag auf dem Boden, bekleidet mit dunklen Hosen und Socken, aber ohne Schuhe", als ein Ärzteteam auf der Bildfläche erschien.

Aufgedeckt wurde auch, daß der Anruf bei der Polizei nicht von Megan getätigt worden war, wie ursprünglich behauptet, sondern von einer ihrer Freundinnen, die sie gebeten hatte, ihr in dieser Notlage zu helfen. Darüber hinaus wurde dieser Anruf erst eine Stunde später vorgenommen, als zuerst behauptet wurde. Über diesen Tatbestand spöttelte die *Sunday Washington Post:* „Überaus produktiv in allen Bereichen, produzierte Nelson am Ende eine Lücke von sechzig Minuten, während Nixon nur eine von 18 ½ Minuten zustande brachte."

Trotz der Presseberichte bezüglich Rockefellers Tod schwieg Megan Marshak über ihre Beziehung zu Rockefeller und die geheimnisvollen Umstände bei seinem Tode. Rockefeller selbst offenbarte vielleicht mehr. In seinem Testament erließ er ihr $ 45 000 Zinsen für ein Darlehen, das er Megan einmal für den Kauf einer Wohnung gegeben hatte. Die Familie schien das alles mühelos zu bewältigen. Als Rockefellers 18jähriger Enkel Steven im Rahmen einer Fernsehsendung befragt wurde, was er zu Megan Marshak sagen würde, sollte er ihr einmal begegnen, antwortete er schlicht: „Ich hoffe, Sie hat meinen Großvater glücklich gemacht."

Und schließlich wurde der ganze persönliche Mut der ersten Familie des Landes auf die Probe gestellt. Sechs Jahre, nachdem sie Washington verlassen hatte, berichtete die ehemalige First Lady Betty Ford über ihren, nur Eingeweihten bekannten Kampf gegen Alkohol- und Medikamentenabhängigkeit. Dies wurde eine der inspirierendsten Geschichten aus dem Weißen Haus. Wäre nicht Betty Ford mit ihrer Rechtschaffenheit und Aufrichtigkeit dafür eingestanden, wäre es wohl auch eine der skandalösesten geworden; aber ebenso wie Mrs. Ford andere Frauen, die mit ihr die Erfahrung einer Brustamputation teilten, unterstützt hatte, so war sie auch entschlossen, dasselbe für Suchtabhängige zu tun. Was bei anderen First Ladies zu Peinlichkeiten geführt hätte, machte sie zu einem edlen Kreuzzug.

Betty Fords Sucht hatte 30 Jahre zuvor begonnen. Wegen eines eingeklemmten Nerves in ihrem Nacken mußte sie täglich Medikamente einnehmen, die ihr verschrieben worden waren. Zum Problem wurde es, als sie dazu überging, zu dieser täglichen Tablettendosis noch Wodka zu sich zu nehmen, eine Kombination, die es ihr ermöglichte, sich „in einem wundervollen, nur verschwommen wahrnehmbaren Raum, wo alles gut war" zu bewegen. Dann hatte sie das Gefühl, sie könne alles bewältigen.

Ihre Sucht schritt langsam und weitgehend unbemerkt voran. Sie verhielt sich nicht auffallend oder peinlich und zeigte auch sonst keine typischen Merkmale einer Betrunkenen. Erst als die Fords 1977 das Weiße Haus verließen, verschlechterte sich ihr Gesundheitszustand und ihrer Familie fiel auf, daß sie mit schlurfenden Schritten ging, des öfteren hinfiel und undeutlich sprach. In ihrem 1987 erschienenen Buch *„Betty, A Glad Awakening"* erinnert sie sich an den Abgrund, in den sie gefallen war: „1. April

1978. Ich ging zugrunde und alle außer mir wußten es. Ich saß auf dem Sofa im Wohnzimmer in unserem Haus in Palm Springs, mein Mann hatte seinen Arm um mich gelegt, und ich weinte."

Betty Ford weinte, weil sich der ehemalige Präsident und ihre Kinder – Mike, Jack, Steve und Susan – zusammen mit zwei Ärzten, einer Krankenschwester und ein paar Freunden um sie versammelt hatten, um „einzugreifen". Diese Intervention diente dazu, sie, umgeben von Liebe und Fürsorglichkeit, mit ihrer Abhängigkeit zu konfrontieren. Jedes Familienmitglied teilte seine Beobachtungen mit, um Hilfe zu geben, damit das Problem anhand klarer Beispiele definiert werden konnte, wie etwa die Nacht, in der sie gestürzt war, sich ein paar Rippen brach und einen Zahn ausschlug.

Die Methode war wirksam. Sofort nach diesem Gespräch unterzog sich Betty Ford unter Aufsicht einer Entgiftung, die wochenlang dauerte. Am 7. April begann sie mit einer Entziehungskur in Long Beach, Kalifornien. Jahre später, nach ihrer vollständigen Genesung, trieb sie Geld auf für ein Entziehungszentrum, das ihr zu Ehren Betty Ford Clinic genannt wurde. Heute dient Mrs. Ford nach wie vor anderen ehemaligen Drogen- oder Alkoholabhängigen als Vorbild, darunter vielen berühmten Menschen. Nachdem er eine ganze Reihe von Skandalen in der nächsten Administration ausgelöst hatte, suchte auch Jimmy Carters Bruder Billy dort Hilfe.

KAPITEL 16

„In Gedanken habe ich viele Male Ehebruch begangen“

Skandale im Leben von Jimmy Carter

Der gewählte Jimmy Carter zählte zu den Präsidenten mit den strengsten Moralvorstellungen. Der gottesfürchtige Baptist war zwar wegen verschiedener Unzulänglichkeiten prädestiniert dafür, kritisiert zu werden, aber niemand konnte ihm auch nur die geringste Verfehlung hinsichtlich seiner persönlichen oder politischen Integrität nachsagen. Dies bedeutet natürlich nicht, daß es niemand versucht hätte. Im Verlauf seiner Präsidentschaftskampagne 1976 befand sich Carter plötzlich, wie schon viele Kandidaten vor ihm, mitten in einer Sexaffäre. Aber im Unterschied zu seinen Vorgängern wurde er nicht wegen einer tatsächlichen Liebesaffäre angeprangert, sondern für eine imaginäre.

In der Novemberausgabe des *Playboy Magazine,* das mit diesem sensationellen Aufmacher ein paar Wochen vor der Wahl zum Verkaufsknüller wurde, erzählte Carter, daß er außer seiner Ehefrau noch andere Frauen begehrt habe – in Gedanken! Diese Bemerkung sollte nur einer deutlichen Interpretation seines christlichen Glaubens dienen, aber im moralischen Klima nach Watergate wertete die Öffentlichkeit dies schlichtweg als schändliche Äußerung.

Carters religiöse Überzeugung hatte ihm zu Beginn der Kampagne geholfen, sich an die Spitze der achtzehn demokratischen Präsidentschaftskandidaten zu setzen. Als er aber schließlich nominiert wurde, betrachtete man plötzlich seinen strengen baptistischen Glauben in kontroversen Standpunkten. Für Carter schien seine Religiosität zum Problem zu werden. Die Öffentlichkeit fragte sich, inwieweit seine Überzeugung so wichtige Themen wie Geburtenkontrolle, Abtreibung und Homosexualität beeinflussen würde. Um die wachsenden Bedenken zu zerstreuen, entschloß sich Carter, dem *Playboy* ein ausführliches Interview zu geben. Vermutlich wählte er den *Playboy,* weil ein Interview in diesem Magazin für Jerry Brown, den Gouverneur von Kalifornien, zu einem vollen Erfolg geworden war. Brown hatte seine Präsidentschaftskandidatur in der Woche bekanntgegeben, in der das Interview veröffentlicht wurde, und Carter in den ersten Vorwahlen geschlagen.

Das Playboy-Interview mit Carter sollte eine Vielzahl von Themen ansprechen. Einige Fragen betrafen sein Privatleben, im besonderen seine Ehe – ob es jemals Anpassungsschwierigkeiten im Zusammenleben gegeben habe, und ob er mit seiner Frau schon einmal über seine Ermordung gesprochen habe für den Fall, daß er Präsident werden sollte. Die politischen Fragen drehten sich um Themen wie Apartheid oder die Nahostkrise. Carter gab zumeist beeindruckende, nachdenkliche, ja sogar anregende Antworten, aber seine Äußerungen über Religion waren unvergleichlich.

Als zum erstenmal das Thema seiner persönlichen moralischen Grundsätze angeschnitten wurde, erläuterte Carter, wie er als Präsident seinen religiösen Glauben in politische Handlungen umsetzen würde. Er sagte, seiner Überzeugung nach sollte zum Beispiel das Zivilrecht, das für persönliches Verhalten wie das Rauchen von Marihuana, widernatürliche Unzucht oder Homosexualität maßgeblich ist, den einzelnen Bundesstaaten überlassen bleiben und nicht in den Zuständigkeitsbereich der US-Bundesregierung fallen. Im weiteren Verlauf des Gesprächs über Religion führte Carter eher persönlichere Aspekte seiner vom Glauben beeinflußten Handlungen an, etwa, daß ihm das tägliche Gebet dabei helfe, seinen Blutdruck zu regulieren. Am Ende des Interviews war niemand auf die dramatische Wendung gefaßt, die noch kommen sollte. Die beiden Interviewer standen schon aufbruchbereit an der Tür von Carters Wohnzimmer, als der Präsidentschaftskandidat der Demokratischen Partei ein letztes Mal versuchte, den Einfluß der Religion auf sein Leben zu erklären. Diese Bemühungen hörten sich folgendermaßen an:

„Ich versuche, keine vorsätzliche Sünde zu begehen. Es ist möglich, daß ich es irgendwann tun werde, weil ich ein Mensch und deshalb Versuchungen ausgesetzt bin. Und Christus hat uns einige fast unmöglich einzuhaltende Maßstäbe gesetzt. Christus sagte: ‚Ich sage euch, jeder, der eine andere Frau auch nur in Gedanken begehrt, hat bereits Ehebruch begangen.‘

Ich habe viele Frauen mit begehrlichen Blicken betrachtet. In Gedanken habe ich viele Male Ehebruch begangen. Gott geht davon aus, daß ich das tun werde – und Gott vergibt mir dafür. Aber das bedeutet nicht, daß ich jemanden verdamme, der eine Frau nicht nur voller Begierde ansieht, sondern seine Ehefrau verläßt und mit einer anderen ohne Trauschein zusammenlebt.

Christus sagte, man solle sich nicht für besser halten als andere Menschen; der eine Mann bumst viele Frauen, der andere bleibt seiner Frau treu. Der Mann, der seiner Frau treu ist, sollte nicht herablassend oder stolz sein, wegen des Relativismus der Sündhaftigkeit. Paul Tillich sagte, Religion sei die Suche nach der Wahrheit der menschlichen Existenz und der Beziehung zu Gott und den Mitmenschen; und hört man eines Tages auf zu suchen, weil man glaubt, man hätte es geschafft – dann verlieren Sie Ihre Religion. Unaufhörliche Neubewertung, die Erforschung meines Innersten – das gibt mir ein Gefühl des Vertrauens.

Ich habe diese Glaubensgrundsätze nicht in meine Antworten auf Ihre weltlichen Fragen einfließen lassen.

(Carter ballte die Faust und gestikulierte heftig.)

Aber ich glaube nicht, daß ich jemals die Einstellung von Nixon oder Johnson übernehmen werde – lügen, betrügen, die Wahrheit verzerren. Wenn ich einmal die Hoffnung auf meine Charakterstärke außer acht lasse, so bin ich davon überzeugt, daß allein mein religiöser Glaube verhüten wird, daß mir so etwas passiert. Darauf vertraue ich. Ich hoffe, das ist gerechtfertigt."

Ein paar Wochen bevor das Interview im *Playboy* erschien, gab das Magazin Vorabdruckgenehmigungen an *Associated Press* und die *Today Show,* unter der Bedingung, daß eine Kurzfassung des gesamten Interviews gebracht und das *„Begierde"*-Zitat nicht besonders herausgestellt werde. Alle erklärten sich damit einverstanden, aber am 20. September verkündeten die Schlagzeilen vom Atlantik bis zum Pazifik: *„SEX, SÜNDE, VERSUCHUNG!"* und *„IN GEDANKEN HABE ICH VIELE MALE EHEBRUCH BEGANGEN!"*

Vielleicht lag es daran, daß Carter das Wort „bumsen" benutzt hatte, oder vielleicht einfach an dem insgesamt doch recht langweiligen Wahlkampf. Jedenfalls löste das „Playboy"-Interview einen solchen Aufruhr aus, daß Carters Kampagne praktisch zum Stillstand kam. Die negativen Auswirkungen waren jedoch zeitlich begrenzt. Letztendlich waren die Wähler von der persönlichen Integrität Jimmy Carters überzeugt und wählten ihn zum 39. Präsidenten der Vereinigten Staaten.

Präsident Carter hielt sein Wahlversprechen, wieder einer Stimme des Gewissens im Weißen Haus Gehör zu verschaffen und das amerikanische Volk niemals zu belügen. Jimmy Carter selbst wurde niemals irgendwelcher moralischer Verfehlungen beschuldigt. Allerdings wurde gegen führende Stabsmitglieder des Weißen Hauses wegen krimineller und moralischer Vergehen ermittelt. Sogar gegen den Bruder des Präsidenten wurde eine Untersuchung eingeleitet.

Auch Präsidenten vor Carter hatten Ärger mit ihren Brüdern gehabt. Lyndon Johnsons Bruder Sam trank zu-

Billy Carter mit einem lybischen Abgesandten (1978)

viel, schrieb ein- oder zweimal ungedeckte Schecks aus und, an einem bestimmten Punkt, teilte man ihm einen Geheimdienstagenten zu, der ihn aus Schwierigkeiten heraushalten sollte. Richard Nixon hatte über ein Jahr lang das Telefon seines Bruders Donald abhören lassen, um ihn unter Kontrolle zu haben, nachdem er von Donalds Beteiligung an merkwürdigen geschäftlichen Transaktionen erfahren hatte. So hatte ihm der Milliardär Howard Hughes etwa einen Kredit von $ 205 000 eingeräumt. Aber kein Präsidentenbruder stiftete jemals soviel Unheil wie Billy Carter.

Zunächst hatte es den Anschein, als hätten mit dem Bruder des Präsidenten die Hinterwäldler ihren Einzug ins Weiße Haus gehalten. Die Öffentlichkeit schienen sein stiernackiger Charme und seine seltsamen Unternehmungen zu belustigen. Anfangs war er vermutlich nur für den Präsidenten ein Plagegeist. Aber das änderte sich radikal, als herauskam, daß er von der libyschen Regierung $ 220 000 angenommen hatte.

Die Beziehungen zu dieser arabischen Nation waren seit 1973 außerordentlich schlecht. Damals hatte Nixon den Verkauf von acht C-130 Hercules Militärflugzeugen an Libyen im Wert von $ 60 Millionen storniert. Präsident Carter hatte die Ausfuhrgenehmigung für drei Boeing 747, zwei 727 und 400 Lastwagen verweigert, obwohl der Verkaufsabschluß über $ 300 Millionen bereits unter Dach und Fach war. Eine Unterstützung des libyschen Terroristenregimes von Muammar Khadhafi war für Carter viel zu riskant. Seine Anstrengungen konzentrierten sich auf das Friedensabkommen von Camp David zwischen Israel und Ägypten.

Falls die Libyer einen Vermittler gesucht haben, der ihre Sache beim Präsidenten vertreten sollte, hätten sie keine schlechtere Wahl treffen können als Billy Carter. Aber wie ein Experte des Außenministeriums sagte: „Darin zeigt sich einfach das Grundmuster nahöstlichen Denkens – die Hintertür zu einem Staatschef führt über seine Familie.“

Die Annäherung war einfach genug. Billy wurde eine kostenlose Reise nach Libyen angeboten, und er nahm das Angebot an. Nach seiner Rückkehr gründete er die *Libysch-Arabische-Georgia-Freundschaftsgesellschaft,* die allerdings niemals den Status einer eingetragenen Gesellschaft erhielt. Falls seine Public-Relations-Bemühungen zugunsten Libyens noch nicht genug Aufmerksamkeit erregt hatten, so doch ganz sicher Billy selbst. Im Januar 1979 wartete Billy auf die Ankunft einer libyschen Delegation. Es dauerte ihm wohl zu lange, denn er urinierte auf das Rollfeld des Flughafens und machte damit weltweit Schlagzeilen.

Ein unerwartetes Ergebnis dieser öffentlichen Aufmerksamkeit war allerdings die Forderung des Justizministeriums, Billy solle auf der Grundlage eines Gesetzes aus dem Jahr 1938 als ausländischer Agent registriert werden. Dieses Ersuchen wurde ignoriert, ebenso die zweite Aufforderung. Später erregte Billy die Gemüter zusätzlich mit seiner Erklärung, weshalb er sich mit den Libyern überhaupt eingelassen habe: „Es gibt eine ganze Menge mehr Araber als Juden." Bezugnehmend auf die entsetzten Reaktionen der *Amerikanisch-Jüdischen Gemeinschaft,* meinte der beleidigte Billy: „Die können mich am Arsch lecken."

Für den Präsidenten wuchs sich *Billygate* zu einem sehr ernsten Problem aus. Am 27. Februar 1979 versuchte Präsident Carter, auf Distanz zu gehen. Er erklärte, sein Bruder sei ernsthaft krank und er habe keine Kontrolle über ihn. Aber die Scherben waren nicht mehr wegzukehren. Ein führender Wahlhelfer der Demokratischen Partei sagte dazu: „Die Verwandtschaft mit Billy Carter ist der Todesstoß [für die Wiederwahl]. Sie bedeutet für Präsident Carter das Ende aller jüdischen Wählerstimmen im ganzen Land. Ich bedauere das sehr, denn das hat er nicht verdient."

Ausgelöst und angestachelt von der für ein Wahljahr typischen Sensibilisierung der Öffentlichkeit, gipfelte *Billy-*

gate sogar in einer ordentlichen Untersuchung durch den Senat. Es spielte keine Rolle mehr, daß sich Billy am 6. März zum Alkohol- und Drogenentzug in das *Long Beach Naval Hospital* begab, in das Behandlungszentrum, in dem auch die frühere First Lady Betty Ford stationär behandelt worden war. Die Amerikaner wollten wissen, warum Billy von der libyschen Regierung $ 220 000 angenommen hatte, und was er, wenn überhaupt, im Tausch dafür hätte tun sollen. Ein nicht minder heikles Thema war die Rolle, die der Präsident zum Schutz seines Bruders vor einer Strafverfolgung gespielt hatte. Justizminister Benjamin Civiletti gab zu, daß er am 17. Juni mit dem Präsidenten persönlich über die Situation Billys gesprochen habe. Es stellte sich zwar heraus, daß Billy nur sehr wenig für die Libyer getan und niemals irgendeinen Einfluß, welcher Art auch immer, auf die Außenpolitik gehabt hatte, dennoch wurden aus den Reihen der Republikanischen Partei Stimmen laut, die von „Vertuschung" sprachen. Die Popularitätsrate von Präsident Carter sank in Meinungsumfragen auf 22 Prozent, die niedrigste Marke, die je ein Präsident seit Beginn der Umfragen im Jahr 1939 erhalten hatte. Selbst Präsident Nixon hatte unmittelbar vor seinem Rücktritt wegen Watergate noch eine Popularitätsrate von 25 Prozent erreicht.

Natürlich spielte auch die Geiselnahme im Iran bei dieser schlechten Beurteilung eine bedeutende Rolle, ebenso die anderen ernsthaften Skandale, die den persönlichen Mitarbeiterstab des Präsidenten belasteten. In der Umgebung des Präsidenten, der die Beseitigung der Mißstände versprochen hatte, waren die Affären schön gleichmäßig verteilt. Aber, wie in der Administration von Ulysses S. Grant, wurden viele Skandale eben in erster Linie gerade deshalb aufgedeckt, weil der Präsident die Regierung sauberhalten wollte. Dabei halfen Carter neue Gesetze und Richtlinien zur politischen Ethik. Was er allerdings nicht erwartet hatte, war, daß viele Ermittlungen direkt vor seiner Nase beginnen mußten – oder zumindest vor den Nasen seiner engsten Mitarbeiter.

Vielleicht war es einfach Ausdruck des Zeitgeistes, daß im Mittelpunkt der ersten offiziellen Untersuchung über Kokainmißbrauch in der amerikanischen Politik zwei in Schlüsselpositionen tätige Mitarbeiter Carters standen. Der erste war Hamilton Jordan, der Stabschef des Weißen Hauses. Man beschuldigte ihn des Drogenkonsums auf einer Party in Beverly Hills 1977 und in der New Yorker Diskothek *Studio 54* im Jahr 1979. Im Fall Jordan wurde erstmals ein Sonderankläger eingesetzt, um in einer Regierungsangelegenheit zu ermitteln. Diese Ernennung war erst durch das 1978 verabschiedete Ethik-Gesetz *Ethics in Government Act* möglich geworden.

Jordan hatte zuvor schon im Zentrum der Kritik gestanden, nachdem bekannt geworden war, daß er in einer Bar einen Drink über eine Frau gegossen hatte, fürwahr eine geschmacklose Tat. Aber Präsident Carter hielt trotz allem treu zu seinem Mann, ebenso die First Lady. Rosalynn Carter bezeichnete Jordan in einer – wie sie beschrieben wurde – „sehr energischen Verteidigungsrede“ im Zusammenhang mit den Vorwürfen des Kokainkonsums als einen „sehr geradlinigen, sehr anständigen jungen Mann.“ 1980 wurden die Beschuldigungen aus Mangel an Beweisen fallengelassen. Aber die Ermittlungen hatten bereits das Vertrauen der Öffentlichkeit in den Präsidenten erschüttert, und das ausgerechnet in einem sehr schwierigen Wahljahr.

Die Chancen auf eine Wiederwahl verbesserte auch der Rücktritt von Präsident Carters Wahlkampfmanager am 14. September 1980 wahrhaftig nicht. Auch gegen ihn ermittelte der Sonderankläger wegen des Verdachts auf Kokainmißbrauch. Die Verdachtsmomente gegen Tim Kraft, der, ehe er den Posten als Wahlkampfmanager übernommen hatte, einer der ranghöchsten Mitarbeiter Carters im Weißen Haus gewesen war, hatten sich im Laufe der Untersuchung gegen Hamilton Jordan ergeben. Angeblich hatte Kraft am 10. August 1978 in New Orleans und am 18. November 1979 in San Francisco Kokain geschnupft. Aber auch die Ermittlungen gegen Kraft verliefen bald im Sande. Am 21. März 1981 schloß der Sonderankläger die Untersuchung ab und legte die Aussagen zu den Akten. Die Beweise gegen Kraft reichten für eine Anklageerhebung nicht aus.

Mit den finanziellen Machenschaften von Budgetdirektor Bert Lance beschäftigte sich eine eigene Untersuchung, die zu einer Anklage in 33 Fällen führte. Das Spektrum reichte von Verschwörung über die Fälschung finanzieller Erklärungen bis zum Mißbrauch von Bankguthaben. Lance mußte im Zuge der drei Jahre dauernden Ermittlungen, die die Regierung $ 7 Millionen kosteten, zurücktreten. Sein Prozeß umfaßte 20 000 Akten und 173 Zeugenaussagen.

Nach Abschluß der Gerichtsverhandlung war Lance entlastet. Der Richter wies vierzehn Klagepunkte wegen unzureichender Beweise ab und die Jury sprach Lance und drei seiner Geschäftspartner bis auf sechs Punkte von den anderen Anklagepunkten frei. Eine der Beschuldigungen, die aufrechterhalten wurde, besagte, daß Lance in seiner Eigenschaft als Bankdirektor in Georgia seiner Frau, seinem Sohn und einigen Freunden unerlaubt staatliche Überziehungskredite in Millionenhöhe eingeräumt habe. Der Staatsanwalt behauptete darüber hinaus, Lance habe Schulden in Höhe von $ 810 000 verschwiegen, damit man ihn für vermögender hielt, als er es in Wahrheit war.

Lance verzichtete auf eine Revision und unterschrieb eine Erklärung, in der er versicherte, in Zukunft nicht mehr gegen die Bankgesetze zu verstoßen. Im Februar 1986 zeigte er sich mit einer Geldstrafe von $ 50 000 einverstanden. Von nun an war es ihm verboten, irgendeinen Posten in einer vom Bund abgesicherten Bank einzunehmen. Ein positives Ergebnis dieses Skandals brachte die Verabschiedung eines Gesetzes durch den Kongreß, das den Mitgliedern der Exekutive strengere Auflagen im Zusammenhang mit Banktransaktionen setzte.

Die Untersuchung war zwar vorüber, aber die Schwierigkeiten von Bert Lance fanden noch immer kein Ende. Mit einer geradezu ungeheuerlichen politischen Instinktlosigkeit heuerte 1984 der Präsidentschaftskandidat der Demokratischen Partei, Walter Mondale, den umstrittenen Lance als Wahlkampfmanager an. Mondale hatte die durch diese Ernennung ausgelösten Probleme „persönlich unterschätzt". Als sich die negativen Reaktionen erschreckend häuften, trat Lance von diesem Posten zurück.

Die Saat der Skandale nach Watergate wurde nicht im persönlichen Mitarbeiterstab des Präsidenten und nicht in seiner Familie gepflanzt. Während der Carter-Ära wurden Drogenprobleme zur größten Belastung im Kapitol. Bis 1982 kamen allerdings nur wenige Einzelheiten darüber ans Licht. Damals ermittelte die *Ethikkommission des Repräsentantenhauses* im Zusammenhang mit Drogen gegen drei Kongreßmitglieder – John L. Burton und Barry Goldwater Jr., beide aus Kalifornien, und Frederick W. Richmond aus New York. Im Bericht der Ethikkommission war auch vermerkt, daß es gegen 20 Mitarbeiter des Senats und gegen 22 Mitarbeiter des Repräsentantenhauses wegen des unerlaubten Besitzes oder der Verteilung von Drogen Beweise gebe, ferner, daß einige Amtsboten seit 1978 Marihuana, Kokain oder Tabletten genommen hatten.

Nachdem man Burton und Richmond Straffreiheit zugesichert hatte, gaben beide zu, Drogen konsumiert zu haben. Goldwater bestritt, jemals Drogen, welcher Art auch immer, gekauft oder genommen zu haben, obwohl es im Bericht hieß: „Es gibt Beweise, daß er 1979 oder 1980 einoder zweimal Drogen erworben hat." Zur Zeit der Bekanntgabe des Berichts hatte Goldwater bereits die Kandidatur für einen Senatssitz aufgeben müssen und strebte eine berufliche Karriere im Finanzwesen an. Auch Burton und Richmond waren schon aus dem öffentlichen Dienst ausgeschieden. Burton machte eine Alkohol- und Drogenentziehungskur in Arizona und arbeitete anschließend als Rechtsanwalt in San Francisco. Richmond, ein Millionär aus Brooklyn, verbüßte eine Haftstrafe von neun Monaten in einem Bundesgefängnis wegen Einkommensteuerhinterziehung und wegen des Besitzes von Marihuana. Da er sich in diesen Anklagepunkten schuldig bekannte, verzichtete die Regierung auf ein Verfahren im Zusammenhang mit dem Erwerb von Marihuana und Kokain. Goldwater wurde 1983 vom Justizministerium von jedem Verdacht entlastet.

Marihuana und Kokain signalisierten den Anbruch neuer Zeiten auf dem Hügel des Kapitols und die *Affäre Abscam* leitete eine neue Ära beim FBI ein. Die dramatischen, 23 Monate dauernden Ermittlungen durch Undercover-Agenten bewiesen, daß sich das Amt seit dem Tod von J. Edgar Hoover grundlegend verändert hatte. Im Vordergrund des FBI-Interesses standen nicht mehr länger persönliche oder sexuelle Verfehlungen. Die Beamten beschäftigten sich jetzt vielmehr mit Korruption und Interessenkonflikten bei Personen des öffentlichen Dienstes.

Als die Öffentlichkeit im Februar 1980 zum erstenmal etwas über *Abscam* hörte, lächelte jeder bei dem Gedanken an einen falschen arabischen Scheich, der Kongreßabgeordnete dazu verleitete, Bestechungsgelder anzunehmen – die Transaktionen wurden auf Videoband aufgezeichnet. Aber im Grunde war es alles andere als eine Komödie. Die Operation Abscam kostete das FBI fast eine Million Dollar. Hundert Agenten waren eingesetzt, die mit einer sorgfältig ausgeklügelten Serie von Bluffs und Rollenspielen mitten in ein Wespennest stachen. Ein „Scheich" namens Kambir Abdul Rahman (in Wirklichkeit ein ehemaliger Sträfling in Verkleidung) wurde ausgeschickt, um sich mittels Bestechung Einfluß im Kongreß zu verschaffen. Und einer nach dem anderen marschierten die Kongreßabgeordneten in das vom FBI gemietete Haus in Washington, D.C., und verkauften bereitwillig ihre Macht.

Erschreckendes kam zutage. Sowohl Raymond Lederer (Demokrat aus Pennsylvania) als auch John Murphy (Demokrat aus New York) wurden bei der Entgegennahme von $ 50 000 auf Video aufgenommen. Man sah Frank Thompson Jr. (Demokrat aus New Jersey) auf dem Band, wie er Schmiergeld annahm. Zu allem Überfluß konnte man noch einige Abgeordnete, darunter Michael *„Ozzie"* Myers (Demokrat aus Pennsylvania) mit ihrer *„Cleverness"* prahlen hören. John Jenrette (Demokrat aus South Carolina) wurde auf Video aufgenommen, wie er zu einem FBI-Agenten sagte: „Mir liegt das Stehlen im Blut." Richard Kelly (Republikaner aus Florida) wurde im Haus des „Scheichs" gefilmt, wie er sich $ 25 000 in seinen Anzug, seinen Mantel und Hosentaschen stopfte und frage: „Sieht man's?" Lediglich Senator Larry Pressler (Republikaner aus South Dakota) zeigte sich abweisend, denn er sagte zu dem Abscam-Scheich: „Warten Sie einen Augenblick. Was Sie da vorschlagen, könnte gesetzwidrig sein."

Pressler war vom FBI genauer unter die Lupe genommen worden, zumal die Beamten überzeugt waren, er hätte eine Neigung zu korruptem Verhalten. Er hatte sich bereits verdächtig gemacht, als er versuchte, sich als Präsidentschaftskandidat nominieren zu lassen, zur Fortsetzung seiner Kampagne aber dringend Bargeld benötigte. Die anderen wurden anvisiert, weil sie einen mehr als zweifelhaften Ruf hatten. So war etwa Myers am 16. Januar 1979, ein Jahr vor Abscam, der schweren tätlichen Beleidigung angeklagt worden. Eine Kassiererin einer Hotelbar in Arlington, Virginia, beschuldigte ihn, sie geschlagen und getreten zu haben. Myers verweigerte die Aussage und erhielt sechs Monate Gefängnis auf Bewährung.

Murphy hatte in den fünf Jahren vor Abscam schon im Mittelpunkt zahlreicher Bundesuntersuchungen und zweier Ermittlungen des Repräsentantenhauses gestanden. 1973 wurde seine Rolle beim Zustandekommen einer Begegnung zwischen einem mußmaßlichen Abgesandten der Mafia und dem Vorsitzenden der Handelskommission der amerikanischen Bundesstaaten untersucht. Ferner verdächtigte man ihn, Schmiergeld von einer Stiftung angenommen zu haben, die zur Wahrung der finanziellen Interessen des entthronten Schahs von Iran gegründet worden war. 1977 und 1978 wurde er anläßlich des Koreagate-Skandals überprüft, aber man fand damals keine Beweise gegen ihn. 1978 wurde er nochmals verdächtigt, die Marine unter Druck gesetzt zu haben. Angeblich ging es um die Bezahlung einer völlig überzogenen Rechnung, die eine Privatfirma aus seinem Wahlkreis ausgestellt hatte.

Auch Jenrette hatte schon vor Abscam mit zahlreichen Ermittlungen des FBI und gerichtlichen Untersuchungen zu tun gehabt. 1975 wurde er beschuldigt, Geld von einem Bauunternehmer genommen zu haben, der später den Auftrag für den Bau eines öffentlichen Gebäudes in South Carolina erhielt. (Das FBI fand allerdings niemals einen Beweis kriminellen Verhaltens.) Sein Geschäftspartner beschuldigte Jenrette 1976, sich widerrechtlich Firmengewinne zum persönlichen Gebrauch angeeignet zu haben. (Die beiden einigten sich außergerichtlich.) Im gleichen Jahr wurde behauptet, Jenrettes Immobiliengesellschaft habe Überschwemmungsland an ahnungslose Käufer verkauft. Auch in diesem Fall wurde niemals Anklage erhoben. Und 1979 ermittelte das FBI wegen Jenrettes möglicher Beteiligung an einem Drogenschmuggel in Darlington County, South Carolina. Ein enger Freund Jenrettes war zuvor wegen des Schmuggels von Marihuana verhaftet worden, und es bestand der Verdacht, Jenrette hätte ihm unter Mißbrauch seines Einflusses Zugang zu den entsprechenden Bereichen des Flugplatzes verschafft.

Kelly wiederum hatte als Bezirksrichter in Florida einmal ein Impeachment-Verfahren wegen ständiger Beleidigung von Rechtsanwälten und Richterkollegen durchzustehen (die Klage wurde allerdings abgewiesen). Später forderte man ihn auf, sich einer psychiatrischen Untersuchung zu unterziehen. Es wurde ihm dabei beste Gesundheit bescheinigt. Jahre später triumphierte er: „Ich bin das einzige Mitglied [des Repräsentantenhauses], dem schwarz auf weiß geistige Gesundheit bescheinigt wurde." Wer allerdings seine Verteidigungsstrategie im Fall Abscam beobachtet hat, mußte eher den Eindruck gewinnen, er wäre verrückt. Kelly behauptete, er habe mit dem *„Scheich“* sein eigenes Spiel gespielt und nur versucht, diesen in dem Glauben zu wiegen, daß er mitmache. Dies wäre ein Bestandteil seiner eigenen Untersuchungen im Zusammenhang mit Korruption gewesen, um die Hintermänner zu entlarven, die seiner Vermutung nach in den Reihen des organisierten Verbrechens zu finden wären. Kellys – er war übrigens der einzige in Abscam verwickelte Republikaner – Unglück war es, daß die Geschworenen ihm diese haarsträubende Variante nicht abnahmen, sondern ihn verurteilten.

Fast genauso innovativ wie Kellys war auch Ray Lederers Reaktion und seine Erklärung im Zusammenhang mit den $ 50 000, die ihm der *„FBI-Araber“* gegeben hatte. Er behauptete, davon überzeugt gewesen zu sein, daß die Annahme des Geldes mit den Richtlinien der Ethikkommission in Einklang stand, denn die Klauseln gestatten einem Kongreßabgeordneten bis zu $ 10 000 zu seinem Gehalt dazuzuverdienen. Seine Wähler glaubten ihm absurderweise seine Version und wählten ihn für eine weitere Amtszeit. Er trat jedoch bald zurück, ebenso wie Harrison Williams (Demokrat aus New Jersey), der einzige Senator, der in die Affäre verwickelt war. Williams, angeklagt in neun Punkten, einschließlich Bestechung, Verschwörung und der Annahme von Geldern außerhalb seiner Amtspflichten, war der vierte amtierende US-Senator, der wegen eines kriminellen Delikts verurteilt wurde.

Williams wurde in allen neun Punkten für schuldig befunden. Insgesamt wurden infolge von Abscam neunzehn Gefängnisurteile verhängt, sechs davon betrafen Kongreßabgeordnete, die anderen einige Lokalpolitiker und Geschäftsleute.

Lederer, Myers, Williams, Thompson und Murphy wurden jeder zu drei Jahren verurteilt. Jenrette bekam zwei Jahre und Kelly achtzehn Monate. Die meisten wurden wegen guter Führung vorzeitig aus der Haft entlassen, keiner stellte sich zur Wiederwahl. Damit schließt das Kapitel, das sich schließlich zum größten Finanzskandal für die Demokratische Partei im 20. Jahrhundert entwickelt hatte.

Abscam rief wieder einige der schwärzesten Augenblikke von Watergate in Erinnerung, die Affäre hatte aber auch eine hellere Seite. Während des Skandals brachte nämlich Rita Jenrette, die schöne blonde Ehefrau des Kongreßabgeordneten aus South Carolina, Leben auf die Titelseiten der Zeitungen. Ihren Ehemann John schickte man in ein Staatsgefängnis nach Atlanta, und Rita schlug aus seinem jähen Sturz Kapital für ihre eigene Karriere. Sie ließ sich im *Playboy* ablichten, veröffentlichte ein Taschenbuch mit dem Titel *„My Capitol Secrets"*, spielte ein paar drittklassige Filmrollen und nahm eine Schallplatte mit einem Country-and-Western-Lied auf: *„It Gives Me the Low Down Blues Ever Since You Found Money Stashed in My Shoe"*. Die Inspiration zu diesem Lied kam ihr, als sie die $ 250 000 Bestechungsgeld vom FBI in den braunen Wildlederschuhen ihres Mannes gefunden hatte.

Nach der Verhaftung ihres Mannes verkörperte Rita zunächst die pflichtbewußte Washingtoner Ehefrau, gab brav dem Alkohol die Schuld für die Handlungen ihres Mannes und meinte, das Trinken habe ihn zu den verschiedensten schrecklichen Dingen getrieben. Einmal, so erinnerte sie sich, entdeckte sie ihren Ehemann „betrunken, unbekleidet, auf dem Boden liegend in den Armen einer Frau ... die alt genug war, um seine Mutter zu sein". Aber John machte eine Entziehungskur und alles war vergeben. Damals sagte Rita: „John ist nüchtern. Wir sind glücklicher denn je."

Wohl zum Teil, um die $ 250 000 zu beschaffen, die sie benötigte, um die Rechtskosten für ihren Mann zu bezahlen, zum Teil aber wahrscheinlich auch, um es den Washingtoner Ehefrauen heimzuzahlen, die sie stets von oben herab behandelt hatten, ließ sich Rita für den *Playboy* fotografieren und gestand, sie und ihr Ehemann hätten sich einmal auf den Stufen des Kapitols geliebt. Diese stürmische Hingabe war aber bald nicht mehr als eine bloße Erinnerung, denn Rita mußte feststellen, daß John sich wieder in Affären mit anderen Frauen einließ. Diesmal trennte sie sich von ihm. Sie war Gast in der *Phil-Donahue-Show,* als John dort anrief und das versammelte Fernsehpublikum öffentlich vom Scheitern der Ehe in Kenntnis setzte.

Rita hatte nach Abscam einige Auftritte im Fernsehen, spielte in dem billigen Horrorfilm „*Zombie Island Massacre*" mit, engagierte sich in kirchlichen Organisationen und Wohlfahrtseinrichtungen und arbeitete kurzfristig bei einem Börsenmakler an der Wall Street. Aber in Freud und Leid war es ihr gelungen, einen dunklen Moment in der Politik aufzuhellen.

Zur selben Zeit, als die brandheiße *Playboy*-Ausgabe mit den Fotos von Rita Jenrette in den Kiosken lag, erschütterte eine andere blonde Sexbombe den Hügel des Kapitols. Zeitungen im ganzen Land brachten Berichte, daß die Lobbyistin Paula Parkinson von 1978 bis 1981 in Washington sehr viel mehr gesammelt hatte als Stimmen. Die Verflechtungen in diesem Skandal reichten so weit, daß das FBI sofort zu ermitteln begann.

Die Untersuchung, ob Paula Sex gegen Stimmen gehandelt hatte oder nicht, begann im März 1981. Auslöser war ein sensationeller Artikel im *Wilmington News Journal* in Delaware. Darin stand, Paula habe vor vierzehn Monaten mit drei Kongreßabgeordneten und sechs weiteren Männern in Florida Ferien in einem Golfclub verbracht. Damals tauchten auch Vermutungen auf, daß die dreißigjährige Lobbyistin heimlich Videoaufnahmen von einigen Kongreßabgeordneten in kompromittierenden Situationen aufgenommen habe. Als wäre dies noch nicht genug, gab auch noch Paulas Ehemann, Hank, ein Interview, in dem er sich dafür entschuldigte, „*einen sexuellen Frankenstein*" geschaffen zu haben. Im Verlauf des Skandals bezeichnete man die Sexaffäre als „*Parkinson-Krankheit*", weil, wie Spaßvögel in Washington bemerkten, „einem dabei die Hände zittern".

Die drei Kongreßabgeordneten, denen die Hände wohl am meisten gezittert haben, waren Tom Railsback aus Illinois, Dan Quayle aus Indiana und Thomas B. Evans Jr. aus Delaware, allesamt Republikaner. Sie wurden als die Männer identifiziert, die mit Paula das kleine Landhaus in Florida geteilt hatten. Railsback gab prompt zu, er und seine Kollegen hätten „einen großen Fehler gemacht". Er gestand: „Als wir zu dem Haus kamen und feststellten, daß Paula da war, hätten wir sie entweder bitten sollen, auszuziehen, oder wir hätten ausziehen sollen... Daß ich dageblieben bin, war mein erster Fehler. Meiner Frau nichts davon zu sagen, als ich nach Hause kam, war mein zweiter Fehler." Quayle gefiel sich darin, der Presse mitteilen zu können, daß er sein Zimmer mit dem Tabaklobbyisten William Hecht geteilt hatte: „Vermutlich möchten Sie gerne eine homosexuelle Geschichte daraus machen", scherzte er.

Evans zog sich in die Abgeschiedenheit zurück, als die Geschichte herauskam, und bestritt, jemals auf unschickliche Weise im Sinne einer Lobby beeinflußt worden zu sein. Er sagte: „Ich weise jeden unmoralischen Zusammenhang zurück... Ich habe niemals einen fremden Einfluß zugelassen, nur die Interessen der Bürger des Staates Delaware und meines Vaterlandes hatten Einfluß auf meine Stimme." Paula sagte aus, sie und Evans hätten sich im Haus das einzige Zimmer mit Doppelbett und einem eigenen Badezimmer geteilt. Darüber hinaus berichtete sie, daß sie und Evans ihr „romantisches Vergnügen" schon zwei Monate vor dem Florida-Urlaub begonnen hätten.

Paula selbst konnte die ganze Aufregung überhaupt nicht verstehen. Nach ihrer eigenen Schätzung hatte sie „mit weniger als einem Dutzend" Kongreßabgeordneten Affären gehabt. Etwas genauer ausgedrückt, handelte es sich um einen Senator und sieben Kongreßabgeordnete. Bis auf eine Ausnahme waren alle Republikaner und einige gehörten zu den Verfechtern der Moralischen Mehrheit. Laut Paula hatte sie mit drei von ihnen Geschlechtsverkehr in deren Büros gehabt. „Das Aufregendste daran war, daß jeden Augenblick jemand ins Zimmer kommen konnte“, begründete sie den ungewöhnlichen Schauplatz. Mit einem anderen Kongreßabgeordneten hatte Paula einige Male Sex in der Garage seines Bürogebäudes. „Die einzige Möglichkeit, ihn zu sprechen, war auf dem Flur [des Repräsentantenhauses]“, erinnerte sie sich. „Die Sekretärinnen hätten mich niemals in sein Büro vorgelassen, deshalb schickte ich ihm Botschaften. Wir liebten uns, bis die Glocke zur Stimmabgabe klingelte.“

Trotzdem bestand Paula darauf, daß sie niemanden im Zusammenhang mit einer Abstimmung beeinflußt habe – zumindest nicht direkt. In der Nacht vor der Abstimmung über die Vorlage zur Rettung des Chryslers Konzerns gab sie für einige Freunde eine Party. Am Tag darauf waren etliche Kongreßabgeordnete so „verkatert“, daß sie nicht in der Lage waren, an der Abstimmung teilzunehmen. Paula war zwar Lobbyistin für ein Versicherungsunternehmen, das die Ernten der Farmer versicherte, und nicht für Chrysler, aber sie empfand die Lässigkeit der Abgeordneten als persönliche Beleidigung. „Da stand eine Abstimmung auf der Tagesordnung, die Millionen Menschen betraf“, sagte sie, „und diese Abgeordneten nahmen sich die Freiheit, sich ins Bett zu legen, anstatt ihre Macht auszuüben und ihre Stimme abzugeben.“

Schließlich gab Paula ihre Arbeit als Lobbyistin auf. Sie hatte ihre Illusionen gründlich verloren. „Ich habe mich ehrlich bemüht, Veränderungen in der Regierung herbeizuführen“, sagte sie und fügte hinzu: „In den drei Jahren, die ich in Washington verbrachte, beobachtete ich 535 Mitglieder des Repräsentantenhauses. Nur 15 Prozent von ihnen verhielten sich korrekt.“ Sie behauptete, ein Kongreßabgeordneter, der gegen die Abtreibung gestimmt hätte, hätte ihr $ 500 für eine Abtreibung gegeben. „Ich bin zumindest ehrlich. Ich habe mich nie anders dargestellt, als ich bin, und ich treibe es nicht wild und stelle mich dann wieder mit Frau und Kindern zur Schau. Vielleicht habe ich keine hohen Maßstäbe, aber zumindest habe ich Prinzipien."

In der Paula Parkinson-Affäre war die Republikanische Partei erstmals der Hitze eines Sexskandals ausgesetzt, in den nächsten beiden Skandalrunden wurde sie regelrecht verbrannt. Die folgenden Sexskandale, die Mitglieder der Partei betrafen, fielen nicht in die übliche Kategorie. Es ging um Homosexualität.

Trotz des in moralischer Hinsicht etwas liberaleren Klimas unter Präsident Carter, behandelte man Homosexualität noch immer als politisches Tabu. Aber 1980 beschloß ein amtierender Abgeordneter, seine Homosexualität beim Kampf um die Wählerstimmen einzusetzen. Bei dem selbsternannten Versuchskaninchen handelte es sich um Jon Hinson (Republikaner aus Mississippi).

Hinson hatte ständig in der Angst gelebt, irgend jemand könnte sein Geheimnis entdecken und veröffentlichen. Dazu hatte er guten Grund. Einige Anhaltspunkte in dieser Richtung waren schon an die Öffentlichkeit gelangt. 1976, damals war er Assistent des Republikaners Thad Cochran (Mississippi), hatte man Hinson in einem Park in Arlington, Virginia, verhaftet, weil er einer unzüchtigen Handlung zugestimmt hatte. Die Anklage wurde fallengelassen und Hinson bezahlte eine Geldbuße von $ 100 „wegen Erregung öffentlichen Ärgernisses". Ein Jahr später gehörte Hinson zu den drei Überlebenden eines Großfeuers, das in einem Kino in Washingtons Schwulenviertel ausgebrochen war. Als er 1978 in Mississippi in das Repräsentantenhaus gewählt wurde, war er erstaunt, daß diese Vorkommnisse noch keine besondere Aufmerksamkeit erregt hatten.

1980 stellte er sich zur Wiederwahl. Inzwischen war Hinson zunehmend müde geworden, sich ständig Sorgen zu machen, ob und wann seine politischen Gegner in seiner Vergangenheit herumwühlen würden. Am 8. August 1980 berief der Kongreßabgeordnete in seinem Bezirksbüro in Jackson, Mississippi, eine Pressekonferenz ein, auf der er sich zu seiner Homosexualität bekennen wollte. Das war ein mutiger und bis dahin beispielloser Schritt. Seine Berater vertraten die Ansicht, dies käme politischem Selbstmord gleich, aber Hinson argumentierte, daß es „besser ist, es jetzt zu sagen, und zu hoffen, daß die Leute Verständnis haben“.

Zieht man das völlig gegen Homosexuelle eingestellte moralische Klima jener Zeit in Betracht, war Jon Hinsons Pressekonferenz ganz gewiß ein ungewöhnliches, außerordentlich gewagtes Vorhaben. Ein Reporter beschrieb es folgendermaßen: „Wären UFOs mit außerirdischen Wesen gelandet, die die größten Hits der Osmonds gesungen hätten, die Überraschung der versammelten Journalisten hätte nicht größer sein können.“ Aber die Pressekonferenz zeigte Wirkung. Als der dadurch entstandene Schaden kurz darauf abgeschätzt wurde, zeigten die Meinungsumfragen, daß Hinson noch immer um zwanzig Punkte vor seinem Gegner in Führung lag. Sogar als Regionalzeitungen mehrere schäbige Einzelheiten veröffentlichten als Hinson lieb sein konnte, gewann er die Wiederwahl leicht. Er hatte mit seiner Ehrlichkeit Eindruck bei den Wählern gemacht: „Wir haben immer gesagt, wir verlangen von unseren Vertretern in den öffentlichen Ämtern Ehrlichkeit. Ich bin ehrlicher zu Ihnen, als es je ein Politiker war, an den ich mich erinnern kann. Jetzt besteht die Möglichkeit zu beweisen, ob wir uns wirklich Aufrichtigkeit von den Politikern wünschen, die uns in die 80er Jahre führen werden.“ Leider rechtfertigte Hinson das Vertrauen seiner Wähler nicht. Im April 1981 trat er von seinem Sitz im Repräsentantenhaus zurück. Nachdem ihn die Polizei mit einem 29jährigen Mann in einem öffentlichen Waschraum in einem Bürogebäude des Repräsentantenhauses beobachtet hatte, kam es zu einer Anklage wegen des Versuchs zu oralem Sexualverkehr und Hinson erhob keinen Einspruch, sondern bekannte sich schuldig.

Hinson hatte seine Wiederwahl trotz seiner Homosexualität gewonnen, für Robert Bauman (Republikaner aus

Maryland) bedeutete seine sexuelle Veranlagung eine Niederlage und das Ende einer vielversprechenden politischen Karriere. Bauman, einen der konservativsten Republikaner auf dem Hügel des Kapitols, hatte man beschuldigt, einem 16jährigen Nackttänzer in einer Schwulenbar einen sexuellen Antrag gemacht zu haben. Das war knapp vier Wochen vor der Wahl 1980. Einige politische Kommentatoren waren davon überzeugt, daß es ihm, ähnlich wie Hinson, bei einer direkten Konfrontation der Wähler mit diesem Problem gelungen wäre, in den Meinungsumfragen wieder Punkte zurückzuerobern. Aber in Wirklichkeit war Bauman noch nicht einmal so weit, der Wahrheit selbst ins Gesicht zu sehen.

Statt dessen gab Bauman dem Alkoholismus die Schuld an diesem Zwischenfall und machte eine Entziehungskur. Die Anklage wurde nicht weiterverfolgt, aber er hatte niemanden täuschen können. Ein Beobachter sagte: „Ich war schon oft betrunken, aber ich endete nie in einer Schwulenbar in der Ninth Street." Es dauerte sehr lange, bis Bauman, der zwanzig Jahre verheiratet und Vater von vier Kindern war, mit seiner Homosexualität ins Reine kam. Als er schließlich dazu stehen konnte, hatte er seine Karriere, seine Frau, seine Familie und seine konservativen Freunde verloren. Er dachte sogar an Selbstmord. 1986 schrieb er ein Buch über seine Erfahrungen *„The Gentleman from Maryland: The Conscience of a Gay Conservative"*, weil er, wie er sagte, dringend Geld brauchte. Darin zeichnete er den zwanzig Jahre langen Weg vom Amtsboten zum Gesetzgeber und zum Alkoholiker auf, der unter anderem von homosexuellen Anhaltern geschlagen und ausgeplündert wurde. Viele seiner Freunde von der „Moralischen Rechten" konnten Baumans geheimes Leben einfach nicht fassen.

Damals, als die Beschuldigungen öffentlich bekannt wurden, betrachtete man Robert Bauman als einen der führenden Ultrakonservativen. 1968 war er Vorsitzender der Vereinigung Bürger für Nixon-Agnew gewesen. Später, als Vorsitzender der 200 000 Mitglieder zählenden *American Conservative Union,* war er der aktive Wachhund über konservative Werte gewesen. Während seiner drei Amtsperioden im Kongreß stand er stramm hinter den gesetzgeberischen Anstrengungen der Neuen Rechten und der Moralischen Mehrheit. Er zählte sogar zu den Förderern des *Family Protection Act*, eines Gesetzes, das die offene Diskriminierung von homosexuellen Männern und Frauen gestattete und ihren Ausschluß von Arbeitsplätzen und Wohnungen befürwortete. In Briefen an seine Wähler schrieb er, er möchte nicht, daß seine Kinder von Homosexuellen unterrichtet oder beeinflußt würden, wenn dies vermieden werden könne. Wie man vielen nachsagt, dic gegen die Homosexuellen zu Felde ziehen, so galt wohl auch sein Kampf gegen Homosexualität ihm selbst.

Ohne sein Wissen hatte Bauman einige Zeit wegen seiner sexuellen Aktivitäten unter Beobachtung gestanden. Ende der 70er Jahre begann er, Schwulenlokale in Washington aufzusuchen. Damals hatte die örtliche Polizei gerade eine Sondereinheit zusammengestellt, um sich einen Einblick in die männliche Prostitution unter der steigenden Zahl der von zu Hause ausgerissenen Kinder und Jugendlichen zu verschaffen.

Als die jungen Homosexuellen von dieser Sondereinheit der Sittenpolizei verhört wurden, nannten sie häufig die Namen einflußreicher Männer, wohl in der Überzeugung, diese könnten ihnen aus den Schwierigkeiten heraushelfen. Dabei erwähnten sie auch Bauman und neun andere Mitglieder des Repräsentantenhauses und des Senats, sowie weitere hohe Regierungsbeamte und Mitarbeiter von Carters Stab im Weißen Haus. Für die örtliche Polizei war dies ein zu heißes Eisen, deshalb wurde eine Spezialeinheit zusammengestellt, der zwölf FBI-Agenten, Beamte des Geheimdienstes, Mitglieder der US-Staatsanwaltschaft und örtliche Polizeivertreter aus den Sittendezernaten angehörten. Bauman war eine zufällige Randerscheinung, die sich einfach ergab. Wie es scheint, war er nicht der einzige. Bauman schrieb in seinem Buch: „Die Toiletten in Washington sind voll mit schwulen Republikanern und schwulen Konservativen. Viele von ihnen bekleiden hohe Positionen in der Reagan-Administration, einige im Weißen Haus."

Als immer mehr homosexuelle Politiker ins Rampenlicht gerückt wurden, suchten manche eine Erklärung in der Theorie vom „repräsentativen Bevölkerungsquerschnitt". Wenn der Kongreß einen repräsentativen Querschnitt der Gesellschaft darstellt, dann müssen zehn Prozent der Abgeordneten im Repräsentantenhaus und im Senat homosexuell sein. Viele machten sich über diese Theorie lustig. Aber in den folgenden Jahren, als sich mehr und mehr Angehörige der Legislativen zu ihrer Homosexualität bekannten, erschien diese Theorie immer wahrscheinlicher. Die meisten Abgeordneten überstanden dieses Eingeständnis ohne nachteilige Auswirkungen. Bemerkenswert ist, daß Barney Frank (Demokrat aus Massachusetts) und Gerry Studds (Demokrat aus Massachusetts) in den Waschräumen ertappt wurden und trotzdem ihre Posten behielten. Nicht alle jedoch entschieden sich für Offenheit. 1987 starb der erste Kongreßabgeordnete an AIDS. Es hieß, Stewart B. McKinney (Republikaner aus Connecticut) habe sich 1979 bei einer Bluttransfusion im Zusammenhang mit einer Herzoperation mit dem tödlichen Virus angesteckt. Die *Washington Post* stellte allerdings die Vermutung an, die Quelle des AIDS-Virus habe ganz woanders gelegen. In dem Artikel stand, McKinney, der verheiratete Vater von zwei Kindern, sei homosexuell gewesen. Die ganze Geschichte war umstritten und etwas zwiespältig, aber es war zumindest der erste Nachruf dieser Art für einen Abgeordneten.

KAPITEL 17

„Country Club-Moral“

Skandale in der Ära von Ronald Reagan

Wenn man davon ausgeht, daß sich frühere Präsidentenskandale wie etwa Watergate und Teapot Dome aus einer einzigen Krebszelle entwickelt haben, dann litt die Reagan-Administration unter einem Zusammenbruch des gesamten Immunsystems. Eine letzte Zählung eines Unterausschusses des Repräsentantenhauses ergab, daß gegen mehr als 225 von Reagan ins Amt berufene Mitarbeiter Beschuldigungen im Zusammenhang mit kriminellen oder moralischen Verfehlungen erhoben wurde. Zwar waren nicht alle Anschuldigungen gleichermaßen ernstzunehmen, aber die bloße Anzahl der Skandale zur Zeit der Reagan-Administration für sich genommen ist ohne Beispiel in der amerikanischen Geschichte.

Als Ronald Reagan zum ersten Mal zum Präsidenten gewählt wurde, witzelte der bekannte Showmaster Johnny Carson, der neue Präsident habe alle Kabinettsposten mit Angehörigen einer Minderheit besetzt – mit alten Millionären. Im Gegensatz zu anderen Präsidenten, die sich zur Besetzung von wichtigen Schlüsselpositionen in ihrem Kabinett in akademischen Kreisen umsahen, wandte sich Präsident Reagan fast ausschließlich der Geschäftswelt zu. Und das war zum Teil ausschlaggebend für die Schwierigkeiten, die Reagan ständig begleiteten. Allein der höhere Prozentsatz von Geschäftsleuten in der Regierung bedeutete eine zwangsläufige Steigerung möglicher Interessenkollisionen.

Offiziell betrachteten die Republikaner die Skandale

der Reagan-Administration als isolierte Vorkommnisse. Vizepräsident George Bush erklärte: „Unsere Administration wurde Opfer einzelner Personen, die nicht über die notwendige Urteilskraft oder die Integrität verfügt haben, die öffentlichen Interessen über ihre eigenen zu stellen.“ Die Skandale waren jedoch so weit verbreitet, daß man sie unmöglich als Fehltritte Einzelner ansehen kann.

Wenn man Harry S. Truman recht gibt, daß der Präsident die moralischen Maßstäbe der Politik setzt, dann repräsentiert das riesige Ausmaß an Skandalen, Interessenkonflikten, Unterschlagungen, gefälschten Spesenabrechnungen, weit überzogenen Ausgaben für Büroausstattungen und der Einsatz von Regierungsangestellten für Privatgeschäfte den sehr niedrigen moralischen Standard, den Reagan selbst gesetzt hatte. Aber ein eher noch ernsteres Problem wurde Reagans himmelschreiende Ignoranz gegenüber den ethischen Richtlinien, ein sich im Laufe seiner Amtszeit ständig wiederholendes Thema. Im Verlauf der äußerst fragwürdigen Bemühungen einer Lobby, die von engsten Mitarbeitern Reagans zur Vertuschung einer Geheimoperation des Weißen Hauses, nämlich der Iran-Contra-Affäre, angestellt wurden, schienen viele aus der Mannschaft Reagans hinter ihrem eigenen konstitutionellen Trommler hermarschiert zu sein. Wann und wie hat das eigentlich begonnen? Man muß sich nur einmal die Präsidentschaftskampagne von 1980 genauer ansehen, um das Ereignis zu finden, das alle folgenden Skandale schon ankündigte.

Im Endspurt des Wahlkampfes von 1980 war Ronald Reagan auf geheimnisvolle Weise in den Besitz eines Loseblatt-Notizheftes gekommen, in dem Jimmy Carter seine Strategie für die entscheidenden Wahlkampfdebatten aufgezeichnet hatte. Carters Team behauptete später, das Notizbuch wäre gestohlen worden. Reagans Lager erklärte, es wäre ihnen unaufgefordert von einem verärgerten Mitarbeiter Carters zugeschickt worden. Die Mitarbeiter Reagans beharrten darauf, daß keine organisierten Anstrengungen unternommen worden waren, um Informationen von der Gegenseite zu erhalten. Inoffizielle Quellen bestätigten allerdings, daß es sehr wohl eine Organisation gegeben habe, die Insider-Daten gesammelt hätte. William Casey, nach Reagans Wahl CIA-Direktor, war angeblich ein direkter Drahtzieher gewesen, was dieser aber entschieden dementierte. Ob das Notizbuch nun gestohlen war oder nicht, war auch nur die eine Seite der Medaille. Die Kehrseite war, daß Ronald Reagan durch den Besitz von Privatnotizen des amtierenden Präsidenten Vorteile herauszog, was ein klarer Verstoß gegen die Spielregeln war.

Als *Debategate,* wie es später genannt wurde, im ersten Amtsjahr Reagans schließlich publik wurde, wandte der Präsident seine ihm eigene Art an, den Skandal zu unterdrücken. Er beschloß einfach, das Ganze zu ignorieren. Seine Berater schlugen in diesselbe Kerbe; man wußte ja schließlich, was mit Richard Nixon passiert war, als er durch Watergate belastet wurde. Die Öffentlichkeit war seltsamerweise an Debategate in keiner Weise interessiert. Nach sechs Jahren öffentlicher Säuberungsaktionen, die auf Richard Nixons Rücktritt gefolgt waren, hatte die amerikanische Bevölkerung jetzt einfach genug. Es gefiel den Menschen vielmehr, daß Ronald Reagan wieder Säbelrasseln in die Politik brachte und keine Anhörungen im Senat stattfanden. Diese Einstellung in der Öffentlichkeit erleichterte Präsident Reagan nicht nur das Totschweigen von ‚Debategate‘, sondern hieß in der Folge auch den endlosen Strom von Skandalen vergessen, die während seiner Amtszeit ans Licht kamen. Das war das Ende jeglicher Moral nach Watergate.

Interessant ist, daß nur ganz wenige Skandale der Reagan-Administration im Zusammenhang mit persönlichen oder „charakterlichen“ Problemen standen. Innenminister James Watt wurde nach einer groben und arroganten Bemerkung über die Zusammensetzung einer neu gegründeten Kommission zum Rücktritt gezwungen: „Drei Demokraten, zwei Republikaner, jede Sorte, die man haben kann, ist in dieser Mischung vertreten. Ich habe einen Schwarzen, eine Frau, zwei Juden und einen Krüppel. Und wir haben Talent." Niemand aus der Reagan-Administration wurde beim Ehebruch erwischt, nur John Fedders, Chef der Börsenkommission, gab zu, seine Frau geschlagen zu haben – siebenmal im Laufe der 18jährigen Ehe, wie er freimütig angab. Charlotte Fedders hatte nach diesen Angriffen ein kaputtes Trommelfell, einen verrenkten Hals, etliche blaue Augen und viele Blutergüsse. Als darüber auf der Titelseite des *Wall Street Journal* berichtet wurde, mußte Fedders zurücktreten. Mrs. Fedders schrieb ein Buch über ihren Leidensweg mit dem Titel *„Shattered Dreams";* er ging gerichtlich gegen sie vor und erhielt paradoxerweise 25 Prozent der Bucherlöse zugesprochen.

Präsident Reagans persönliche Integrität wurde niemals in Frage gestellt. Den schlimmsten Skandal, der die First Family betraf, löste Nancy Reagan mit der Bemerkung aus, der Präsident und sein Sohn Michael hätten sich seit drei Jahren zunehmend *„entfremdet"*. Aber im Handumdrehen war die Familienfehde wieder ordentlich beigelegt. Nancy Reagan wurde 1983 nochmals ins Visier genommen, als herauskam, daß sie von amerikanischen Modeschöpfern teure Kleider als Geschenk angenommen hatte. Aber in den öffentlichen Meinungsumfragen schnitten die Reagans hervorragend ab, was jedermann glauben ließ, daß solche Dinge eben vorkommen, selbst in der besten der ersten Familien.

Wie kommt es nun, daß ein im Grunde moralischer Präsident 225 Skandale, viele davon schwerwiegender Art, in seiner Administration verzeichnen mußte? Vielleicht war es die Kombination von Reagans personifiziertem republikanischen Traum, seinem Führungsstil des *„Hände-weg"*, elitärem Verhalten, Habgier und der Country Club-Moral.

Zu Beginn der Amtszeit von Präsident Reagan trat der Nationale Sicherheitsberater Richard Allen zurück. Offensichtlich hatte er japanischen Journalisten für \$ 1 000 ein Interview mit Nancy Reagan verschafft, obgleich man ihn später dafür freigesprochen hat. 1981 trat Max Hugel, der zweite Mann des CIA, zurück. Gegen ihn bestand ein Verdacht im Zusammenhang mit fragwürdigen Börsentransaktionen. Anklage wurde allerdings nie erhoben. 1983 trat Thomas C. Reed, Berater des Weißen Hauses für nationale Sicherheitsfragen, zurück und erstattete $ 427 000, die er mit illegalen Insidergeschäften an der Börse verdient hatte. Vor nicht allzu langer Zeit trat der stellvertretende Verteidigungsminister Paul Thayer zurück. Die *Börsenkommission (SEC)* hatte wegen Insidergeschäften einen Zivilprozeß gegen ihn angestrengt. Die Transaktionen hatte Reed vermutlich schon vor seinem Eintritt in die Regierung durchgeführt. Im Prozeß, zur Zeit noch ein schwebendes Verfahren, wurde behauptet, Thayer hätte illegal mit Aktien der *LTV Corp.* gehandelt, deren Vorstandsmitglied er war.

Gegen zwei weitere führende Beamte Reagans wurde wegen fragwürdiger finanzieller Transaktionen ermittelt. 1982 wurde eine Untersuchung gegen Justizminister William French Smith wegen Gewährung unzulässiger Steuervorteile eingeleitet und weil er nach Bekanntgabe seiner Ernennung einen Scheck über $ 50 000 als Abfindung angenommen hatte. Smith widerrief die Steuerabschreibungen und gab den Abfindungsscheck zurück.

1983 wurde gegen CIA-Direktor William Casey im Zusammenhang mit Insidergeschäften an der Börse ermittelt. Er hatte mit Aktien von Gesellschaften spekuliert, die Verträge mit der CIA hatten. Ebenfalls unter die Lupe genommen wurde sein Verkauf von Ölaktien im Wert von mehr als $ 600 000 im Jahr 1981, in dem die Ölpreise rapide stürzten. Damals war Casey der einzige hochrangige Beamte, der Zugang zu nachrichtendienstlichen Erkenntnissen über die Entwicklung der weltweiten Ölproduktion hatte. Weder hatte er vor seiner Amtsübernahme seine Aktien verkauft, noch einen Blind Trust eingerichtet. Die Aufregung legte sich schnell, als der Geheimdienstchef zustimmte, für seine Holdings einen *Blind Trust* einzurichten. Zusätzlich wurde bekannt, daß Casey einmal versäumt hatte, sich als US-Agent für Indonesien registrieren zu lassen, und daß er einmal in einem Plagiatsprozeß zu einer Geldstrafe verurteilt worden war.

Mit Arbeitsminister Raymond Donovan wurde zum ersten Mal in der US-Geschichte ein amtierendes Kabinettsmitglied vor Gericht zitiert. Er trat sofort zurück, als er angeklagt wurde, die Transportbehörde von New York City um $ 7,4 Millionen betrogen zu haben. Nach Abschluß der neunmonatigen Verhandlung wurde er jedoch freigesprochen. Schon zuvor war gegen Donovan ermittelt worden und zwar im Zusammenhang mit Gewerkschaftskorruption und organisiertem Verbrechen, aber auch damals konnten keine Beweise gegen ihn gefunden werden.

Manche Skandale der Reagan-Administration scheinen oberflächlich betrachtet nicht allzu schwerwiegend zu sein, dürfen aber auch nicht auf die leichte Schulter genommen werden. Ein Jahr vor seiner peinlichen, vorher schon zitierten Bemerkung, die seinen Rücktritt zur Folge hatte, wurde James Watt beschuldigt, zwei private Parties mit Spesengeldern bezahlt zu haben. Das Rechnungsamt verlangte von ihm die Rückzahlung des Geldes an die Regierung, aber statt Watt erstattete das Nationalkomitee der Republikanischen Partei den Betrag. Justizminister Smith bezahlte der Regierung $ 11 000 zurück, weil seine Frau regierungseigene Limousinen für Privatfahrten benutzt hatte. Sie war damit zu Restaurants, Kunstgalerien und verschiedensten gesellschaftlichen Ereignissen gefahren. Die Frau von Stabschef Donald Regan wurde verdächtigt 75mal in einem Zeitraum von zwanzig Monaten mißbräuchlich ein Fahrzeug der Regierung benutzt zu haben; Regans Chauffeur fuhr sie regelmäßig kreuz und quer durch Washington, etwa zum Kennedy Center, zur Smithsonian Institution, zur Corcoran Gallery sowie zu exklusiven Klubs und Restaurants.

Robert Nimmo, der Chef der Behörde für Kriegsveteranen, trat zurück, als bekannt wurde, daß er für die Ausstattung seines Büros $ 54 183 ausgegeben und von der Regierung gecharterte Flugzeuge und regierungseigene Fahrzeuge privat benutzt hatte. Edgar Callahan, Vorsitzender der *National Credit Union Administration,* wurde zur Rückzahlung von $ 21 250 gezwungen; er hatte falsche Angaben über Umzugs- und Mietkosten gemacht. Emanuel Savas trat von seinem Posten als stellvertretender Vorsitzender der Behörde für Wohnungsbau und Stadtentwicklung zurück. Es hatte sich herausgestellt, daß er Mitarbeiter seiner Behörde zur Arbeit an seinem Buch mit dem bezeichnenden Titel *Privatizing the Public Sector* eingesetzt hatte.

Eine Vielzahl von Skandalen in der Umweltbehörde EPA führten zum Rücktritt der Verwaltungschefin Anne Burford und von mehr als einem Dutzend ihrer ranghöchsten Mitarbeiter. Burford beschuldigte man des Mismanagements, politischer Manipulation und möglicher Interessenkonflikte. Der EPA wurde nachgesagt, sie habe bei einigen Chemiekonzernen, mit denen die Behörde in gutem Kontakt stand, Verstöße gegen Umweltschutzgesetze einfach ignoriert. Auch hatte die EPA angeblich die Reinigung gefährlicher Mülldeponien entweder beschleunigt oder verzögert, je nachdem, was für die Republikanische Partei bei den Wahlen 1982 gerade opportun war. Solange Burford Chefin war, führte die EPA auch Listen über die politische Einstellung ihrer Mitarbeiter.

Die Skandale in der EPA hatten die erste Verurteilung in der Reagan-Administration wegen eines kriminellen Deliktes zur Folge. Die für das Programm zur Giftmüllbeseitigung verantwortliche Rita Lavelle kam ins Kreuzfeuer der Kritik, weil sie teure Einladungen von Firmen angenommen hatte, die regelmäßig mit der EPA in Kontakt standen. Sie wurde wegen Begünstigung bestimmter Firmen angeklagt, mit deren leitenden Angestellten sie über Vollzugsaktionen der EPA gesprochen hatte. Als ihre Behörde sich mit ihrem früheren Arbeitgeber, der *Aerojet*

General Corporation, befaßte, lehnte sie einen Antrag auf Befangenheit ab. 1983 wurde sie wegen Meineids gegenüber dem Kongreß zu sechs Monaten Haft verurteilt; drei Monate saß sie im Gefängnis.

In Reagans zweiter Amtsperiode wurden Sonderkommissionen eingesetzt. Die steigende Zahl der Skandale und der damit verbundenen Ermittlungen machte dies notwendig. In die Affären waren Beamte in Schlüsselpositionen der Reagan-Administration verwickelt, darunter Theodore Olsen, Lyn Nofziger, Michael Deaver, Edwin Meese III und alle, die mit der Iran-Contra-Affäre zu tun hatten. Den Steuerzahler kosteten diese Untersuchungen bis Februar 1988 mehr als $ 8 Millionen.

Gegen den ehemaligen stellvertretenden Justitzminister Theodore Olson ermittelte eine Sonderkommission wegen des Verdachts auf Irreführung des Justizausschusses im Repräsentantenhaus im Zuge der Ermittlungen gegen die EPA im Jahr 1983. Olson hatte Anne Burford geraten, gewisse Dokumente zurückzuhalten, die von der Energie- und Handelskommission des Repräsentantenhauses zur Vorlage angefordert worden waren. Olson und zwei stellvertretende Generalstaatsanwälte hatten dem Kongreß scheinbar Beweise vorenthalten, indem sie sich schlichtweg weigerten, bestimmte Dokumente zu identifizieren.

Am 22. Januar 1988 hob die unabhängige Staatsanwältin Alexia Morrison jedoch die Ermittlungen gegen Olson auf, denn das *US-Appellationsbezirksgericht für den District of Columbia* hatte entschieden, daß eine Bestimmung des 1978 verabschiedeten Ethik-Gesetzes verfassungswidrig sei. Darüber wird allerdings in Kürze der Oberste Gerichtshof entscheiden. Nofziger und Deaver wurden dennoch in Auslegung anderer Bestimmungen des *Ethik-Gesetzes von 1978* angeklagt. Diese besagen, daß es hochrangigen Regierungsbeamten nach Ablauf ihrer Tätigkeit im öffentlichen Dienst nicht gestattet ist, jemanden aus ihrem früheren Arbeitsbereich zu beeinflussen. Im Zusammenhang mit Angelegenheiten, in denen sie „persönlich und wesentlich" beteiligt waren, ist es ihnen auf Lebenszeit verboten, weiterhin Einfluß im Sinne einer Lobby auszuüben.

Deaver, ein langjähriger Weggefährte des Präsidenten – man nannte ihn oft Reagans „Sohn ehrenhalber" –, wurde des Lobbyismus zugunsten der *Trans World Airlines* und anderer Kunden beschuldigt, die er, gerade ein paar Monate nach dem Ausscheiden aus seinem Amt, vertrat. Der ehemalige Mitarbeiter des Weißen Hauses hatte von *TWA* $ 250 000 bekommen, und zwar genau zu der Zeit, als das Unternehmen eine Übernahme durch Carl Icahn verhindern wollte. Gegen Deaver wurde wegen möglicher Verletzungen des Ethik-Gesetzes ermittelt, angeklagt wurde er aber schließlich des fünffachen Meineids, da dies nach Meinung der Rechtsexperten leichter zu beweisen war. Am 16. Dezember 1987 sprach ein US-Bezirksgericht Deaver in drei von fünf Anklagepunkten schuldig. Dieses Urteil könnte jedoch, ebenso wie das Urteil gegen Lyn Nofziger, noch von der Entscheidung des Obersten Gerichtshofes über die Verfassungsmäßigkeit des Ethik-Gesetzes beeinflußt werden.

Lyn Nofziger hatte man wegen einer direkten Verletzung des Ethik-Gesetzes verurteilt. 1982, nachdem er seinen Posten als politischer Chef des Weißen Hauses aufgegeben hatte, eröffnete Nofziger eine Lobbyfirma. Vier Monate später – acht Monate früher als gesetzlich vorgeschrieben – verfaßte er einen Brief an James E. Jenkins, den Stellvertreter von Justizminister Meese, und bat ihn um Unterstützung beim Abschluß eines Rüstungsauftrages in Höhe von $ 32 Millionen für seinen Kunden, die *Wedtech Corporation*. Wie sich später herausstellte, hatte Wedtech falsche Angaben über die Unternehmensstruktur gemacht. Die Firma hatte sich von einer winzigen Maschinenfabrik in der South Bronx zu einem Rüstungsunternehmen mit $ 100 Millionen Umsatz jährlich entwickelt. Eigentlich war Wedtech nicht zur Abgabe eines Angebots berechtigt, weil die Firma einen früheren Vertrag mit der Regierung nur mangelhaft erfüllt hatte. Aber wie durch ein Wunder erhielt sie den Auftrag, und bald darauf unterschrieb Jenkins einen Beratervertrag bei Wedtech. Nofzigers Firma erhielt *Wedtech-Aktien* im Wert, wie berichtet wurde, zwischen $ 720 000 und $ 1 Million.

Im weiteren Verlauf des *Wedtech-Skandals* gestanden vier leitende Mitarbeiter des Unternehmens, $ 2 Millionen unterschlagen zu haben und Politiker auf Bundes-, Bundesstaats- und Lokalebene bestochen zu haben; zwei Politiker aus Maryland wurden wegen der Annahme von Bestechungsgeld in Höhe von $ 50 000 verurteilt, die sie erhalten hatten, um eine Untersuchung durch den Kongreß zu verhindern; ein New Yorker Kongreßabgeordneter wurde wegen Erpressung angeklagt. Am 11. Februar 1988 verurteilte man Nofziger in vier Fällen im Zusammenhang mit der Verletzung des Ethik-Gesetzes. Er erhielt eine Geldstrafe von $ 30 000 und neunzig Tage Gefängnis.

Auch gegen Justizminister Edwin Meese III ermittelte eine Sonderkommission wegen seiner mutmaßlichen Beteiligung an der *Wedtech-Affäre* und anderen fragwürdigen Machenschaften. 1982, damals war er Präsidentenberater, hatte Meese sich anscheinend auf Wunsch seines langjährigen Freundes E. Robert Wallach für Wedtech verwendet, um dem Unternehmen einen Rüstungsauftrag in Höhe von $ 32 Millionen zu sichern. Drei Jahre später investierten Meese und seine Frau $ 50 000 in ein Partnerschaftsunternehmen, das unter der Leitung von W. Franklyn Chinn stand, der später Direktor bei *Wedtech* wurde. Innerhalb von zwei Jahren konnte Meese einen Gewinn von $ 45 857 oder 90 Prozent verbuchen. Die Rolle, die Meese bei diesen finanziellen Transaktionen gespielt hat, ist bis heute noch nicht eindeutig geklärt oder letztendlich zu beurteilen. Dagegen wurden Wallach, Chinn und ein dritter Teilhaber wegen Betrug, Erpressung und Verschwörung im Zusammenhang mit dem Wedtech-Komplott verurteilt.

1983 ermittelte eine andere Sonderkommission gegen

Meese, zu einem Zeitpunkt, als Meese gerade zum Justizminister ernannt worden war. Die Ermittlungen konzentrierten sich auf seine Geschäfte und seine Beziehungen zu folgenden Männern:

Thomas J. Barrack Jr.: Als Meese in Schwierigkeiten kam, sein Haus in La Mesa, Kalifornien, mit hohem Profit zu veräußern, steuerte der wohlhabende Immobilienmakler $ 70 000 zum Preis bei. Drei Monate später erhielt er einen hohen Posten im Innenministerium.

Gordon C. Luce: Der Vorsitzende einer örtlichen Bank erlaubte Meese, fünfzehn Monate mit seinen Hypothekenzahlungen in Verzug zu geraten, weil sein Haus nur schwer verkäuflich war. Später ernannte man ihn zum stellvertretenden Gesandten bei den Vereinten Nationen.

Edwin J. Gray: Der Vizepräsident einer anderen Bank, bei der Meese mit mehr als $ 420 000 an Hypothekenschulden in der Kreide stand, gestattete Meese ebenfalls, mit seinen Zahlungen in Rückstand zu geraten. Gray wurde Vorsitzender des *Federal Home Loan Bank Board.* In dieser Eigenschaft mußte Gray $ 26 000 für Reisekosten zurückzahlen, die er und seine Frau mißbräuchlich abgerechnet hatten.

Edwin W. Thomas: Thomas hatte Ursula, die Ehefrau von Meese, einmal einen zinslosen Kredit von $ 15 000 gegeben. Meese machte ihn zu seinem Stellvertreter im Weißen Haus. Auch seine Frau und sein Sohn erhielten Regierungsposten.

John R. McKean: Der Steuerprüfer aus San Francisco arrangierte für Meese, der keine Sicherheiten einzubringen brauchte, einen Kredit über $ 60 000. Er wurde später Chef des US-Postdienstes und Vorstandsvorsitzender.

Im Schlußbericht akzeptierte der Rechtsausschuß des Senats, daß Ed Meese seinen Einfluß nicht zum persönlichen Vorteil benutzt hatte. Zwar waren alle diese Männer langjährige Freunde von Meese, wodurch sich dieser veranlaßt sah, schlüssige Beweise vorzulegen, daß man ihnen in jedem Fall Regierungsposten angeboten hätte. Aber auch als Justizminister nahmen für Meese die politischen und rechtlichen Schwierigkeiten kein Ende.

Vor nicht allzu langer Zeit dehnte der unabhängige Staatsanwalt James McKay seine Ermittlungen gegen Meese aus. Von nun an ging es auch darum, ob dem Justizminister Versäumnisse im Zusammenhang mit einer Aktennotiz von seinem Freund E. Robert Wallach vorzuwerfen waren. Dabei handelte es sich möglicherweise um eine illegale Zahlung an den früheren israelischen Premierminister Shimon Peres oder Mitgliedern seiner Arbeiterpartei, die im Austausch dafür den Bau einer 1 Million-$-Pipeline für Israels langjährigen Feind, den Irak, befürworten sollten. Die Pipeline-Pläne wurden schließlich über Bord geworfen, und Peres stritt jede Kenntnis von einem Bestechungsversuch ab. Dennoch bleibt die Frage bestehen, ob Meese sein Amt als Justizminister verantwortungsvoll ausgeübt hatte. In jedem Fall hätte er überprüfen müssen, ob der Plan, der in besagter Aktennotiz lobend erwähnt wurde, einen Verstoß gegen US-Gesetze darstellte, denn auch die Bestechung von Beamten einer ausländischen Regierung ist gesetzwidrig.

Aber McKay ermittelte noch in einer anderen Sache gegen Meese und zwar im Zusammenhang mit einem Gesetzesverstoß, der einen Interessenkonflikt heraufbeschwor. Dabei geht es um Investments, denn er und seine Frau hielten 91 Anteile in sieben regionalen Telefongesellschaften. Zur selben Zeit, als sie im Besitz der Telefonaktien waren (sie haben sie letztes Jahr für schätzungsweise $ 14 000 verkauft), unterstützte Meese den Gesetzentwurf zur Neuregelung der Bundesvorschriften in bezug auf die privaten Telefongesellschaften. Erst als das Justizministerium die geplante Gesetzgebung offiziell begrüßte (die schließlich von einem US-Bezirksgericht abgelehnt wurde), konnte Meese ein Verzichtschreiben von der Kommission an den Präsidenten durchsetzen, in dem ihm seine Beteiligung in diesem Fall gestattet wurde. Präsident Reagan hielt trotz der Skandale des Justizministers treu zu seinem alten Freund. Die Mitarbeiter von Meese zeigten sich nicht so loyal. Ende März 1988, als die Skandale im Justizministerium die höchsten Wellen schlugen, traten zwei hochrangige Beamte und vier ihrer engsten Berater zurück.

Unter den noch nicht so lange zurückliegenden Skandalen spielt die Iran-Contra-Affäre eine herausragende Rolle. Dabei wurde deutlich, daß ein Schattenkabinett direkt aus dem Weißen Haus Waffenhandel mit dem Iran betrieben hatte, um eventuell Vergünstigungen für die amerikanischen Geiseln im Libanon herauszuschlagen. Die Gewinne aus dem Waffenhandel wurden zur Unterstützung der Contras in Nicaragua verwendet. Dies war zumindest ein Verstoß gegen den Geist des *Boland-Amendment* von 1981, das jede US-Militärhilfe für die Contras klar untersagt. Darüber hinaus war es eine Verletzung des ungeschriebenen, aber sehr wohl verbreiteten Reagan-Grundsatzes, niemals mit Terroristen zu verhandeln.

Die ersten Mitteilungen über die Iran-Contra-Affäre kamen von Meese. Ein Bericht in einer iranischen Zeitschrift zwang ihn zu sofortigem Handeln. Kurz darauf, am 12. November 1986, beteuerte Präsident Reagan: „Wir haben keine – ich wiederhole – keine Waffen oder irgendetwas anderes als Gegengeschäft für die Geiseln verkauft – und werden das auch nicht tun.“ Sechs Tage später gab er jedoch zu, daß ein geheimnisvolles Projekt existiere, an dem ein drittes Land beteiligt sei. Neun Tage später, als die Fragen der Presse und des Kongresses immer aufdringlicher wurden, erklärte der Präsident: „Ich erinnere mich nicht – zeitweilig!“ Zwei Ermittlungsausschüsse des Bundes begannen sofort mit Untersuchungen, und aus der Frage „Was wußte der Präsident und wann wußte er es?“ wurde im Verlauf der Ermittlungen die Frage „Was hat Reagan vergessen und wann hat er es vergessen?“. Auch Meese litt anscheinend unter Gedächtnisverlust. Während der Anhörungen zur Iran-Contra-Affäre antwortete er mit „Ich erinnere mich nicht“, was er 187mal in ähnlich lautende Aussagen wiederholte. (Im Nofziger-Prozeß hatte das Erinnerungsvermögen von Meese 29mal versagt.)

Der Iran-Contra-Skandal weitete sich zusehends aus und zog Konsequenzen nach sich. Der Mitarbeiter des Nationalen Sicherheitsrates Oliver North wurde entlassen, der Nationale Sicherheitsberater John Poindexter trat zurück und der Nationale Sicherheitsberater Robert McFarlane unternahm einen Selbstmordversuch mit einer Überdosis Valium. Der General a. D. der Luftwaffe, Richard Secord, wurde suspendiert und des Betrugs beschuldigt, aber wieder eingesetzt. CIA-Direktor William Casey wurde verdächtigt, den Kongreß im Zusammenhang mit Fragen nach einer möglichen Beteiligung des CIA belogen zu haben, aber er starb vor Abschluß der Senatsanhörung. Der Journalist Bob Woodward behauptete jedoch, Casey habe die Beteiligung des Geheimdienstes anläßlich eines Interviews am Totenbett bestätigt.

Für einige der Beteiligten bedeutete der Iran-Contra-Skandal jedoch keine Niederlage, sondern einen neuen Anfang. Nach seiner Zeugenaussage in den von verschiedenen Fernsehsendern übertragenen Anhörungen, für die er viel Beifall aus der Bevölkerung erhielt, erreichten Oliver North Angebote zur finanziellen Unterstützung in Höhe von mehreren Millionen Dollar, sowie Buch- und Filmangebote. Die Ehefrau von North, Betsy, wurde von einer antifeministischen Frauengruppe mit der Auszeichnung *„Nationale Vollzeit-Hausfrau des Jahres“* belohnt. Norths Sekretärin Fawn Hall erhielt einen Vertrag von der Talentagentur William Morris und begann eine Romanze mit Rob Lowe. Nach John Poindexter benannte man in Odon, Indiana, eine Straße.

Zu den Verlierern zählte Richard Secord, denn seine Geschäfte schlugen eines nach dem anderen fehl (obgleich er immer wieder schnell etwas Neues anfing). Den Stabschef des Weißen Hauses, Donald Regan, traf die Hauptlast der Verantwortung für die merkwürdigen Vorkommnisse im Weißen Haus, die in den Anhörungen ans Tageslicht kamen, wodurch er zum Rücktritt aufgefordert wurde. Regans Rücktritt bedeutete gleichzeitig das Ende seines zweijährigen Kampfes mit Nancy Reagan. Während ihrer erbitterten Fehde, so wird allgemein berichtet, hatte sich Regan heftig mit der First Lady angelegt.

Auch die Privatwirtschaft hatte ihre großen Verlierer, nämlich John Lee und Shanna Hudson, Unternehmer aus San Francisco. Sie hatten mit der Herstellung von Oliver North-Puppen ihr letztes Hemd verloren. Sie hatten gehofft, 450 000 Puppen zum Stückpreis von $ 19,95 verkaufen zu können, aber es wurden nur 230 Stück bestellt. Hudson vermutete, daß der Fehlschlag mit den Puppen auf die eher verstandesmäßige und nicht auf eine emotionale Reaktion der Öffentlichkeit zurückzuführen ist. Er sagte: „Die Leute bedauerten den Soldaten North, aber wenn es darum ging, eine Puppe zu kaufen, dann sagten sie sich, ‚Wir kaufen kein Abbild von einem, der die Verfassung mißachtet hat'."

Vielleicht war diese Einstellung ein kleiner Trost für den Vorsitzenden des Senatsausschusses, Daniel K. Inouye (Demokrat aus Hawaii). In seiner Schlußerklärung sagte er: „Die Geschichte ist nun erzählt. Ich spreche für mich selbst, wenn ich sage, es war eine erschreckende Geschichte, eine Geschichte von Betrug und Doppelzüngigkeit und der arroganten Mißachtung der Gesetze. Diese Geschichte handelt davon, wie man dem amerikanischen Volk, dem Kongreß, dem Außenminister, dem Verteidigungsminister und, laut Admiral [John M.] Poindexter, selbst dem Präsidenten entscheidend wichtige Informationen vorenthalten hat."

Am 16. März 1988 verurteilte ein Bundesgericht North, Poindexter, Secord und seinen Geschäftspartner Albert A. Hakim in 23 Anklagepunkten in Verbindung mit der Iran-Contra-Affäre wegen Verschwörung zur arglistigen Täuschung der Vereinigten Staaten und wegen Diebstahls von Regierungseigentum. Gerichtsverhandlungen wegen krimineller Delikte ziehen sich häufig über Jahre hin, bis sie endlich das System durchlaufen haben. Aber in diesem Fall war die Reagan-Mannschaft zu weit gegangen. Als zum erstenmal über die Iran-Contra-Affäre berichtet wurde, sank die Popularitätsrate des Präsidenten bei Meinungsumfragen schlagartig auf 40 Prozent, den niedrigsten Stand seit 1983, als sich das Land mit zunehmender Arbeitslosigkeit und Rezession konfrontiert sah.

Der Skandal hatte Reagans Position zumindest zeitweise geschwächt. Dies zeigte sich zum ersten Mal, als der Senat Richter Robert H. Bork ablehnte, den von Reagan vorgeschlagenen Kandidaten zur Nachfolge von Richter Lewis Powell im Obersten Gerichtshof. In den vom Fernsehen übertragenen Anhörungen kam Reagan gerade noch mit einem blauen Auge davon. Der Präsident hatte hinter den Kulissen zielstrebig daran gearbeitet, seinen Kandidaten durchzubringen. Aber nicht einmal mit Hilfe von Howard Baker, seinem neuen Stabschef, der auf dem Hügel des Kapitols als wahres Verhandlungsgenie bezeichnet wird, gelang es Reagan, sich durchzusetzen. Bork wurde abgelehnt, und das bedeutete ganz konkret, auch Reagan selbst. Der Rechtsausschuß des Senats hatte nicht nur Borks Qualifikation und ideologische Einstellung in Frage gestellt, sondern schien gleichzeitig Ronald Reagans Urteilsvermögen und Fähigkeit zur Entscheidungsfindung angezweifelt zu haben.

War die Ablehnung Borks ein Schlag ins Gesicht des Präsidenten, dann erlebte er mit seinem zweiten Kandidaten für den Obersten Gerichtshof eine tiefe Demütigung. Douglas Ginsburg hatte von einer Ernennung Abstand nehmen müssen, nachdem er zugegeben hatte, daß er Haschisch geraucht hatte – nicht nur als Student, sondern auch als Juraprofessor in Harvard. Im Zuge der Antidrogen-Kampagne der First Lady war damit ein Richter Ginsburg unmöglich geworden. Reagans dritte Wahl, Richter Andrew M. Kennedy, erhielt dann endlich die einmütige Zustimmung des Senats.

Damit hatte Reagan aber noch keineswegs einen neuen

Rekord aufgestellt bezüglich der Ablehnung oder Aufhebung einer Berufung an den Obersten Gerichtshof. Der Senat lehnte fünf von sechs der von John Tyler vorgeschlagenen Kandidaten ab. Millard Fillmore mußte erleben, daß drei seiner Kandidaten abgelehnt wurden, und Ulysses S. Grant umd Lyndon Johnson mußten jeder jeweils in ihrem letzten Amtsjahr zwei Ablehnungen hinnehmen.

Aber Ginsburg war der erste Kandidat für den Obersten Gerichtshof, der wegen Drogenprobleme aufgeben mußte. Diese Situation löste weitere Geständnisse aus. Um die mögliche Gefahr in Grenzen zu halten, die verschärfte Ermittlungen und sich daraus ergebende Enthüllungen gerade in einem Wahljahr verursachen könnten, traten zwei demokratische Präsidentschaftskandidaten die Flucht nach vorn an. Der ehemalige Gouverneur von Arizona, Bruce Babbitt, gestand, vor zwanzig Jahren einmal Marihuana probiert zu haben. Senator Albert Gore Jr. (Demokrat aus Tennessee) sagte, er und seine Frau hätten, als sie jünger waren, Pot geraucht.

Auch Senator Clairborne Pell (Demokrat aus Rhode Island) bekannte, er habe „einige Züge aus einer Marihuanazigarette probiert“, es hätte ihm aber nicht geschmeckt. Der konservative Newton Gingrich (Republikaner aus Georgia) sagte, er habe es vor neunzehn Jahren versucht, aber er hätte keinerlei Wirkung verspürt. Senator Lawton Chiles (Demokrat aus Florida) und sein republikanischer Herausforderer, der Abgeordnete Connie Mack, gaben ebenfalls zu, Pot geraucht zu haben.

Nach den schon erwähnten Mitarbeitern der Reagan-Administration folgen nun noch einige schillernde Beispiele von Beamten, die wegen moralischer oder krimineller Verfehlungen in die Schußlinie gerieten.

James Beggs, Verwaltungschef der NASA – angeklagt wegen krimineller Vergehen im Zusammenhang mit Betrug an der Regierung, während seiner Tätigkeit als leitender Angestellter bei General Dynamics (die Anklage wurde fallengelassen).

Carlos Campbell, stellvertretender Handelssekretär der Behörde für Wirtschaftsentwicklung, trat zurück, weil er unter Verdacht stand, Firmen, die von persönlichen Freunden von ihm geleitet wurden, Subventionen gewährt zu haben.

Joseph Canzeri, Mitarbeiter des Präsidenten im Weißen Haus, trat zurück, nachdem entdeckt worden war, daß er Ausgaben zweifach berechnet hatte, nämlich einmal an die Regierung und ein weiteres Mal an das Nationalkomitee der Republikanischen Partei.

Robert Funkhouser, Chef der EPA für internationale Beziehungen, trat zurück, weil vermutet wurde, daß er mit seinem Einfluß dem ‚*Dow Chemical*'-Konzern zu Handelserleichterungen im Zusammenhang mit giftigen Chemikalien verholfen hatte.

Arthur Hays, Leiter der Food and Drug Commission, trat zurück, weil er unter Verdacht stand, falsche Reisekostenabrechnungen von Gruppen außerhalb und innerhalb seines Amtes aufgestellt zu haben.

Robert Hill, Behörde für Wirtschaftsentwicklung, trat zurück, nachdem seine Mitarbeiter enthüllt hatten, daß er ‚*Dow Chemical*' gestattet hatte, einen Bericht zu „überarbeiten", in dem der Konzern der Umweltverschmutzung mit Dioxin bezichtigt wurde.

John Horton, stellvertretender EPA-Verwaltungschef, wurde entlassen, weil er Regierungsbeamte und Dienstteleone für seine Privatgeschäfte benutzt hatte.

Donald Hovde, Unterstaatssekretär für Wohnungsbau und Stadtentwicklung, unternahm Reisen nach Italien und Puerto Rico, die von Grundstücksmaklern und Bauunternehmern bezahlt wurden. Der Regierung erstattete er $ 3 000 für Privatfahrten.

Jonathan Miller, Mitarbeiter des Präsidenten, trat zurück, nachdem er angeklagt wurde, im Zusammenhang mit der Iran-Contra-Affäre Bargeld an die Contras in Nicaragua weitergeleitet zu haben.

Robert Nimmo, Chef der Behörde für Kriegsveteranen,

trat zurück, nachdem bekannt wurde, daß er für die Ausstattung seines Büros $ 54 183 ausgegeben und darüber hinaus die alten Möbel seiner Tochter Mary, die für die Handelsbehörde arbeitete, geschenkt hatte. Zusätzlich benutzte er von der Regierung gecharterte Flugzeuge zu privaten Zwecken und setzte regierungseigene Fahrzeuge für Privatgeschäfte ein.

Bill Sloan, Regionalchef der Behörde für Wohnungsbau und Stadtentwicklung in Kalifornien, erhielt einen Verweis und mußte $ 6 800 zurückzahlen, die er der Regierung für Reise- und Essenspesen schuldig geblieben war. Er hatte dabei $ 1 026 Spesen für Essen berechnet, die er in seinem eigenen Haus in Fresno verzehrt hatte.

Peter Voss, oberster Vorsitzender der Post, erhielt eine Gefängnisstrafe von vier Jahren sowie eine Geldstrafe, nachdem er sich zu Anklagen wegen Provisionsgeschäften und Spesenbetrug in Höhe von $ 43 817 schuldig bekannt hatte.

Faith Ryan Whittlesey, US-Botschafterin in der Schweiz. Gegen sie ermittelte das Justizministerium und ein Untersuchungsausschuß des Repräsentantenhauses wegen nachteiliger Einschätzung von Gehalts- und Mietausgaben und schlechter Verwaltung eines Fonds, der einer günstigeren Repräsentation der USA im Ausland dienen sollte. Der Untersuchungsausschuß entdeckte, daß sie diesen Fonds dazu benutzt hatte, ihren eigenen Wohlstand zu steigern. Zusätzlich mußte sie so extravagante und fragwürdige Ausgaben wie einen Gitarrenspieler zu einer Party anläßlich der Feierlichkeiten zum 4. Juli einfliegen zu lassen begleichen. Das Justizministerium kam zu dem Schluß, daß es nicht nötig sei, eine Sonderkommission einzusetzen.

Die Liste ließe sich noch um einige Beispiele erweitern.

Zu Beginn des achten und letzten Jahres der Reagan-Administration hat sich das Bild des Präsidenten gewandelt. Die Öffentlichkeit hatte sich jahrelang eifrig bemüht, die Skandale zu übersehen, aber die Iran-Contra-Affäre konnte nicht mehr einfach ignoriert werden. Dennoch: Obwohl Reagans Integrität als Präsident erheblich in Zweifel geraten war, blieb seine persönliche Popularität davon unberührt. Die Liste der Skandale seiner Administration kann man wirklich mit der Korruption in der Nixon- oder der Buchanan-Administration vergleichen. Die Affären passen auch nicht in das Bild der Moral, für das Ronald Reagan, wie er einmal sagte, in Erinnerung bleiben möchte. Wie viele Skandale der Reagan-Administration resultierten aus Vetternwirtschaft? Wahrscheinlich ein beträchtlicher Teil. Wie viele Ermittlungen des Repräsentantenhauses und wie viele Untersuchungskommissionen des Senats kamen auf Betreiben der Demokraten zustande und wurden von einem Demokraten geleitet? Wahrscheinlich eine ganze Menge. Und deshalb sei dem Himmel noch einmal gedankt für das Zwei-Parteien-System.

KAPITEL 18

„Das Volk soll entscheiden“

Skandale während der Präsidentschaftskampagne 1988

Selbst wenn der Zeitpunkt sozusagen günstig ist, halten sich Politiker bei Skandalen nie ganz schadlos. Trifft es sie aber mitten im Wahlkampf, sind die Auswirkungen besonders unangenehm. Der Kandidat arbeitet hart an einem bestimmten Image, das er perfekt verkörpern muß, und dann berichten die Medien über einen Skandal, der genau dieses Image brutal zerstört. Dieser Vorgang ist in den Vereinigten Staaten seit Jahren gang und gäbe, obwohl sich seine zerstörerische Wirkung durch die Breitenwirkung des Fernsehens natürlich sehr nachhaltig verstärkt hat. Politische Analytiker wissen seit den 1960 vom Fernsehen übertragenen Wahlkampfdebatten, daß schon ein paar Schweißperlen auf der Stirn oder irgendeine andere Kleinigkeit einen Kandidaten, der nur eine Handbreit vom Sieg entfernt scheint, wie etwa Richard Nixon bei seiner ersten Kandidatur, in der Publikumsgunst entscheidend zurückwerfen können. 1972 unterlief dieses Mißgeschick Thomas Eagleton, der nicht von Anfang an die Wahrheit über seinen Gesundheitszustand gesagt hatte, und Ed Muskie, den man fotografiert hatte, wie er eine Träne vergoß (er hatte behauptet, es hätte sich um eine geschmolzene Schneeflocke gehandelt). 1984 scheiterte Geraldine Ferraro, als sich Beschuldigungen gegen ihren Ehemann wegen Immobilienbetrugs als wahr herausstellten. Ihre schmerzliche Einsicht verwandelte sich in Ärger, als die Presse zu allem Überfluß noch einen Glücksspielskandal ausgrub, in den vermutlich ihr Vater vor mehr als vierzig Jahren verwickelt gewesen war. Die meisten Journalisten waren zwar der Meinung, daß es ein Zeichen von schlechtem Geschmack sei, das Leben von Ferraros Vater, bei dessen Tod sie gerade acht Jahre alt war, derart auszuleuchten. Aber dieser Bericht vermittelte schon einen kleinen Vorgeschmack auf die Presseenthüllungen in den folgenden Kampagnen.

Im Präsidentschaftswahlkampf 1988 waren dem Wühlen nach persönlichen Skandalen keine Grenzen mehr gesetzt. Vielleicht lag dies in der Vielzahl der noch immer aufgedeckten Skandale im Weißen Haus begründet oder einfach an der Arroganz einiger Kandidaten. Jedenfalls stand im Mittelpunkt der ersten Wahl nach Reagan die *„Charakterfrage"*, eine auf jeden Zwischenfall oder jede Äußerung, die scheinbar etwas über den wahren Charakter des Kandidaten preisgibt, anwendbare Formel. Ähnlich wie in der Kampagne von 1884 gab es auch diesmal keine wichtigen übergeordneten Themen, wie etwa Krieg oder wirtschaftliche Depression. Und wie im Fall von Cleveland und Blaine enthüllten die Journalisten in der Kampagne 1988 alles, angefangen von Frauenaffären und Skandalen mit unehelichen Kindern bis zu den finanziellen Verhältnissen der Kandidaten.

Die Medien ließen 1988 ihre Muskeln spielen und stellten unter Beweis, daß es ihnen ebenso leicht möglich ist, einen Kandidaten scheitern zu lassen, wie sie ihn andererseits aufbauen können. Niemand hat diese Macht deutlicher zu spüren bekommen als Gary Hart. Noch 1984 hatten die Medien dazu beigetragen, aus dem kaum bekannten Senator der Demokratischen Partei aus Colorado einen führenden Präsidentschaftskandidaten zu machen. Aber nur vier Jahre später setzten sie seinem zweiten Anlauf auf die Präsidentschaft mit einem einzigen Schlag ein Ende. Am 3. Mai 1987 veröffentlichte der *Miami Herald* einen Artikel, in dem behauptet wurde, Hart habe die Nacht mit einer 29jährigen Frau namens Donna Rice aus

Miami verbracht; dieser Stil bestimmte von nun an den gesamten Wahlkampf.

Der Ruf, ein Frauenheld zu sein, haftete Hart seit vielen Jahren an. Als ein Reporter des „Herald" einen anonymen Tip von dem Rendezvous bekam, begab er sich selbstverständlich auf den Weg zu Harts Stadthaus in Washington, D.C., um Näheres herauszufinden. Ohne Wissen des *Herald*-Teams hatte Hart eine Aufforderung an Journalisten verschickt, in der er erklärte, da er den Verfolgungen der Presse gelassen gegenüberstehe, da er nichts zu verbergen habe. Diese risikoreiche Aufforderung Harts erschien im *New York Times Magazine* ausgerechnet an dem Tag, als die Donna Rice-Story Schlagzeilen auf der Titelseite des *Herald* machte. Hätte der *Herald* eine Rechtfertigung für dieses Unternehmen gebraucht, dann hatte sie ihnen Hart hiermit unfreiwillig geliefert. Aber in der Öffentlichkeit entzündete sich ein Meinungsstreit. Es erhob sich die Frage: Hat ein Präsidentschaftskandidat ein Anrecht auf ein Privatleben?

Es war fast unmöglich, einen Medienberichterstatter zu finden, der Gary Hart ein Privatleben zugestand. Selbst als seine Frau Lee auf der Bühne erschien, um Hart die so dringend notwendige Unterstützung zu gewähren, drängten die Journalisten nur noch nachhaltiger. Hart verneinte wiederholt jegliches unmoralischen Verhalten, aber es war schon zu spät. Den entscheidenden letzten Schlag versetzte ihm die *Washington Post* mit ihrem Artikel über eine namentlich nicht genannte Frau, mit der Hart eine Affäre gehabt hatte. Am 8. Mai, gerade fünf Tage nach dem ersten Bericht, warf Hart das Handtuch und sagte zu seiner Frau: „Wir gehen nach Hause."

Harts schneller Rückzug setzte den Nachforschungen allerdings noch kein Ende. Der *National Enquirer* veröffentlichte rasch Exklusivfotos von Hart, Rice, Lynn Armadt (Rices Freundin) und William Broadhurt (Geldgeber für Harts Wahlkampf), worauf zu sehen war, wie sie einige Wochen zuvor trinkend und feiernd eine Nacht in Bimini verbracht hatten. Die glücklichen Paare hatten an Bord eines Schiffes mit dem treffenden Namen *„Monkey Business“* eine Seereise unternommen. In einem Exklusivbericht der Zeitschrift *People* erzählte Lynn Armadt, daß Donna und Gary sich die Privatkabine des Bootsbesitzers geteilt hätten. Diese Geschichte unterschied sich deutlich von Harts Darstellung, die Frauen hätten auf dem einen Boot und die Männer auf einem anderen gewohnt. Ein Artikel von Gail Sheehy in *Vanity Fair* erhöhte den Skandaleffekt, denn sie stellte fest, daß sich Rice – zusätzlich zu ihren Liebesspielen mit Prinz Albert von Monaco, Tony Curtis und dem Popmusiker Don Henley von den Eagles – auch der Gesellschaft von Adnan Kashoggi erfreut hatte, dem arabischen Waffenhändler, den man einmal als den reichsten Mann der Welt bezeichnet hatte, sowie des nachweislichen Drogenhändlers James Bradley Parks, der zu einer zehnjährigen Gefängnisstrafe im Staatsgefängnis Eglin in Florida verurteilt worden war.

Es überrascht weiter nicht, daß Gary Harts Wiedereinstieg in das Kandidatenrennen im Dezember nicht gerade zu einem Stück politischer Geschichte wurde, sondern eher ein Kapitel politischen Theaters. Trotz ein oder zwei neuer Frauenaffären und der Verletzung des Gesetzes in bezug auf Wahlspenden kam Hart mit seinem Schlachtruf „Das Volk soll entscheiden!“ im Rennen gut voran. Aufgrund seines Bekanntheitsgrades stieg er anfangs in den Meinungsumfragen kräftig nach oben, allerdings nur sehr kurzfristig. Mitte März zog Hart seine Bewerbung wieder zurück.

Auch Senator Joseph Biden (Demokrat aus Delaware) wurde von der *„Charakterfrage“* eingeholt. Er schied am 23. September 1987 aus dem Rennen aus. Man beschuldigte ihn des Plagiats und frisierter Angaben in seinem Lebenslauf. Biden schien der aussichtsreiche Favorit für die Stimmen der jungen Aufsteiger zu sein. Seine Tätigkeit als Vorsitzender des Rechtsausschusses in den vom Fernsehen übertragenen Anhörungen zu Borks Berufung an den

Obersten Gerichtshof schätzte man positiv ein, denn sie hatte seiner politischen Karriere den nötigen Auftrieb gegeben. Aber als zum ersten Mal Beschuldigungen als Plagiator auftauchten, wurde sowohl seine Präsidentschaftskampagne unterminiert als auch Schaden für die Bork-Anhörungen befürchtet.

Der Biden-Skandal begann mit der gelinde gesagt peinlichen Enthüllung, daß der Senator, oft als erstklassiger Redner gelobt, seine Wahlreden von anderen abgeschrieben hatte. Die Affäre weitete sich schnell aus, als ein Zwischenfall an der Rechtsakademie bekannt wurde, an der Biden als Student in einem Kurs durchgefallen war, weil er fünf Seiten eines Dokuments zitiert hatte, ohne den Urheber zu nennen. Doch damit noch immer nicht genug: Eine Aufzeichnung des Kabelfernsehens, in der Biden seinen akademischen Werdegang ungenau darstellte, gab ihm den Rest. In einem verärgerten Wortgefecht mit einem Reporter aus Claremont, New Hampshire, rühmte sich Biden, daß er mit drei akademischen Titeln von der Universität Delaware abgegangen sei. Ferner behauptete er, daß er die Rechtsakademie der Syracuse University mit einem Vollstipendium besucht und als einer der Besten seines Jahrgangs abgeschlossen hätte. Tatsächlich hatte Biden nur einen untergeordneten akademischen Grad, er besuchte die Rechtsakademie nur mit einem halben Stipendium, das er wegen finanzieller Bedürftigkeit bekommen hatte, und er schloß an der Rechtsakademie als 76. von 85 Absolventen ab. Als Undergraduate stand er an 506. Stelle von 688.

Biden war nicht der erste Senator, den Enthüllungen über sein Studium in Schwierigkeiten brachten. 1962 gestand Ted Kennedy, daß er einmal einen Freund gebeten hatte, für ihn ein Spanischexamen in Harvard abzulegen. Aber wie dieser Fall deutlich bewies, sind die Skandale, die die Öffentlichkeit einem Senator vielleicht noch verzeiht, weit von dem entfernt, was sie einem Präsidenten zugesteht.

Für einige andere Kandidaten der Demokratischen Partei war Bidens Rückzug aus dem Kandidatenkarussell ein Anlaß zum Feiern, für den Gouverneur von Massachusetts, Michael Dukakis, hatte jener allerdings einen weiteren geringfügigen Skandal zur Folge. Nachdem Dukakis anfänglich jede Beteiligung abgestritten hatte, gab er schließlich zu, daß sein Wahlkampfmanager die Informationen über Biden der Presse gegenüber durchsickern ließ. Sein Manager gab der Presse nicht nur den Tip, daß Bidens Wahlreden gestohlen waren, er hatte darüber hinaus noch ein Videoband vorbereitet, auf dem er Bidens Reden und die des britischen Labourführers Neil Kinnock, ihrem wirklichen Urheber, zum direkten Vergleich nebeneinandergestellt hatte. Nach Bidens Rückzug fiel der Skandal plötzlich auf Dukakis zurück, weswegen dieser sich gezwungen sah, seinen Wahlkampfmanager wegen unethischem Verhalten zu entlassen.

Letztendlich überstand Dukakis den Zwischenfall ohne größeren Schaden, vielleicht unter der fachmännischen Anleitung seiner Frau. Kitty Dukakis hatte schon bewiesen, daß sie über die beste Skandalstrategie der Präsidentschaftskampagne 1988 verfügte, als sie freiwillig von ihrem 26jährigen Kampf mit ihrer Amphetaminsucht berichtet hatte. Sie hatte schnell begriffen, daß man der Presse den Wind aus den Segeln nehmen kann, wenn man selbst zuerst an die Öffentlichkeit tritt.

Mrs. Dukakis hatte sich 1982 einer Entziehungskur in einem Rehabilitationszentrum in Minnesota unterzogen und glaubte dies geheimhalten zu müssen, denn ihr Mann kandidierte in diesem Jahr als Gouverneur von Massachusetts, und der Wahlausgang schien im Vorfeld äußerst knapp zu sein. Aber im Juli 1987, im Kielwasser des Donna Rice-Skandals, entschied sie, damit an die Öffentlichkeit zu gehen. Wenn der Zeitpunkt von Mrs. Dukakis Enthüllung nicht das Ergebnis sorgfältiger Kalkulation war, dann verfügte sie über einen hervorragenden Instinkt. Denn sie hatte es richtig erkannt: Je früher ein Skandal veröffentlicht wird, um so schneller ist er normalerweise wieder vergessen. Von diesem Phänomen haben nicht nur Mr. und Mrs. Dukakis profitiert, sondern auch die Kandidaten Albert Gore Jr. (Demokrat aus Tennessee) und Bruce Babbitt, der ehemalige Gouverneur von Arizona, die im Zuge des *„Douglas Ginsburg-Skandals"* rasch berichtet hatten, ebenfalls Marihuana geraucht zu haben.

Hin und wieder geschieht es aber, daß ein Wahlkampfskandal nicht einfach im Sande verläuft. Das war der Fall bei dem aussichtsreichen Kandidaten der Republikaner Jack Kemp, der von einem schmutzigen Skandal, der mehr als zwanzig Jahre zurücklag, eingeholt wurde. Ursprünglich hatte diese Affäre seinen früheren Chef, Ronald Reagan tangiert, der deshalb seine eigenen Pläne bezüglich einer Präsidentschaftskandidatur damals hinausgeschoben hatte. Aber mit Jack Kemps Eintritt in die Präsidentschaftskampagne 1988 wurde Reagans *„Homosexuellenskandal"* plötzlich zu seinem eigenen.

Der Skandal geht zurück auf das Jahr 1967, als Kemp Sportberater des damaligen Gouverneurs von Kalifornien Ronald Reagan war. Die Kontroverse konzentrierte sich zwar eher auf Kemps unmittelbaren Vorgesetzten, der wegen Gerüchten, er habe in einer Hütte am Lake Tahoe geheime Stelldicheins mit Homosexuellen und Schwulenorgien gefeiert, zum Rücktritt gezwungen wurde. Der Skandal befleckte schließlich auch Kemps Ruf, denn er war gemeinsam mit seinem Vorgesetzten Miteigentümer des fraglichen Anwesens.

Wie sich später herausstellte, war der Skandal in Wahrheit ein Produkt interner Stabspolitik. Als Reagan seine Chancen im Hinblick auf eine Präsidentschaftskandidatur 1968 auslotete, hatten andere Stellen ihre eigenen Pläne der Machtübernahme. Ein Manöver im eigenen Interesse, angeführt von Lyn Nofziger, führte zu einer Hexenjagd gegen einen „Kreis von Homosexuellen". Nofziger, damals Reagans Pressesekretär, machte sich auf die Suche nach Beweisen für verschiedene Gerüchte und suchte dafür

Unterstützung bei Mitarbeitern wie Ed Meese, der einmal Justizminister werden sollte, sowie William Clark, später Reagans Nationaler Sicherheitsberater und Innenminister. Nofziger nahm auch die Sachkenntnis von Arthur Van Court, einem ehemaligen Detektiv, der als Reagans Leibwächter und Sekretär diente, in Anspruch. Obgleich nie ein schlüssiger Beweis gefunden wurde und Courts Anstrengungen, die „Orgien" aufzuzeichnen, allesamt fehlschlugen, wurden gegen sechs Männer, darunter Kemp, wegen des Verdachts auf Homosexualität ermittelt. Nofziger und zehn hochrangige Mitarbeiter händigten Gouverneur Reagan einen Bericht über ihre Entdeckungen aus und vergaßen auch den Hinweis nicht, daß diese Männer sehr leicht Opfer von Erpressern werden könnten. Bei dieser geheimen Unterredung im Hotel del Coronado in San Diego rief Reagan, wie verlautet, aus: „Mein Gott, hat die Regierung versagt?"

Am Montag darauf reichte Kemps Chef seinen Rücktritt ein, und bald darauf widmete sich Kemp wieder seiner früheren Football-Karriere. Die Presse hatte der Geschichte zunächst keine Aufmerksamkeit geschenkt, doch schließlich sickerte sie langsam durch. Am 30. Oktober 1967 schrieb *Newsweek:* „Ein aussichtsreicher Präsidentschaftsanwärter der Republikanischen Partei ist eventuell in einen schmutzigen Skandal verwickelt. Privatdetektive, die er angeheuert hatte, beschafften Beweise, daß zwei seiner Mitarbeiter homosexuelle Kontakte hatten. Die Männer arbeiten nicht mehr für den Führer der Republikanischen Partei, aber das vollständige Ausmaß der Angelegenheit kann jeden Tag ans Licht kommen."

Am folgenden Tag schrieb der Kolumnist Drew Pearson: „Die interessanteste Spekulation unter den politischen Führungspersönlichkeiten im Schlüsselstaat Kalifornien ist zur Zeit, ob es Gouverneur Ronald Reagan mit Hilfe seines magischen Charmes gelingen wird, die Enthüllung zu überstehen, ob in seinem Büro ein Kreis von Homosexuellen tätig war." In diesem Artikel wurde ein weiterer Aspekt dieser Geschichte offenbar. Nofziger selbst hatte alles in Umlauf gebracht. Diese Behauptung wurde von allen Seiten dementiert. Auf seiner täglichen Pressekonferenz bestand Reagan darauf, daß diese Behauptung unwahr sei, und Nofziger nannte Drew Pearson einen Lügner. Diese Distanzierung erfolgte aus Rücksicht auf die öffentliche Meinung – bis auch die *New York Times,* die *Washington Post, Time* und *Newsweek* bestätigten, daß tatsächlich Nofziger die Quelle gewesen war.

Obgleich Reagan persönlich durch den Skandal angeschlagen war, war er glücklich, daß die vermeintlichen Schwulen gegangen waren und lobte Nofziger für die Enthüllungen. Reagan machte sogar Witze darüber, beispielsweise schlug er vor, man solle doch Truman Capote mit dem Schleppnetz durch die Hallen ziehen lassen, „um festzustellen, ob noch irgendwelche von ihnen dageblieben sind". Einige behaupten, dieser Skandal habe sich letztendlich auf seine Präsidentschaft ausgewirkt, denn es sei ein Ergebnis von Nofzigers Bericht gewesen, daß Reagan niemals wieder jemandem vertraut habe, den er nicht schon lange Zeit persönlich kannte. Von diesem Tag an beschränkte er den inneren Kreis seiner Mitarbeiter auf ein paar sehr vertraute Freunde, die ihm alle ins Weiße Haus folgten.

Kemps Chef zog sich ins Privatleben zurück und gründete in aller Stille eine Familie. Kemp, seit 1958 verheiratet und Vater von vier Kindern, wurde ein erfolgreicher Kongreßabgeordneter in New York. Der *„Homosexuellenskandal"* hatte seiner politischen Karriere niemals geschadet, aber er hing wie eine dunkle Wolke über seiner Präsidentschaftskampagne. Schon im Dezember 1985 berichtete *Newsweek:* „Kemps Wahlkampfmannschaft weiß, daß sie auch – in den Augen der Öffentlichkeit – mit einer … delikaten persönlichen Angelegenheit fertigwerden muß: mit dem beständigen Gerücht, für das es nie einen Beweis gegeben hat, daß Kemp ein Homosexueller ist oder war."

Kemp streitet auch heute noch jedes Fehlverhalten ab

und beteuert, die Hütte am Lake Tahoe sei lediglich eine Geldanlage gewesen, und er sei niemals dort gewesen. Niemand verfügt über Beweise, seine Aussage auch nur anzuzweifeln, aber Kemp wurde bis zu seinem Verzicht auf die Kandidatur am 10. März 1988 ständig mit Fragen konfrontiert, die sich darauf bezogen, mit wem er vor zwanzig Jahren geschlafen habe.

Der einzige Kandidat, der sich noch weiter zurückliegenden Skandalen gegenübersah, war der Republikaner Pat Robertson, den man mit einem Sexskandal und seinem gefälschten Lebenslauf konfrontierte. Das *Wall Street Journal* holte eine alte Geschichte aus der Versenkung. Der Artikel enthüllte, daß der frühere Fernsehprediger seinen Sohn unehelich gezeugt und zur Vertuschung das Datum seiner Eheschließung gefälscht hatte. Die Umstände erinnerten an den Skandal von 1884, an die damalige Mußheirat von James Blaine. Robertson beharrte darauf, daß er seine Frau Adelia am 22. März 1954 geheiratet hätte, obgleich die beiden in Wahrheit erst fünf Monate später die Ehe eingingen. Ihr erster Sohn, ganz offensichtlich vor der Ehe gezeugt, wurde zehn Wochen später geboren. Aber obwohl Robertson in seinen Predigten regelmäßig gegen vorehelichen Geschlechtsverkehr zu Felde zog, wirkte sich der Artikel kaum auf seine Kampagne aus. Schließlich waren die Robertsons nunmehr seit 33 Jahren verheiratet und hatten vier gemeinsame Kinder. Der Skandal um seinen geschönten Lebenslauf war allerdings nicht so leicht von der Hand zu weisen. Seine „Studien an der Universität von London" entpuppten sich als Sommerkunstkurs für amerikanische Touristen. Noch umstrittener waren seine fragwürdigen Behauptungen über seinen Kriegsdienst in Korea.

Es war nicht die Presse, die als erste Robertsons Kriegsbericht anzweifelte, sondern der Abgeordnete des Repräsentantenhauses Paul N. [Pete] McCloskey (Republikaner aus Kalifornien), ein hochdekorierter Kriegsveteran, der im Koreakrieg schwer verwundet worden war. McCloskey, der Robertson während des Koreakrieges offensichtlich gekannt hatte, behauptete, der ehemalige Fernsehprediger hätte niemals an Kampfhandlungen teilgenommen oder wäre auch nur in die Nähe der Front gekommen. Stattdessen erklärte er, hätte Robertsons Vater, der spätere Senator A. Willis Robertson (Demokrat aus Virginia), sämtliche politische Hebel in Bewegung gesetzt, um seinen Sohn von den Kämpfen fernzuhalten. Aufgrund dieser Beschuldigung reichte Robertson eine Verleumdungsklage über $ 35 Millionen gegen McCloskey ein, um der Öffentlichkeit zu beweisen, daß er sich vor seinen militärischen Pflichten niemals gedrückt hatte. Zusätzlich strengte Robertson noch eine Verleumdungsklage über $ 35 Millionen gegen den Abgeordneten Andrew Jacobs Jr. (Demokrat aus Indiana) an. Jacobs, ebenfalls ein Veteran aus dem Koreakrieg, hatte bei verschiedenen Nachrichtenagenturen einen Brief von McCloskey in Umlauf gebracht, in dem dieser seine Beschuldigungen gegen Robertson in groben Zügen darlegte. Es ist interessant, daß Robertson, als er den Skandal um seinen Lebenslauf in die Hände der Rechtsanwälte gelegt hatte, ihn auf diese Weise den Medien entzog. Anfang März ließ Robertson beide Klagen fallen, aber zu dieser Zeit verfolgten die eifrigen Journalisten bereits die Skandale von George Bush und Robert Dole, den Spitzenreitern der Republikanischen Partei.

Von Beginn der Kampagne an kämpfte der jetzige US-Präsident George Bush eine Schlacht, die er nie gewinnen konnte, nämlich gegen die Fragen seine Rolle in der Iran-Contra-Affäre betreffend. Wenn er behauptete, keine Kenntnis von dem Unternehmen Waffen gegen Geiseln gehabt zu haben, wäre er als uninformierter Vizepräsident dagestanden. Wenn er behauptete, daß er nicht genau wußte, was vorging, hätte er sich der Kritik ausgesetzt, es sei denn, er hätte seine Bedenken gegen den Plan klar ausgesprochen. Aber wenn er seine Bedenken geäußert hätte und der Präsident hätte diese ignoriert, hätte er wieder als

Vizepräsident ohne Entscheidungskraft gegolten. Da es für Bush in dieser Frage nichts zu gewinnen gab, versuchte er einen anderen Weg – Prügel für die Medien.

Bush unterzog seine neue kampfbetonte Strategie während einer vom Fernsehen übertragenen Debatte der Republikanischen Partei Anfang Januar einem ersten Probelauf. Als er vom Herausgeber des *Des Moines Register* nach seiner Rolle in der Iran-Contra-Affäre gefragt wurde, hob Bush seine Stimme und verschaffte sich zunächst Gehör in Indiana. Der Redakteur James P. Gannon fragte: „Wie können Sie erwarten, das Vertrauen [der Öffentlichkeit] zu gewinnen, wenn Sie nicht klar und deutlich sagen, was Sie gedacht haben, was Sie unternommen haben?" Bush antwortete ärgerlich: „Diese Frage ist Zeitverschwendung. Ich habe nichts gewußt von der Vermittlung von Geldern an die Contras. Der Kongreß hat eine Untersuchung durchgeführt, die mehr als $ 10 Millionen gekostet hat, und hat niemals behauptet, ich hätte es gewußt. Der Tower-Bericht sagt, daß ich nichts gewußt habe. Und Sie und Ihre Zeitung stellen heute diese Frage, als ob ich sie noch niemals beantwortet hätte. Und ich nehme es offen gesagt übel, und ich denke, Sie können nichts anderes erwarten, wenn Sie die Frage stellen, von der Sie behaupten, ich hätte sie niemals beantwortet. Sie können aus Gründen der Fairneß nichts anderes erwarten." Bush machte eine Menge Lärm und hatte sich aus dem Thema herausgewunden.

Hatte sich die Strategie in *Des Moines* bestens bewährt, dann bewährte sie sich auf geradezu sensationelle Weise bei den *CBS Evening News* mit Dan Rather. Das neun Minuten lange hitzige Wortgefecht, das am 25. Januar live und unbearbeitet gesendet wurde, geriet zu einem Interview, das jeder Beschreibung spottet. Als Rather die ersten Fragen nach der Iran-Contra-Affäre an den Vizepräsidenten richtete, argumentierte Bush, daß *CBS* den Zweck dieses Interviews entstellen würde und kritisierte Rather für das hinterhältige Verhalten der Fernsehgesellschaft. In der Schlußanalyse gab der Grundton des Interviews mehr Aufschluß als sein Inhalt, und wieder einmal hatte George Bush erfolgreich vom Thema abgelenkt. Darüber hinaus verhalf Bush die wohlwollende Reaktion des Publikums in den Meinungsumfragen zu einem Vorsprung in Iowa gegen Robert Dole (Republikaner aus Kansas), seinem stärksten Widersacher in der eigenen Partei.

In der Zwischenzeit hatte sich Dole bemüht, von einem anderen Skandal abzulenken. Eine Zeitung aus Kansas hatte Mitte Januar einen Artikel veröffentlicht, indem auf einzelne fragwürdige Punkte der Einkünfte der Familie Dole hingewiesen wurde. Und für den Fall, daß es irgendjemanden gab, der davon noch nichts gelesen hatte, brachten die Wahlhelfer von Bush Kopien des Artikels unter die Leute und beschworen damit den Geist der Biden-Dukakis-Affäre herauf. Doles Finanzskandal hatte ein historisches Gegenstück. Ähnlich wie James Blaine, dem man diesen Umstand in der Kampagne von 1884 vorgeworfen hatte, brachte es auch Bob Dole erst im Laufe seiner Amtszeit zu Wohlstand. Und in Erinnerung an die Abbildungen, die Blaines erstes bescheidenes Haus seinem herrschaftlichen Wohnsitz in Washington gegenüberstellten, verglichen die Zeitungen nun das anspruchslose 13 000-$-Holzhaus der Familie Dole mit ihrer todschicken Wohnung in Washingtons exklusivem Gebäudekomplex Watergate.

Innerhalb von zwei Jahrzehnten wurde aus Dole, einem Mann mit bescheidenen Mitteln, ein Senator mit einem Jahreseinkommen von $ 500 000. Im Unterschied zu Blaine, dessen Vermögen aus Bestechung und Schmiergeldern resultierte, konzentrierten sich bei Dole die Ermittlungen auf verschiedene Investitionen, die er zusammen mit seiner Frau Elizabeth getätigt hatte.

Elizabeth Dole hatte die Investitionen der Familie in einem Blind Trust angelegt, als der Skandal losbrach. Während der letzten drei Jahre hatten sich die Vermögenswerte des Trusts von $ 1,4 Millionen auf mehr als $ 2,3 Millionen nahezu verdoppelt. Dieses Wachstum war zumindest zum Teil auf Grundstücksspekulationen zurückzuführen, gegen die sowohl die Behörde für Kleinunternehmer *(SBA)* als auch der Ausschuß für Kleinunternehmer des Repräsentantenhauses ermittelte.

Laut einem Artikel in *The Hutchinson [Kansas] News,* den Bush in Umlauf brachte, hatte John Palmer, ein früherer Mitarbeiter von Dole, von dem Blind Trust eine Beteiligung an einem Gebäude erworben. Zehn Monate später erhielt seine Firma, die EDP Enterprises, einen Bundesauftrag über $ 30 Millionen für die Lebensmittelversorgung eines Armeestützpunktes in Missouri. Dole gab zu, daß er versucht hatte, Palmer zu helfen, diesen Auftrag an Land zu ziehen, der im Rahmen eines Programms der SBA vergeben wurde und erklärte: „Es gab keinerlei unzulässige Beeinflussung", und er fügte hinzu, daß Palmer ein „sehr gescheiter, hervorragender junger schwarzer Unternehmer und ein Freund von mir" ist.

Die *SBA* verdächtigte jedoch Palmer, daß seine Firma lediglich ein Strohunternehmen für den weißen Geschäftsmann David C. Owen ist. Zu Beginn von Doles Präsidentschaftskampagne war Owen dessen nationaler Finanzmanager gewesen. Wegen einer ganzen Reihe skandalöser Eröffnungen mußte er allerdings von diesem Posten zurücktreten. Gemäß der *Washington Post* hatte Owen seit dem Abschluß des Dreijahresvertrags mit der Armee im Februar 1986 von Palmer monatlich $ 4 500 erhalten. Darüber hinaus bekam Owen von einem weiteren Geschäftsmann aus Kansas jeden Monat noch $ 7 000 auf der Grundlage eines weiteren Armeeauftrages.

Da die Bedingungen eines Blind Trusts bestimmen, daß alle geschäftlichen Transaktionen ohne das Wissen der Nutznießer durchgeführt werden müssen, war keiner der Doles persönlich in den Skandal verwickelt. Trotzdem brachte der Skandal die Dole-Kampagne in Schwierigkeiten. So forderte beispielsweise Bush die Doles auf, seinem

Beispiel zu folgen und ihre Steuererklärungen der letzten zehn Jahre zu veröffentlichen. Als Reaktion offenbarte Dole nicht nur rasch seine finanzielle Lage während der letzten zehn, sondern während der letzten 21 Jahre. Trotz eines gutes Starts resignierte Dole letztendlich und zog sich aus dem Rennen zurück.

Soweit schienen die Medien im Verlauf der Präsidentschaftskampagne 1988 bereit gewesen zu sein, jeden Stein umzudrehen und unter jedes Bett zu schauen. Die Presse hatte sogar über die Reaktion von George Bushs Sohn berichtet, als man ihn nach der Einstellung seines Vaters zum Ehebruch befragt hatte. *Newsweek* veröffentlichte seine unvergeßliche Antwort: „Die Antwort auf die Frage nach dem Big „A“ ist N.O.“ (A = Adultery, Ehebruch, N.O. = No Other). Das *New York Magazine* griff sogar auf eine Geschichte über einen Nicht-Kandidaten zurück und berichtete über die Gerüchte, Mario Cuomo hätte Verbindungen zum organisierten Verbrechen. Im Vorfeld der Vorwahlen von 1988 wurde alles unter die Lupe genommen, gleichgültig, ob man damit die Kandidaten zum Freiwild machte, und niemand wurde verschont – außer vielleicht Jesse Jackson.

Jackson schien den hartnäckigen Nachforschungen, denen die anderen Kandidaten ausgesetzt waren, zu entgehen. Im Unterschied zu den groß aufgemachten Presseveröffentlichungen und schreienden Schlagzeilen, die sich mit Pat Robertsons Mußheirat beschäftigten, wurde die Tatsache, daß Jacqueline Lavinia Brown im zweiten Monat schwanger war, als sie Jesse Jackson 1962 heiratete, praktisch totgeschwiegen. In einem Zeitschriftenartikel wurden dem Thema lediglich ein oder zwei Zeilen gewidmet. Mike Wallace, Korrespondent von *60 Minutes,* der seinen legendären Ruf mit seinen unnachsichtigen Interviews aufgebaut hatte, fragte Jesse Jackson nicht einmal nach den ihm nachgesagten zahlreichen Frauenaffären. Als Wallace während einer Podiumsdiskussion gefragt wurde, warum er die Charakterfrage nach der Einstellung zum Ehebruch bei Jackson ausgeklammert habe, erklärte Wallace, die politischen Themen des schwarzen Führers seien in jedem Fall interessanter.

Schon 1969 war Jackson mit zahlreichen Sexskandalen in Verbindung gebracht worden. So sagte ihm ein Klatschkolumnist eine Affäre mit der Sängerin Nancy Wilson nach. Später hatte Jackson eine enge Beziehung zu der Sängerin Roberta Flack, die Jackson ein Lied auf ihrer 1971 erschienenen Langspielplatte *„Quiet Fire“* gewidmet hat. 1973 nahm Flack ein heißes Liebeslied auf mit dem Titel *„Jesse“*, das sie im darauffolgenden Jahr zweimal im nationalen Fernsehen sang. In ihrer 1975 veröffentlichten Biographie *„Jesse Jackson: The Man, the Movement, the Myth“* berichtet die schwarze Journalistin Barbara Reynolds, daß sich Jacksons Mitarbeiter Sorgen wegen seiner ständigen Frauengeschichten machten. „Diese ganze öffentliche Schnulzensingerei erregte einiges Aufsehen innerhalb der Bewegung“, schrieb sie. „Ein Pressesprecher sagte mir: ‚Wahrscheinlich erwartet man jetzt von mir, daß ich über alles den Mantel des Schweigens ausbreite, wenn die Presse anfängt, Fragen nach dem Naheliegenden zu stellen‘.“

Falls die Presse 1975 die naheliegenden Fragen gestellt hat, dann ignorierte sie diese 1988, und das, obwohl die Meinungsumfragen darauf hinwiesen, daß Jackson nach Harts Rückzug für einige Monate an der Spitze der demokratischen Kandidaten stand und Kopf-an-Kopf mit Dukakis lag. Und dabei standen die *„Charakterfragen“* bei Jackson in enger Beziehung zu seinem Streben nach dem höchsten Amt.

Jackson war ein uneheliches Kind. Sein Vater, Noah Louis Robinson, war nicht mit Jacksons Mutter, sondern mit einer anderen Frau verheiratet und wohnte mit ihr in der Nachbarschaft in Greenville, South Carolina. Am 2. Oktober 1943, als Jesse zwei Jahre alt war, heiratete seine Mutter, Helen Burns, Charles Henry Jackson. Zwar dämmte die Hochzeit und die darauf folgende Adoption die Flut des Kleinstadtklatsches unter den Erwachsenen ein, aber insgesamt half es doch wenig gegen die Beschimpfungen, denen Jesse in seiner Kindheit ausgesetzt war. Folglich wuchs er mit der festen Absicht auf, einmal *„jemand zu sein",* ein Gedanke, den er vortrefflich als Motto der schwarzen Bürgerrechtsbewegung einsetzte.

Als Assistent des Bürgerrechtsführers Dr. Martin Luther King Jr., brachte er sich jedoch durch eigenes Verschulden in eine Situation, die ihn viel Sympathie bei seinen schwarzen Anhängern kostete. Jackson hatte im Windschatten von Dr. King einen kometenhaften Aufstieg zu verzeichnen, aber am 4. April 1968, dem Tag, an dem King ermordet wurde, beging Jackson nahezu eine Todsünde, die vielen unvergeßlich blieb. Jackson hatte im Stockwerk unter King gewohnt, als dieser vor seinem Zimmer im Lorraine Motel in Memphis erschossen wurde. Dennoch erzählte Jesse später den Reportern: „Ich war der letzte Mensch auf der Welt, mit dem er gesprochen hat." Sachlich gesehen war das durchaus richtig. Ein paar Augenblicke bevor die Schüsse fielen, hatte King nach unten gerufen, um Jackson zum Essen einzuladen. Aber das erklärte nicht, warum Jackson, als er mit den Reportern sprach, ein mit Blut besudeltes Hemd trug. Am nächsten Tag erschien Jackson bei zwei lokalen Fernsehsendern in den Nachrichten und in der *„Today Show"* von NBC und trug noch immer dasselbe blutbefleckte Hemd. Jahre später berichteten die Medien, Jackson habe auf dem Balkon gestanden und Dr. King in seinem Arm gehalten, aber das stimmte nicht. Eine Augenzeugin vermutete sogar, daß Jackson die Treppe hinaufgelaufen sei und sein Hemd selbst mit Blut beschmiert habe.

Warum also verhielten sich die Medien Jesse Jackson gegenüber relativ nachsichtig, während man den Charakter und die Handlungen der anderen Kandidaten bis in die letzte Einzelheit unter die Lupe nahm? Sogar seine im Jahr 1984 erfolgte Verunglimpfung der Juden wurde heruntergespielt, ebenso seine unvergeßliche Umarmung mit dem

PLO-Führer Yasir Arafat. Vielleicht lag es daran, daß Jackson, wie Mike Wallace sagte, einer der wenigen Kandidaten war, der interessante und wichtige Themen ansprach – oder vielleicht geschah es aus der Angst heraus, als Rassist verschrien zu werden. Aber vielleicht reflektierte dieses Verhalten der Medien auch nur deren Abneigung, ihn trotz seiner Showeffekte als einen ernstzunehmenden Kandidaten anzuerkennen.

In der Schlußanalyse hat sich die sehr emotional geführte Präsidentschaftskampagne 1988 als nicht besser oder schlechter als vorangegangene erwiesen. Der Kampf zwischen der Presse und den Präsidentschaftskandidaten wird seit den Anfangstagen der Republik ausgefochten. Er ist mit der Zeit gegangen und hat sich zwangsläufig mit dem technischen Fortschritt ausgeweitet, aber erfreulicherweise hat sich eines nicht verändert: Am ersten Dienstag im November 1988 ließ die Regierung der Vereinigten Staaten tatsächlich „das Volk entscheiden".

Und auch mit George Bush kam ein Mann in das Präsidentenamt, der sowohl als Skandalierer wie auch als Skandalierter seinen Weg in die Schlagzeilen fand.

Und das wird sich auch in Zukunft nicht ändern!

Literaturverzeichnis

Kapitel 1

Cary Wilson Miles. *Sally Cary,* New York: 1916.
Corbin, John. *The Unknown Washington.* New York: 1930.
Fitzpatrick, John C. „The George Washington Scandals.“ April 1927.
Flexner, James T. *George Washington,* 4 vols. Boston: 1965–1972.
Ford, Paul Leicester. *The True George Washington.* Philadelphia: 1900.
„George Washington's Presidential Papers.“ Library of Congress, Reel 96, Series 4, Vol. 21.
Marshall, John. *Life of George Washington.* Vol. 4. Philadelphia, 1805.
McDonald, Forrest. *The Presidence of George Washington.* New York: 1974.
Moore, Charles. *The Family Life of George Washington.* New York: 1926.
Prussing, Eugene E. *George Washington in Love and Otherwise.* Chicago: 1925.
Siegeman, John F. „Lady of Belvoir.“ *Virginia Cavalcade* 34 (1), November 1984.
Woodward, C. Vann, ed. *Responses of the Presidents to Charges of Misconduct.* New York: 1974.

Kapitel 2

Bailey, Thomas A. *Presidential Saints and Sinners.* New York: 1981.
Brodie, Fawn. *Thomas Jefferson: An Intimate History.* New York: 1974.
Callender, James Thomson. *The History of the United States for the Year 1796.* Philadelphia: 1797.
Emery, Noemi. *Alexander Hamilton: An Intimate Portrait.* New York: 1982.
Hamilton, Alexander. *Observations of Certain Documents Contained in the History of the United States for the Year 1796.* Philadelphia: printed for John Fenno by John Bioren: 1797.
Hendrickson, Robert. *Hamilton (1789–1804).* Vol. 2. New York: 1976.
Hecht, Marie. *Odd Destiny: The Life of Alexander Hamilton.* New York: 1967.
McDonald, Forrest. *Alexander Hamilton: A Biography.* New York: 1979.
Miller, John C. *Alexander Hamilton: Portrait in Paradox.* New York: 1959.
Parmet, Herbert S. and Hecht, Marie B. *Aaron Burr: Portrait of an Ambitious Man.* New York: 1967.
Schachner, Nathan. *Aaron Burr: A Biography.* New York: 1937.
Woodward, C. Vann, ed. *Responses of the Presidents to Charges of Misconduct.* New York: 1974.

Kapitel 3

Brodie, Fawn. *Thomas Jefferson: An Intimate History.* New York: 1974.
Brodie, Fawn. „Thomas Jefferson's Unknown Grandchildren.“ *American Heritage* 27 (6), 1976.
Bullock, Helen Duprey. *My Head And My Heart.* New York: 1945.
Danbew, Virginius and Kukla, John. „The Monticello Scandals, History and Fiction.“ *Virginia Cavalcade* 29 (2), 1979.
Jellison, Charles A. „James Thomson Callender: Human Nature in Hideous Form.“ *Virginia Cavalcade,* Autumn 1979.
Levin, Phyllis Lee. *Abigail Adams: A Biography.* New York: 1987.
Malone, Dumas. *Jefferson and His Time.* Vols. 1–6. Boston: 1948.
Malone, Dumas. „Mr. Jefferson's Private Life.“ *Proceedings of the American Antiquarian Society* 84 (1), 1974.
New York Evening Post, 5. April 1805, S. 1.
Van Pelt, Charles. „Jefferson and Maria Cosway.“ *American Heritage* 22 (5), 1971.

Woodson, Minnie Shumat. „Researching to Document the Oral History of the Thomas Woodson Family: Dismantling the Sable Curtain.“ *Journal of the Afro-American History and Genealogical Society,* 1985.

Kapitel 4

Adams, George Washington. „A Review of the Year 1825.“ Adams Papers (Microfilm, Reel no. 427).

Burleigh, Anne Husted. *John Adams.* New Rochelle, N.Y.: 1969.

Clark, Bennett Champ. *John Quincy Adams: Old Man Eloquent.* Boston: 1932.

Hecht, Marie B. *John Quincy Adams,* New York, 1972.

Levin, Phyllis Lee. *Abigail Adams: A Biography.* New York: 1987.

Musto, David F. „The Adams Family.“ Massachusetts Historical Society Proceedings 93 (1981).

Shaw, Peter. *The Character of John Adams.* Chapel Hill, N.C.: University of North Carolina Press, 1976.

Shepherd, Jack. *Adams Chronicles.* Boston: 1975.

Shepherd, Jack. *Cannibals of the Heart: A Personal Biography of Louisa Catherine and John Quincy Adams.* New York: 1980.

Smith, Page. *John Adams.* Vol. 2. Garden City, N.Y.: 1962.

Kapitel 5

„Aaron Brown to Sara Polk“, letter. Polk papers (Microfilm, Reel # R25 114). 17 January 1844.

Balderston, Thomas. „The Shattered Life of Teresa Sickles.“ *American History Illustrated* 17 (5), 1982.

Blum, et. al. *The National Experience: A History of The United States.* 5th ed. New York: 1985.

Bruns, Roger L. „The Assault of Charles Sumner, 1856.“ From *Congress Investigates a Documented History, 1797–1974.* Edited by Arthur M. Schlesinger, Jr. New York: 1975.

Curtis, George Ticknor. *Life of James Buchanan: Fifteenth President of the United States.* Vol. II. New York: 1883.

Eckoff, Christian F. *Memoirs of a Senate Page, 1855–1859.* New York: 1909.

„First Gay President?“ *Penthouse Magazine,* November 1987.

Meerse, David E. „Buchanan, Corruption and the Election of 1860.“ *Civil War History* 12 (2), 1966.

Nicolay, John G. and Hay, John. *Abraham Lincoln: A History.* Vol. II. New York: 1890.

Pinchon, Edgcum. *Dan Sickles: Hero of Gettysburg and Yankee King of Spain.* New York: 1945.

Sellers, Charles. *James K. Polk: Continentalist, 1843–1846.* Vol. 2. Princeton, N.J.: 1966.

Kapitel 6

Barton, William E. *The Women Lincoln Loved.* Indianapolis, Indiana: 1927.

Bell, Patricia. „Mary Todd Lincoln: A Personality Portrait.“ *Civil War Times Illustrated* 7 (7), 1968.

Carruthers, Olive. *Lincoln's Other Mary.* Chicago: 1946.

Croy, Homer. *The Trial of Mrs. Abraham Lincoln.* New York: 1962.

Curtis, William Elroy. *The True Abraham Lincoln.* Philadelphia: 1913.

Hackensmith, C.W. „The Much Maligned Mary Todd Lincoln.“ *Filson Club Historical Quarterly* 44, 1970.

Hertz, Emmanuel. *The Hidden Lincoln.* New York: 1938.

Neely, Mark E. Jr. and McMurty, R. Gerald. *Insanity File: The Case of Mary Todd Lincoln.* Carbondale, Ill: 1986.

Nevins, Allan. *The Emergence of Lincoln.* 2 vols. New York: 1950.

Reck, W. Emerson. „The Tragedy of Major Rathbone.“ *Lincoln Herald* 86 (4), 1984.

Turner, Justin G. and Tuner, Linda Levitt. *Mary Todd Lincoln: Her Life and Her Letters.* New York: 1972.

Kapitel 7

Ambrose, Stephan E. „Blaine vs. Cleveland." *American History Illustrated* 1 (6), 1966.

Eaton, Herbert. *Presidential Timber: The Story of How Presidential Candidates Are Nominated.* New York: 1964.

Martin, John Stuart. „When the President Disappeared." *American Heri tage* 8 (6), 1957.

Nevins, Allan. *Grover Cleveland: A Study in Courage.* New York: 1948.

Rosenberg, Dorothy and Rosenberg, Marvin. „The Dirtiest Election." *American Heritage* 13 (5), 1962.

Schlup, Leonard. „Presidential Disability: The Case of Cleveland and Stevenson." *Presidential Studies Quarterly* 9 (3), 1979.

Tugwell, Rexford G. *Grover Cleveland.* New York: 1968.

Kapitel 8

Adams, Samuel Hopkins. *Incredible Era: The Life and Times of Warren Gamaliel Harding.* Boston: 1939.

Bates, J. Leonard. *The Origins of the Teapot Dome: Progressives, Parties and Petroleum, 1909–1921.* Urbana, Ill.: 1963.

Britton, Nan. *Honesty in Politics.* New York: 1932.

–, *The President's Daughter.* New York: 1927.

Daugherty, Harry M., with Dixon, Thomas. *The Inside Story of the Harding Tragedy.* Freeport, N.Y.: 1971.

Day, Donald. *Will Rogers: A Biography.* New York: 1962.

DeGregorio, William A. *The Complete Book of the Presidents.* New York: 1984.

Downes, Randolph C. „The Harding Muckfest." *NW Ohio Quarterly* 39 (3), 1967.

Duckett, Kenneth W. and Russell, Francis. „The Harding Papers: How Some Were Burned ... and Some Were Saved." *American Heritage* 16 (2), 1965.

Leish, Kenneth W., ed. *American Heritage Pictorial History of the Presidents.* Vol. 2. New York: 1968.

Russell, Francis. „The Harding Papers." *American Heritage* 16 (2), 1965.

–, „The Shadow of Warren Harding." *Antioch Review* 36 (1), 1978.

Stratton, David S. „Two Western Senators and Teapot Dome." *Pacific NW Quarterly* 65 (2), 1974.

Kapitel 9

Burns, James MacGregor. *Roosevelt: The Lion and the Fox.* New York: 1956.

Faber, Doris. *The Life of Lorena Hickock, E.R.'s Friend.* New York: 1980.

Lash, Joseph F. *Eleanor and Franklin.* New York: 1971.

Miller, Nathan. *FDR: An Intimate History.* Garden City, N.Y.: 1983.

Parks, Lillian Rogers with Leighton, Frances Spatz. *The Roosevelts: A Family in Turmoil.* Englewood Cliffs, New Jersey: 1981.

Roosevelt, Elliot and Brough, James. *The Roosevelts of Hyde Park: An Untold Story.* New York: 1973.

Vann Woodward, C., ed. *Responses of the Presidents to Charges of Misconduct.* New York: 1974.

Kapitel 10

Abels, Jules. *The Truman Scandals.* Chicago: 1956.

Biggart, Nicole Woolsey. „Scandals in the White House: An Organizational Explanation." *Sociological Inquiry* 55 (2), Spring 1985.

Cochran, Bert. *Harry Truman and the Ciris Presidency.* New York: 1973.

Donovan, Robert J. *Eisenhower: The Inside Story.* New York: 1956.

Ewig, Rick. „McCarthy Era Politics: The Ordeal of Senator Lester Hunt." *Annals of Wyoming* 55 (1), 1983.
Fullington, Michael Gregory. „An Organizational Analysis of Scandal in the White House." *Dissertation Abstracts International* 41 (4), 1980.
Greenstein, Fred I. *The Hidden Hand Presidency*. New York: 1982.
„It's Christmas all the Time for the U.S. Presidents." *U.S. News and World Report,* 16 (December 1955).
Michaelson, Judith. „The Blacklist Legacy." Los Angeles Times, 18 October 1987.
Miller, Merle. *Plain Speaking: An Oral Biography of Harry S. Truman.* New York: 1973.
Neal, Steve. *The Eisenhowers: Reluctant Dynasty.* Garden City, N.Y.: 1978.
Pearson, Drew. *Diaries, 1949–1959.* New York: 1974.
Summersby, Kay. *Eisenhower Was My Boss.* New York: 1948.
–, *Past Forgetting: My Love Affair With Dwight D. Eisenhower.* New York: 1975.
Steele, John L. „How the Press Shot Sherman Adams Down." *Life,* 29. September 1958.
„To the President with Very Best Wishes." *Newsweek,* 16. December 1955.

Kapitel 11

„An Awful Question Revived Again." *Life Magazine,* 14. June 1968.
Blakey, Robert. *The Plot to Kill the President.* New York: 1981.
Collier, Peter and Horowitz, David. *The Kennedys.* New York: 1984.
Davis, John H. *The Kennedys: Dynasty and Disaster.* New York: 1984.
Exner, Judith Campbell. *My Story.* (As told to Ovid Demaris.) New York: 1977.
„JFK's ‚Close Friend.'" *Newsweek,* 18. September 1976.
Lasky, Victor. *JFK: The Man and the Myth.* New York: 1963.
Martin, Ralph G. *A Hero for Our Time.* New York: 1983.
McCarthy, J. *The Remarkable Kennedys.* New York: 1960.
Meyer, Timothy and Shelby, Jr., Maruic. „16 Months After Chappaquiddick: Effects of the Kennedy Broadcast", *Journalism Quarterly* 51 (3), 1975.
Sorenson, Theodore C. *The Kennedy Legacy.* New York: 1969.
Wills, Garry. *The Kennedy Imprisonment.* Boston: 1982.
Wolin, Howard E. „Grandiosity and Violence in the Kennedy Family." *Psychohistory Review* 8 (3), 1979.
Zeiger, H.A. *Robert Kennedy: A Biography.* New York: 1968.

Kapitel 12

Caro, Robert A. „The Years of Lyndon Johnson: Longlea." *Atlantic Monthly,* November 1982.
Harwood, Richard and Johnson, Haynes. *Lyndon.* New York: 1973.
Healy, Paul and Volz, Joseph: „Sex and Politics." *New York Daily News*, 15 June 1976.
Janus, Sam; Bess, Barbara; and Saltus, Carol. *A Sexual Profile of Men in Power.* Englewood Cliffs, New Jersey: 1977.
Kearns, Doris, *Lyndon Johnson and the American Dream.* New York: 1976.
Goldman, Eric F. *The Tragedy of Lyndon Johnson.* New York: 1969.
Mollenhoff, Clark R. *Despoilers of Democracy.* Garden City, N.Y.: 1968.
Evans, Rowland and Novack, Robert. *Lyndon B. Johnson: The Exercise of Power.* New York: 1966.
Vann Woodward, C., ed. *Response of the Presidents to Charges of Misconduct.* New York: 1974.
„Was LBJ's Final Secret a Son?" *People Magazine,* 3 July 1987.

Kapitel 13

Close Friend Willed Bulk of Hoover Estate." *Washington Post,* 23 May 1972.
Demaris, Ovid. *The Director: An Oral Biography of J. Edgar Hoover.* New York: 1975.
Garrow, David J. *Bearing the Cross.* New York: 1986.
–, *The FBI and Martin Luther King.* New York: 1981.
„G-Man Under Fire." *Life Magazine,* 9 April 1971.
Messick, Hank. *John Edgar Hoover.* New York: 1972.
Nash, Jay Robert. *Citizen Hoover.* Chicago: 1972.
Schlesinger, Jr., Arthur M. *Robert Kennedy and His Times.* Boston: 1978.

Kapitel 14

„A Decade Later, Watergate's Veterans are Winners, Losers ... and Everything In Between." *People,* 1 June 1982.
„Aftermath of A Burglary." *Time Magazine,* 14 June 1982.
Einsiedel, Edna F. „Television Network News Coverage of the Eagleton Affair: A Case Study." *Journalism Quarterly* 52 (1), 1975.
„FBI Investigated Hong Kong Woman Friend of Nixon in 60s to Determine if She Was Foreign Agent." *New York Times,* 22 June 1976.
FBI source. Interview with author. 14 July 1976; 15 July 1976.
„How Time Has Treated the Watergate Crew." *U.S. News and World Report.* 14 June 1982.
Hume, Brit. „Jack Anderson and the Eagleton Case." *The Washington Monthly,* July/August 1974.
Lau, Lily (Marianna Liu's daughter). Interview with author. 29 July 1976; 30 July 1976.
„The Legacy of Watergate." *Newsweek,* 1 June 1982.
„Marianna Liu Admits She Knew Nixon." *People Magazine,* 14 October 1976.
Messic, Hank. *John Edgar Hoover.* New York: 1972.
New York Times, 22 June 1976, S. 19.
Rosenbaum, Ron. „Ah, Watergate!" *The New Republic,* 23 June 1982.
Von Hoffman, Nicholas. „How Nixon Got Strung Up." *The New Republic,* 23 June 1982.
„Where Are They Now?" *Newsweek,* 23 June 1982.
„Watergate's Clearest Lesson." *Time,* 14 June 1982.
White, Theodore. *Breach of Faith: The Fall of Richard Nixon.* New York: 1975.
Wong, Irene. (Marianna Liu's daughter). Interview with author. 30 July 1976.

Kapitel 15

Koreagate
„All About Koreagate." *Newsweek,* 1 August 1977.
„Final Reckoning." *Time,* 24 July 1978.
„Investigation Into Influence-buying by Korean Figure Comes to an End." *New York Times,* 17 August 1978.
Wilbur Mills
„Back: Wilbur Mills Recalls His Bout With Alcohol." *Washington Post,* 4 January 1978.
„Campaign Strenuous For a Non-Candidate." *Congressional Quarterly,* 30 July 1971.
„From Alcoholism to a New Life." *Parade,* 21 August 1977.
„Mills Hurt, Intoxicated in Incident, Police Say." *Washington Post,* 10 October 1974.
„Returns to Hill." *Washington Post,* 6 May 1973.
„Wilbur Mills' Problems in Ark." *Washington Post,* 23 October 1974.
Nelson Rockefeller
„Megan Marshak's Instant Celebrity." *Washington Post,* 16 February 1979.
New York Times, February 1979, Seite 1.
„Rocky's Final Hour." *Newsweek,* 19. February 1979.
„Rocky Recalled: A Eulogy and Some Questions." *Time,* 12 February 1979.
Washington Post, 17 February 1979, Seite [C3].
Washington Post, 4 February 1979, Seite [C4].

CIA
„The Assassination Plot That Failed.“ *Time,* 30 June 1975.
Church, F. Forrester. *Father and Son.* New York: 1985.
„5 Death Plots – Was CIA Involved?“ *U.S. News & World Report,* 30 June 1975.
„How the Agency Killed Trujillo.“ *The New Republic,* 23 June 1975.
„A Kennedy Vendetta.“ *Harpers,* August 1975.
„Of Darts, Guns and Poisons.“ *Time,* 30 October 1975.
„A Peak In the CIA's Closet.“ *Newsweek,* 27 January 1975.
„A Tale of Assassination.“ *Newsweek,* 12 May 1975.
„The Wounded CIA.“ *Newsweek,* 17 November 1975.
Wayne Hayes/Elizabeth Ray
„FBI Begins Hayes Inquiry.“ *Washington Post,* 25 May 1976.
„Grand Jury Gets Hayes Case.“ *Washington Post,* 27 May 1976.
„Hayes Reverses Himself, Admits Relationship.“ *Washington Post,* 27 May 1976.
„Hayes Probe Counsel Told to Keep Mum.“ *Washington Post,* 1 June 1976.
„The Odyssey of Elizabeth Ray.“ *Washington Post,* 1 June 1976.
„Powerful Hayes Described as a Czar in the House.“ *Washington Post,* 25 May 1976.
Betty Ford
Ford, Betty and Chase, Chris. *Betty; A Glad Awakening.* Garden City, N.Y.: 1987.

Kapitel 16

Jimmy Carter
Goldson, G. Barry, ed. *The Playboy Interview.* New York: 1981.
„The Jimmy Carter Interview.“ *Playboy,* November 1976.
„This Is the Way It Was.“ *Washingtonian,* October 1985.
Kokain
„Hill Drug Probe Implicates 3“. *Washington Post,* 18 November 1983.
„Inquiry Set on Alleged Drug Use by Kraft, Carter Campaign Aide.“ *New York Times,* 14 September 1980.
„Justice Won't Pursue Panel Evidence Linking Goldwater, Jr. to Cocaine.“ *Washington Post,* 19 November 1983.
„Lawyer Says Woman Reported Jordan Used Cocaine in California.“ *New York Times,* 16 September 1979.
„Mrs. Carter Firmly Defends Jordan in Cocaine Case.“ *New York Times,* 22 March 1979.
„Rep. John Burton: Stepping Out of Fast Lane to Walk Tall.“ *Los Angeles Times,* 13 January 1984.
New York Times, 25 March 1981, S. 1.
New York Times, 19 March 1987 [d26].
Bert Lance
„Bert Lance's Banking Woes (Con't).“ *Fortune,* 17 March 1986.
„Bert Lance: Crook or Solid Citizen?“ *U.S. News & World Report,* 4 February 1980.
„Lance Checks out Politics – Again.“ *Fortune,* 5 August 1985.
„Latest Chapter in the Bert Lance Saga.“ *U.S. News & World Report,* 29 January 1979.
„Mondale's Damage Control.“ *Newsweek,* 13 August 1984.
„We Just Plain Licked 'Em.“ *Time,* 12 May 1980.
Abscam
„Abscam.“ *1980 Congressional Quarterly Almanac,* Washington, D.C., 1980.
„Abscam Convicts Told to Go to Prison on July 7.“ *New York Times,* 23 June 1983.
„Abscam Investigation.“ *Congressional Quarterly's Guide to Congress.* 3rd Edition. Washington, D.C.: 1982.

„The Abscam Net Snares a Senator.“ *Newsweek,* 10 November 1980.
„Abscam's Toll.“ *Time,* 24 August 1981.
„Abscam: Twist in the Plot.“ *Newsweek,* 24 November 1980.
„Grand Jury Investigation of Rep. Jenrette Widened.“ *New York Times,* 9 August 1979.
„Justice Refuse to Hear Appeals in 7 Abscam Cases; 4 Ex-Lawmakers and 3 Others Will Soon Begin to Serve Federal Prison Terms.“ *New York Times,* 1 June 1983.
„Operation Abscam: The FBI Stings Congress.“ *Time,* 18 February 1980.
„Profiles of Members Mentioned in Probe.“ Congressional Quarterly, 9 February 1980.
„Putting Abscam on Trial.“ *Newsweek,* 26 January 1981.
„Three Ex-Members of House Given Terms in Prison.“ *New York Times,* 14 August 1981.

Rita Jenrette

„‚Diary of a Mad Congresswife‘: Why Jenrette Tells All.“ *The Washington Star,* 4 December 1980.
„Rita Jenrette Granted Divorce.“ *New York Times,* 23 July 1981.
„The Saga of Rita Jenrette.“ *Washington Post,* 14 March 1985.

Paula Parkinson

„Congress: An X-rated Tale.“ *Newsweek,* 16 March 1981.
„Congressmen Shared House with Female Lobbyist.“ *Washington Post,* 7 March 1981.
„Lobbyist Facing Inquiry Over Her Sexual Affairs.“ *New York Times,* 27 March 1981.
„Paula Hase Some Pearls On Lobbying.“ *New York Daily News,* 26 March 1981.
„U.S. Plans Inquiry Into Sex-For-Votes Reports Involving Three Congressmen.“ *New York Times,* 13 March 1981.
Washington Post, 29 March 1981, Seite F1.
„Dreams‘.“ *Los Angeles Times,* 19 November 1987.

Homosexualität

ABC's „Nightline“, Transcript # 1643, 9 September 1987.
„Aids Strikes Down a Congressman.“ *Newsweek,* 18 May 1987.
„Bob Bauman, After the Fall.“ *Washington Post,* 6 August 1986.
„Congress Beset by New Sex Scandal.“ *U.S. News & World Report,* 25 July 1983.
A Gay Conservative Tells His Story: Bob Bauman is haunted by the past – and future.“ *newsweek,* 18 August 1986.
„The Secret life of Bob Bauman.“ *Washingtonian,* July 1986.
Stevens, Stuart P. „School for Scandal.“ *Washingtonian,* March 1981.

Billy Carter

„Big Brother Was Listening.“ *Time,* 17 November 1973.
„Billy Carter is not a Buffoon.“ *Time,* 1 September 1980.
„Billy Carter Tells His Side of the Story.“ *U.S. News & World Report,* 1 September 1980.
Billygate or Mediagate?“ *Newsweek,* 18 August 1980.
„The Burden of Billy: The Libyan Caper.“ *Time,* 4 August 1980.
„Private Lives in Public.“ *Time,* 4 August 1980.
„What Have You Done, Billy Boy? (discrepancies in Billy Carter's story). *Time,* 11 August 1980.
„White House Struggles to Clean Up a Mess.“ *U.S. News & World Report,* 11 August 1980.

Kapitel 17

Debategate

„Debate Data: Crime or Ethics Lapse.“ *New York Times*, 11 November 1983.
„Gategrate.“ *New York Times,* 7 July 1983.
„New ‚Debategate‘ Report Sharpens Focus on Casey Links.“ *Christian Science Monitor,* 24 May 1984.

„Justice Agency Ends ‚Debategate' Inquiry and Says No Evidence of Crime was Found. *Wall Street Journal,* 24 February 1984.
„Reagan Aides Describe Operation to Gather Inside Data on Carter." *New York Times,* 7 July 1982.
„What Price a Political Party's Victory." *New York Times,* 25 July 1983.
Michael Deaver
„Deaver Is Indicted by U.S. Grand Jury on Perjury Counts." *New York Times,* 19 March 1987.
„Deaver Phoned Secretary of Transportation, Jury Told." *Los Angeles Times,* 5 November 1987.
„Deaver Portrayed As Eager to Earn High Pay As Lobbyist." *Los Angeles Times,* 29 October 1987.
„Deaver's Wrong Turn in a Limousine." *U.S. News & World Report,* 28 December 1987.
„The High Price of Friendship: Deaver Faces a Jail Term for Lying About His Lobbying Activities." *Time,* 28 December 1987.
„Jury Convicts Deaver of 3 Perjury Counts." *Los Angeles Times,* 17 December 1987.
John Fedders
„Abuse Victim's Reluctant Advocate: Ex-battered Wife Rebuilds a Family's ‚Shatterd
„A Private Crisis, a Public Disgrace." *Newsweek,* 11 March 1985.
„Profit From a Shameful Act." *Washington Post,* 21 October 1987.
„SEC Enforcement Chief Beat Wife Repeatedly, Court Told." *Washington Post,* 26 February 1985.
Ed Meese
„The Ed Meese File Grows Thicker." *U.S. News & World Report,* 8 February 1988.
„$4 Billion Worth of Temptation." *Time,* 15 June 1987.
„Good Connections?" *Newsweek,* 2 April 1984.
„It's Lonely at the Top: Resignations Rock The Justice Department, But Ed Meese Clings to His Job." *Time,* 11 April 1988.
„Meese: Benefit From Fee Paid to Wallach Indicated." *Los Angeles Times,* 10 March 1988.
„Meese's Claim on Wallach Pipeline Memo Questioned." *Los Angeles Times,* 4 February 1988.
„Meese's Friend, 2 Associates Indicted." *Washington Post,* 23 December 1987.
„Meese's Personal Finances Being Probed by McKay." *Los Angeles Times,* 26 March 1988.
„Meese Presence Felt Strongly at Wedtech Trial." *Los Angeles Times,* 28 March 1988.
„Meese Vague in Nofziger Testimony." *Los Angeles Times,* 3 February 1988.
„Pipeline Memo to Meese Fives Plan for Paying Israelis." *Los Angeles Times,* 23 February 1988.
„A Question of Ethics: The Meese Investigation Puts the Reagan Administration Under a Cloud." *Time,* 2 April 1984.
Iran-Contra-Affäre
„Bush Seen Fully Briefed on Iran Sales, Hostages." *Los Angeles Times,* 7 January 1988.
„The Fall Guy Fights Back: North Fingers His Superiors, But not the President." *Time,* 20 July 1987.
„Iran-Contra Jury Indicts Poindexter, North, Two Others." *Los Angeles Times,* 17 March 1987.
„Memos Suggest Bush Contra Arms Role, Stir Questions on His Candor." *Los Angeles Times,* 28 March 1988.
„Poindexter and North Enter Not Guilty Pleas." *Los Angeles Times,* 25 March 1988.
The Tower Commission Report. New York: 1987.
„Walsh Hires Legal Expert for High Court Arguments." *Los Angeles Times,* 19 February 1988.

Lyn Nofziger
„Fall of the Californians." *Newsweek,* 27 July 1987.
„Just Say Goodbye, Don; Nancy Reagan Wins Her Campaign Against Chief of Staff Donald Reagan." *Time,* 9 March 1987.
„Nofziger's Turn: Another Reagan Aide Is Guilty." *Time,* 22 February 1988.
„Pen Pal: Lyn Nofziger Faces a Probe." *Time,* 17 November 1986.

„Country Club Ethics." *Newsweek,* 2 April 1984.
„The First Family Feud (Cont'd)." *Newsweek,* 10 December 1984.
„Ex-Member of Postal Service Board Gets 4 Years: Sentence Follows Voss' Admission of Contract Kickback and Expense Fraud Schemes." *Washington Post,* 25 October 1986.
„Ex-U.S. Attorney Guilty of Disclosing Indictment." (J. William Petro). *New York Times,* 9 March 1985.
„Ginsberg Admits Smoking Marijuana in 60s and 70s." *Los Angeles Times,* 6 November 1987.
„Give Me Back My Reputation." (Donovan) *Time,* 8 June 1987.
„Hard Days for Lame Ducklings." *Los Angeles Times,* 10 January 1988.
„HUD's Sloan Quits Amid New Charges." *Washington Post,* 11 April 1984.
„Indictment of Beggs Dropped." *Science,* 3 July 1987.
„Misuse of Funds Laid to Watt." *New York Times,* 25 February 1982.
„Morality of the Supply-Siders." *Times,* 25 May 1987.
„The Reagan 45." *The New Republic,* 16 April 1984.
„Scandal Sheet." *The New Republic,* 20 April 1987.
„A Top Postal Office Admits Guilt in Fraud." (Peter Voss). *New York Times,* 30 May 1986.
„An Unexpected Fall From Grace: NASA's Chief is Indicted in a General Dynamics Case." (James Beggs) *Time,* 16 December 1985.
„White House Names New EPA Chief: William Ruckelshaus Is Appointed After John Hernandez becomes Embroiled in Charges of Unethical Conduct." *Science,* 1 April 1983.
„Why The President's Men Stumble." *New York Times Magazine,* 18 July 1982.

Kapitel 18

Joseph Biden
„Biden Admits Enhancing School Record." *Los Angeles Times,* 22 September 1987.
„Biden Stirs Row By Using Lines from Briton's Talk." *Los Angeles Times,* 13 September 1987.
„Biden's Stolen Speeches End His Campaign Hopes." *Sunday Times,* 20 September 1987.
New York Times, 24 September 1987.
„Biden Was Accused of Plagiarism in Law School." *New York Times,* 17 September 1987.
Robert Dole
„Dole Aide Leaves Over Real Estate Deal." *Los Angeles Times,* 15 January 1988.
„Dole Hits Bush Tactic on Family Finances." *Los Angeles Times,* 11 January 1988.
„Doleş Now Wealthy – After Modest Start." *Los Angeles Times,* 17 January 1988.
„Ex-Dole Aide Was Paid Large Fees by Firms That Won Army Contracts." *Los Angeles Times,* 25 January 1988.
„Probe of Mrs. Dole's Blind Trust Reported." *Los Angeles Times,* 14 January 1988.
Mike Dukakis
„A Mild Dose of Candor: Kitty Dukakis reveals a Former Drug Dependency." *Time,* 20 July 87.
„Wife Of Dukakis Discloses Abuse of Pills – Now Drug-Free, She Was Addicted 26 Years." New York Times, 9 July 1987.

Albert Gore, Bruce Babbit
„Candidates Gore, Babbit Admit Past Use of Marijuana." *Los Angeles Times,* 8 November 1987.

Gary Hart
ABC's „Nightline." Transcript # 1642, 8 September 1987.
ABC's „Nightline." Transcript # 1643, 9 September 1987.
„Chronicle of a Ruinous Affair; Donna Rice's Monkey Business. Shipmate Lynn Armandt Breaks Her Silence on the Scandal that Toppled Gary Hart." *People,* 15 June 1987.
„Donna Rice: ‚The Woman In Question.'" *People,* 18 May 1987.
„Fall From Grace." *Time,* 18 May 1987.
„The Gary Hart Story: How It Happened." *Miami Herald,* 10 May 1987.
„The Grinch Who Stole Christmas." *Time,* 28 December 1987.
„The Road to Bimini." *Vanity Fair,* September 1987.
„The Sudden Fall of Gary Hart." *Newsweek,* 18 May 1987.

Jackson
„Jackson Aims For the Mainstream." *New York Times Magazine,* 29 November 1987.
„Power or Glory." *Vanity Fair,* January 1988.
Reynolds, Barbara. *Jesse Jackson; The Man, the Myth, the Movement.* Chicago: Nelson-Hall, 1975.
„Taking Jesse Seriously: His Emergence as a Front Runner Changes the Race – and the Nation." *Time,* 11 April 1988.

Kemp
Cannon, Lou. *Ronnie and Jesse: A Political Odyssey.* Garden City, N.Y.: 1969.
„Kemp, New Ideas, Old Questions; Is it Pass or Run in '88?" *Newsweek,* 2 December 1985.
„It Dare Not Speak It's name: Fear and Loathing on the Gay Right." *Harpers,* August 1987.
„Reagan's Gay Sex Scandal." *The Advocate,* 25 November 1986.

Pat Robertson
„No Big Deal For Robertson." *Washington Post,* 9 October 1987.
„Wild Oats: Robertsons Rewrites His Resume." *Time,* 19 October 1987.

Personenregister